Marisa Buovolo
Jane Campion und ihre Filme

Diese Publikation wurde von der
Stiftung Kulturwerk der VG Bild-Kunst gefördert.

Marisa Buovolo

# Jane Campion
# und ihre Filme

**SCHÜREN**

Die Deutsche Bibliothek – CIP-Einheitsaufnahme
Die Deutsche Bibliothek verzeichnet diese Publikation in der deutschen
Nationalbibliografie; detaillierte bibliografische Daten sind im Internet unter
http://dnd.ddb.de abrufbar.

Schüren Verlag GmbH
Universitätsstr. 55 | D-35037 Marburg
www.schueren-verlag.de
© Schüren Verlag 2024
Alle Rechte vorbehalten
Umschlaggestaltung: Wolfgang Diemer, Frechen, unter Verwendung eines Fotos
aus TOP OF THE LAKE (PolyBand)
Gestaltung: Erik Schüßler
Druck: Drukarnia Tolek, Mikolów
Printed in Poland
ISBN 978-3-7410-0451-3

# Inhalt

# Vorwort

«**F**olgt dem Körper. Der Körper verfügt über eine enorme Intelligenz.» Es ist die Maxime, mit der die enigmatische spirituelle Anführerin GJ in Jane Campions gefeierten Fernsehserie TOP OF THE LAKE (2013) immer wieder ihre Anhängerinnen antreibt. Sie könnte als das leitende Prinzip im Werk der neuseeländischen Filmemacherin gelten, und vielleicht ist die charismatische GJ mit ihren langen, grauen Haaren sogar ihr Alter Ego. Zwischen Brüchen und Widersprüchen folgen Campions Heroinnen mit kühner Beharrlichkeit dieser Devise, sind dafür bereit zu leben oder zu sterben, denken wir nur an Ada aus THE PIANO: Indem sie mutig der «Intelligenz» ihres Körpers folgt, gelingt ihr am Ende die Befreiung aus ihrer seelischen und sozialen Gefangenschaft. Ihre Geschichte hat Jane Campion in unvergesslichen Bildern erzählt, die heute wie vor dreißig Jahren unter die Haut gehen.

Haut, Filmtexturen, Intimität, Berührungen, Begegnungen von Körpern: Der Parcours der vorliegenden Monografie, Jane Campion zum Anlass ihres 70sten Geburtstags gewidmet, ist vor allem ein Parcours der (Körper-)Bilder. Vielseitig inspiriert von der Malerei, Literatur, bildender Kunst, hat Jane Campion in ihrem Kino Genrefesseln gesprengt, Etiketten abgelehnt und ein unverkennbares Bilderuniversum kreiert, das beispiellose Einblicke in die weibliche Subjektivität gewährt. Während ihre Filme für Neuseeländer:innen und Australier:innen ein Fenster zum Verständnis ihrer kulturellen Geschichte öffnen, sprechen sie aufgrund ihrer transnationalen Strahlkraft auch ein internationales Publikum an. Um die Essenz ihres Kinos auf den Punkt zu bringen: Jane Campion hat einzigartige Filme über Frauen geschaffen, die sowohl meine private Biografie als auch meine berufliche Laufbahn tief geprägt haben. Als Filmwissenschaftlerin und Filmzuschauerin bin ich Campions Heldinnen begegnet, habe den Raum ihrer emotionalen Landschaft betreten, ihre Verwirrungen, Widersprüche, Leidenschaft geteilt, dabei eine radikal neue Form der Berührung an der Schnittstelle von Visualität und Taktilität im Kino erfahren. Das Buch ist deshalb primär aus einem subjektiven Ansatz entstanden: Ich habe meine eigene intertextuelle Montage erstellt, die auf einer interdisziplinären und zugleich «undisziplinierten» Arbeitsweise beruht, in der verschiedene Perspektiven und heterogene Bereiche miteinander interagieren, besser gesagt miteinander verwoben werden.

Jane Campions Filme haben von Anfang an auch kontroverse Diskussionen provoziert, eng verbunden mit der Frage nach ihrer Haltung zum Feminismus und dem sogenannten Frauenfilm. Ihre Ästhetik, Erzählformen und Themen sind nach Ansätzen der Psychoanalyse, der Soziologie oder der Semiotik untersucht worden. Auch wenn ich weiterhin der feministischen Filmtheorie und deren zentralem Konzept der Blick- und Machtverhältnisse in der Filminszenierung verbunden bleibe, basieren meine Betrachtungen auf neuen Entwicklungen in der Kulturtheorie, die auch einen neuen Fokus auf das sensorische und emotionale Erleben des sich intermedial wandelnden Mediums Film gesetzt und zu einer Revitalisierung der feministischen Filmtheorie geführt haben, jenseits von texttheoretischen Perspektiven. Bei dieser Entwicklung, die ich in dem Kapitel über THE PIANO rekonstruiere und beleuchte, wird eine Form des Denkens und Sehens beansprucht, die uns ermöglicht, buchstäblich durch verschiedene Disziplinen zu reisen: Im Zentrum steht das Konzept der haptischen Visualität, eine «taktile» Art des Sehens und Wissens, die den Körper der Zuschauenden direkter in die Bilderwelt miteinbezieht.

Kultur- und Filmwissenschaftlerinnen wie Giuliana Bruno, Sue Gillett, Laura Marks und Deb Verhoeven, deren Thesen und Positionen skizziert werden, sind für mich hierbei sehr inspirierend gewesen. Auch Themen und Aspekte meiner Lehrtätigkeit im Bereich der Kulturgeschichte der Mode, ästhetischer Körperpraktiken und digitaler Kultur sind in meine Gedanken eingeflossen, zusammen mit meinem schon lange bestehenden Interesse an Filmkostüm und Gender. In diesem Kontext habe ich der 2016 verstorbenen Kostümbildnerin Janet Patterson, die Campions Heroinnen virtuos mitgestaltet und die Regisseurin als Genie beschrieben hat, ein eigenes Kapitel gewidmet.

Sehr wichtig war es für mich, auf die Komplexität der Position Jane Campions zum Feminismus zu verweisen, auch in Bezug auf die aktuelle Debatte über #MeToo und Postkolonialismus. Und wichtig war es mir auch, sie aus der Sicht der «Post-Autorschaft» zu betrachten, d.h. ihren unverkennbaren Kosmos auch als Produkt von Kollaborationen mit außerordentlichen Künstler:innen aus den unterschiedlichen Filmbereichen und im Kontext der aktuellen Entwicklung in der globalen Filmindustrie zu begreifen.

Meine Intention war letztlich Campions Filme nicht mit Interpretationstheorien zu überziehen, vielmehr interessierte Lesenden mit unterschiedlichstem Background auf «transkulturelle» Reisen durch ihre Bilderwelten mitzunehmen und dabei mit Suggestionen, Beobachtungen, Gedanken und Verknüpfungen mögliche Interpretationsschlüssel zu Campions Werk anzubieten, sie aber auch anzuregen, einen eigenen Zugang zu finden.

Zu Beginn meiner wissenschaftlichen Laufbahn bedeutete für mich auf Deutsch zu schreiben, eine andere Form des Denkens zu erleben, eine, die mich in gewisser Weise zwang, die Dinge anders zu sagen, einen vertrauten Raum zu verlassen und mich in einen neuen zu begeben. Und das passt wunderbar zu dem transnationalen Kino von Jane Campion, das mit seiner kühnen, sinnlichen Ästhetik, seiner erzählerischen Intensität und vor allem seinem Interesse an Frauen von Anfang an eine universelle Dimension angenommen hat. Es hat Zuschauerinnen auf der ganzen Welt emotional angesprochen, die in ihr Filmuniversum eingetaucht sind. Ich sage nicht, dass Männer sich auf ihre Filme nicht einlassen oder dass die Erfahrung für sie entfremdend sein muss. Aber sie finden vielleicht nicht denselben Ort, an den sie sich im Kino gewöhnt haben, sie müssen stattdessen andere Zugänge entdecken.

Darüber müssen wir uns im Klaren sein: In ihren Filmen tauchen wir in die Tiefe ein. Sich auf Campions Filmuniversum einzulassen, bedeutet im Meer- oder Seewasser versinken, vielleicht sogar den Boden unter den Füßen verlieren, vom Feuer berührt werden und auf Eis balancieren. Es geht um Visionen, um Sprengen von Grenzen, um Begegnungen von Blicken und Körpern zwischen Grausamkeit und Zärtlichkeit, die uns verwirren, irritieren, überraschen, berühren … Dabei sollen wir der Maxime von GJ unbedingt folgen und uns auf die enorme Intelligenz unseres Körpers verlassen.

# Jane Campion zwischen Vergangenheit und Gegenwart

Mit dem Oscar als beste Regisseurin für THE POWER OF THE DOG (2022) – der Film hatte insgesamt 12 Oscar Nominierungen und wurde von mehreren Kontroversen begleitet – kehrte Jane Campion nach einer längeren Pause ins Zentrum der medialen und internationalen Aufmerksamkeit zurück. Sie hatte zwar mit der Miniserie TOP OF THE LAKE zwischen 2013 und 2017 eine breite Zuschauerschaft wieder erreicht und in das etablierte Seriengenre des Krimi-Thrillers einen erfrischend feministischen Wind gebracht, die Frage aber, ob inzwischen ihr Kino noch eine Relevanz im aktuellen kulturellen Diskurs habe, blieb weiterhin offen. Trotz wiederkehrender Hommagen und Mitwirkungen an Festivals und Filmveranstaltungen scheint im akademischen Bereich Jane Campions Werk überwiegend in Dissertationen über feministisches Kino vorzukommen, während beim breiten Publikum THE PIANO ihr bekanntester Film bleibt.

Ist Campions Kino heute in einer Art Kultstatus eingefroren, nur von einer kleinen Gruppe von Liebhaber:innen geschätzt und verfolgt? Können ihre Filme junge Zuschauer:innen noch bewegen, für Regisseur:innen der Gegenwart von Bedeutung sein? Es lässt sich mühelos beweisen: Campions Werk übt weiterhin einen enormen Einfluss auf jüngere Generationen von Regisseuri:nnen aus, noch vor THE POWER OF THE DOG hat sich ihr Werk als aktueller und inspirierender denn je erwiesen. Schon verwunderlich, dass ihre ungebrochene ästhetische Strahlkraft von den meisten Beobachter:innen und Filmkritiker:innen kaum beachtet wurde, ganz besonders hinsichtlich eines Films, der 2019 das Internet zum Beben brachte und vor allem zahllose junge Frauen mit hoher Intensität ansprach: In PORTRAIT DE LA JEUNE FILLE EN FEU – Drehbuch und Regie Céline Sciamma – sind Analogien und Anklänge an THE PIANO unübersehbar. Im vorrevolutionären Frankreich wird die Malerin Marianne (Noèmie Merlant) mit dem Boot auf eine einsame Insel der Bretagne gebracht, mit dem Auftrag eine geheimnisvolle aristokratische Dame zu porträtieren. Das Meer ist aufgewühlt, sodass eine ihrer Kisten ins Wasser fällt. Es ist gerade die Kiste mit ihren Mal-Leinwänden. Marianne springt unter den erstaunten Augen der Bootsbesatzung mit ihrem schweren Reifrock ins Wasser, um ihre kostbaren Malutensilien zu holen. Anschließend wird sie mit ihrem triefend nassen Kleid und Gepäck an

**1** Portrait de la jeune fille en feu

**2** The Piano

einem leeren Strand abgeladen. Mit ihrem Hab und Gut auf der Schulter steigt sie in Richtung der Villa ihrer Auftraggeberin die Steilküste hinauf. Aus der Begegnung zwischen der Künstlerin und ihrer Muse (Adèle Haenel) entfacht eine stürmische Leidenschaft, die sie zwar nicht zum Glück führt, aber zu selbstbewussten und stolzen Frauen werden lässt.

In Portrait de la jeune fille en feu geht es um viel mehr als suggestive Zitate aus The Piano. (Abb. 1–2). Im Film erleben wir ein visuell-taktiles Vokabular, welches das Flüchtige, das Unstete, das Unbegreifbare des Begehrens erfasst und beide Filme und deren Regisseurinnen unübersehbar in enge Beziehung zueinander setzt. Vor mehr als drei Jahrzehnten forderte Jane Campion die konventionellen Sehgewohnheiten des Erzählkinos heraus und entfaltete in Bildern von radikaler Sensibilität das sexuelle Erwachen einer viktorianischen Frau. Céline Sciamma gewährt uns Einblicke in das Imaginäre der Protagonistin und lässt eine physische Verbindung zu ihren Emotionen entstehen. «Nehmt euch Zeit, mich anzuschauen», sagt Marianne in der Anfangsszene, während sie vor ihren Schülerinnen Modell steht. Die Blicke der jungen Frauen sind auf sie gerichtet, die Gesichtszüge der Lehrenden nehmen auf dem Zeichenpapier langsam Form an. Auf einmal werden unser Blick und die Blicke der Schülerinnen auf ein Bild gelenkt, das versehentlich aus dem Lager geholt wurde, ein Porträt einer jungen Frau, deren Kleid in Flammen steht. Die Kamera streicht langsam über das Gemälde und schwenkt dann auf Marianne, die es mit ihren Augen sehnsüchtig verschlingt: Sie erinnert sich an ihre erste Begegnung mit «der jungen Frau in Flammen». In der Rückblende schauen wir auf die Unbekannte durch Mariannes verliebte Augen, aber wir sehen zunächst nicht ihr Gesicht, wir sehen sie von hinten. Die subjektive Kamera verweilt auf der Kapuze ihres Umhangs, während sie mit schwebendem Gewand langsam läuft. Raum und Bewegung scheinen sich zu durchdringen und wir werden mit der Intimität dieses (Zeit-)Gefühls verbunden, mit dem Gewebe des Umhangs, mit dem Rhythmus des Windes, mit der Sehnsucht Mariannes. Die Szene erinnert an den Anfang von THE PIANO, als wir auf die Außenwelt durch Adas Finger schauen und die subjektive Artikulation ihrer Innenwelt wahrnehmen. Im Interview hat Céline Sciamma offen den wichtigen Einfluss von THE PIANO auf ihren Film bestätigt und den Wunsch geäußert, mit ihrem Kino vielleicht dort weiterzumachen, wo Campion aufgehört hat (vgl. Bordages 2019).

In THE PIANO und etwa 30 Jahre später in PORTRAIT DE LA JEUNE FILLE EN FEU geht es um das (Film-)Bild als Ort des Begehrens, jenseits geschlechtsspezifischer Sehhierarchien oder konventionalisierter Vorstellungen von Sexualität und Liebe. Sciamma nimmt uns gleich zu Anfang mit Marianne auf den steilen, windgepeitschten Steig zur Villa ihrer Auftraggeberin mit, einen Weg, der so rau und abweisend ist, wie für Ada der neuseeländische, schlammige Wald: Darin kündigt sich bereits die Herausforderung an, der sie sich standhaft stellt. Beiden Regisseurinnen gelingt es, eine Bildsprache zu erfinden, bei der die Kamera hinter der vibrierenden Oberfläche der Haut ein Innenleben offenbart. In PORTRAIT DE LA JEUNE FILLE EN FEU kreiert Kamerafrau Claire Mathon Bilder, die von der Barockmalerei inspiriert und trotzdem von einer unentrinnbaren Modernität sind, in denen alle möglichen Texturen ihre eigene Taktilität entfalten: Sie lassen uns die Zartheit von Seide auf rosiger Haut spüren, in das Gewirr der von Wind zerzausten Haare eindringen, das rauschende Flattern eines Umhangs um den Körper nachfühlen. Wir werden allerdings nicht in die Romantik einer lesbischen Liebe eingeführt, sondern in die kreisenden, widerspenstigen und doch anhaltenden Artikulationsformen des Begehrens, die mit unserem subjektiven Interpretationssystem aufeinandertreffen.

Die Suche nach Jane Campions Spuren im Kino der Gegenwart führt uns weiter, zu einer jungen französisch-tunesischen Regisseurin, Leyla Buzid und ihrem Film UNE HISTOIRE D'AMOUR ET DE DÉSIR (2021): Hier stehen im Zentrum das Zittern und die Sehnsucht eines jungen Mannes aus der algerischen Einwanderergemeinschaft, der ein Studium der Literatur an der Pariser Sorbonne beginnt. Er entdeckt an der Uni die Sinnlichkeit der arabischen Poesie und das Verlangen nach der tunesischen Studentin Farah. Die Regisseurin vervielfacht die Nahaufnahmen mit bündigem Licht, das sowohl auf der männlichen als auch auf der weiblichen Haut verweilt. Leyla Buzid enthüllt sich – wie Jane Campion – als Sensualistin: In einer Szene in der U-Bahn inszeniert sie zusammen mit Sebastien Goepfert, Kameramann in LA VIE D'ADÈLE (2013, Regie: Abdellatif Kechiche), den jungen Ahmed als Alter Ego Frannies in Campions IN THE CUT. Wie bei Frannie wird Ahmeds Blick auf Verse an der U-Bahn-Wand gelenkt: Die Kamera bewegt sich langsam über die Wölbung von Ahmeds Nacken, fängt seine Regung ein, während er – und wir mit ihm – die Worte des Dichters Henri Michaux lesen, «Faut de Soleil, sache mourir dans la glace»[1], bevor Farah in der U-Bahn auftaucht und sich Ahmed nähert. Neugierde und Verheißung liegen auf einmal in der Luft, es ist vielleicht der Beginn einer Liebe.

Jane Campion ist also präsenter denn je in dem Kino junger Regisseurinnen, die ihren Kosmos neu interpretieren, umschreiben, mit neuen Facetten ergänzen. Wie fing bei ihr alles an?

## Anthropologische Nüchternheit und inszenatorische Exzentrik

Jane Campion, geboren 1954 in Wellington, Neuseeland, als zweites von drei Geschwistern, verbrachte ihre frühe Kindheit im Theatermilieu: Ihre Eltern gründeten und leiteten Mitte der 1950er-Jahre die Theatergruppe New Zealand Players und ließen ihre Kinder an einem Leben zwischen Kunst und Literatur teilhaben. Aber Jane weigerte sich, in die Fußstapfen ihrer Eltern und in die Welt der Schauspielerei und des Theaters zu treten. Sie absolvierte ein Studium in Anthropologie, bereiste in ihren Zwanzigern Europa und widmete sich schließlich der Malerei in London.

---

1   «Muss Sonne sein, weiß, wie man im Eis stirbt»

Als ihre Leidenschaft für die Malerei nachließ, zog Campion nach Australien und schrieb sich 1981 an der staatlich geförderten AFTRS (Australian Film, Television and Radio School) ein, die angehenden Filmemachern Unterstützung bietet. Nach ihrem Abschluss in den frühen 1980er-Jahren an der Filmschule konnte Campion drei kurze Spielfilme mit öffentlicher australischer finanzieller Unterstützung realisieren. Ihre Kurzfilme – PEEL (1982), PASSIONLESS MOMENTS (1983) und GIRL'S OWN STORY (1984) sowie ihr erster Fernsehfilm TWO FRIENDS (1986) – wurden 1986 von dem französischen Kritiker Pierre Rissient für das Programm «Un Certain Regard» beim Cannes Filmfestival ausgewählt. Dort erhielt PEEL die Goldene Palme als bester Kurzfilm. Einer jungen, unbekannten Regisseurin aus Neuseeland gelang mit ihren skurrilen Kurzfilmen der Aufstieg in das Pantheon des europäischen Kinos.

1996 widmete die Schweizer Kulturzeitschrift *Du* Jane Campion und Neuseeland eine Ausgabe mit dem Titel «Kino von der anderen Seite». Ein ausführliches Interview von Barbara Basting mit der Regisseurin und die Essays verschiedener Autori:nnen – u.a. Marli Feldvoss' «Geschlechterutopie» –, die überwiegend um THE PIANO kreisen, offenbarten zu jenem Zeitpunkt das Staunen und die Bewunderung aus westlicher Sicht für eine Frau, die, wie Barbara Basting im Editorial schrieb, «aus einer Weltgegend stammt, die die meisten von uns mit Schafen, Kiwis und erheblicher kultureller Abgeschiedenheit assoziieren» (1996: 15). In den 1990er-Jahren gehörte Campion zu einer Reihe von Filmemacher:innen aus Neuseeland, die mit ihren Filmen, wie ONCE WERE WARRIORS (Lee Tamahori, 1994) und HEAVENLY CREATURES (Peter Jackson, 1994) die Aufmerksamkeit des Westens auf sich zogen. Doch war es insbesondere die junge, eigenwillige Regisseurin, die das Interesse und die Fantasie eines globalen Publikums anregte.

Es gab allerdings bereits in den 1970ern eine «new wave» des neuseeländischen Kinos, an die 1996 die kontroverse Fernsehdokumentation CINEMA OF UNEASE: A PERSONAL JOURNEY BY SAM NEILL erinnerte. Im Auftrag des British Film Institute realisierte Neill, der nach seiner Mitwirkung an THE PIANO international bekannt wurde, die Dokumentation zusammen mit der Regisseurin Judy Rymer. Als Icherzähler verkörpert er sich selbst und bezeichnet sich zu Beginn als «Exilant», geboren in Nordirland, aufgewachsen in «Down Under» und als internationaler Filmstar schließlich nach Kalifornien gezogen. In der Doku verknüpft Neill persönliche Erinnerungen mit der jüngsten Geschichte des neuseeländischen Kinos, illustriert durch Filmausschnitte. Allerdings werden die Filme ohne Verweis auf die Titel gezeigt und sind lediglich für Filmfans identifizierbar. Neill beleuchtet die sozialen Umbrüche im Neuseeland der Mitte des 20. Jahrhunderts, die sich intensiv im Kino widerspiegelten. Von optimistischen Porträts von Land und Leuten wandte sich das neuseeländische Kino komplexen, düsteren Themen zu, emblematisch dafür SLEEPING DOGS (1981), in dem Neill unter der Regie von Roger Donaldson die Hauptrolle spielte, und BAD BLOOD (1982), bei dem der Brite Mike Newell Regie führte. Die Revolte gegen die Autorität, die Infragestellung der Kernfamilie und der gesellschaftlichen Ordnung prägten die Filmproduktion der 1970er-Jahre, die Neill in Zusammenhang mit dem Aufstieg einer selbstbewussten nationalen Identität bringt. Einige neuseeländische Kritiker:innen sahen allerdings die Dokumentation mit einer gewissen Skepsis, vielleicht weil sich ein Auswanderer über den Zustand ihres Heimatlandes äußerte. Aber der Kern der Kritik richtete sich gegen das übermäßige Festhalten der Filmemacher:innen an eine überholte nationale Perspektive, die blind für die kulturelle Vielfalt war, die das gegenwärtige Aotearoa/Neuseeland auszeichnet, wie Regisseur Costa Botes anmerkte (vgl. Botes 2013). In der Doku von Sam Neill, von der er sich inzwischen distanziert hat (vgl. New Zealand Film Commission 2023), offenbarte sich, trotz der Euphorie für ein Erwachen der heimatlichen Filmkultur, ein Land voller Widersprüche, denn welche (filmische) nationale Identität konnte in den 1990er-Jahren zelebriert werden?

Jane Campion, die zu der «zweiten Welle» wesentlich beigetragen hatte, war selbst in solchen Widersprüchen verstrickt: Sie wurde in Wellington in Aotearoa/Neuseeland geboren, doch seit dem Besuch der Australian Film, Television and Radio School in den 1980er-Jahren lebte sie hauptsächlich in Sydney, und ihre Arbeit in Film und Fernsehen wurde von verschiedenen national ausgerichteten Filmfonds unterstützt. Und obwohl THE PIANO in Neuseeland spielte, war der Film keine neuseeländische Produktion, sondern wurde dank französischer und australischer Finanzierung realisiert, unter Mitwirkung von etablierten Hollywood Stars.

So ist es auch kein Zufall, dass die Regisseurin schon immer ein hochambivalentes Verhältnis mit ihrer Heimat verbindet. In mehreren Interviews in den 1990er-Jahren sprach sie über ihr Gefühl, dass sie Neuseeland verlassen müsse, um Filme machen zu können, weil es dort an finanziellen Mitteln und technischer Unterstützung fehlte und auch wegen einer gewissen Engstirnigkeit, die die Neuseeländer:innen dazu bringen, das Eigene nur langsam anzuerkennen (vgl. Thornley 2000: 61–76).

Geprägt durch ihre vielschichtige Herkunft und mit allen Wassern der westlichen und der antipodischen Kultur gewaschen, wirkte Campion in ihren öffentlichen Auftritten stets selbstbewusst, gerne lachend, mal freundlich, mal distanziert – davon zeugen die Interviews und Gespräche aus jener Dekade auf YouTube. Mit einer gewissen Direktheit, vielleicht etwas kantig, manchmal kühl, beantwortete sie stets alle Fragen und erschien von den überschwänglichen Komplimenten amerikanischer Talkshow-Moderator:innen nicht besonders beeindruckt.

Auch in ihrer kurzen Dankesrede für den Oscar für THE PIANO blitzt eine (Selbst-)Ironie gegenüber Hollywood auf, ebenso wie das Paradoxon ihres großen Erfolges mit diesem Film: «Als ich noch Studentin war, was noch gar nicht so lange her ist, stand ich Preisverleihungen wie dieser immer sehr zynisch gegenüber, aber heute Abend bin ich wirklich überwältigt» (Campion 1993). Mit der enormen Beliebtheit von THE PIANO schien sich die damals herrschende starre Unterscheidung zwischen Gegenkino und Mainstream aufzulösen, eine Unterscheidung, an der auch die feministische Filmtheorie mit dem Konzept des Frauenkinos in ihren Anfängen festhielt. THE PIANO bedeutete für die Regisseurin eine Abkehr von ihrem experimentellen Stil und der formalen Subversion der 1980er-Jahre und die Suche nach konventionelleren Erzählformen für die Darstellungen weiblicher Heroinnen, verbunden mit visuellem Vergnügen. Dieser künstlerische Schritt kann als Ausdruck ihrer Auffassung gesehen werden, dass Ideen feministischen Denkens sich im Laufe der Zeit verändern oder sogar widersprechen können. Eine Position, die Jane Campion von Anfang an buchstäblich zu verkörpern schien.

Mit einem Rückblick auf ihre Anfänge lässt sich diese Evolution schlüssig rekonstruieren. Ihre Kurzfilme stehen für jene radikale Ästhetik, mit der sie sich zuerst positioniert: Sie zerlegt klassische Erzählformen, improvisiert, spielt mit exzessiven Farben und schrägen Blickwinkeln. Und sie arbeitet bereits mit dem Drehbuchautor Gerard Lee, der Kamerafrau Sally Bonger und der Kostümbildnerin Janet Patterson, wichtige Mitstreiter:innen, die ihren Kosmos von Beginn an entscheidend mitprägen.

# Kurzfilme als kühnes Experimentierfeld

In ihren allerersten Kurzfilmen TISSUES (1980) und MISHAPS OF SEDUCTION AND CONQUEST (1984) zeigt sich bereits Campions Talent für die Erforschung von besonders provokativen Themen – wie Inzest – und gewagten Erzählformen. Es ist aber PEEL, der sie 1989 auf dem Filmfestival in Cannes ins Zentrum der internationalen Aufmerksamkeit rückt.

## PEEL: AN EXERCISE IN DISCIPLINE (1982)

PEEL wäre beinahe nie entstanden, denn Campions Dozenten an der Australian Film, Television and Radio School rieten ihr ursprünglich, sie solle sich nicht die Mühe machen, ihn fertigzustellen. Der Kurzfilm enthält bereits Grundmotive, die später Campions Kino bestimmen werden, und führt das visuelle Vokabular ein, das sie im Laufe ihrer Karriere weiterentwickeln wird, insbesondere die haptische Ästhetik und ihr Interesse, Familiendynamiken zu hinterfragen, die sich in klaustrophobischen Räumen abspielen. In PEEL erlebt eine rothaarige Familie – Vater und Sohn und deren Schwester bzw. Tante – wie während einer Autofahrt die unterschwellige Spannung zwischen ihnen eskaliert, als der Junge beginnt, Orangenschalen aus dem Fenster zu werfen. Eine Nahaufnahme zeigt, wie der Finger des Jungen in eine Orange eindringt, macht seine Rebellion «physisch» sichtbar und lässt an Baines Finger denken, der in THE PIANO das Loch in Adas Strumpf beharrlich umtastet.

Der Vater wird so wütend, dass er anhält und seinen Sohn auffordert, zurückzugehen und die Schalenstücke aufzuheben. Ein gewohnter Ort des familiären Alltags implodiert durch eine Grenzüberschreitung: Campion visualisiert diese Implosion durch miteinander kollidierende Farben – das Orange der Früchte, das Rot-Orange der Haare der Figuren und das Knallrote der Autositze – und durch den akustischen Kontrast zwischen dem stehenden Wagen und den Autos, die im Hintergrund mit voller Geschwindigkeit bedrohlich vorbeifahren. Die Regisseurin und ihre Kamerafrau Sally Bonger verzichten auf das Lineare und schaffen stattdessen eine zirkuläre Erzählung um die sich wiederholende Spirale, in der sich die Familie bewegt und die das bevorstehende Chaos in sich spiegelt.

In den letzten Momenten von PEEL reagieren der Mann und die Frau nicht mehr, als wären sie in der Zeit eingefroren. Während eine Orange unbemerkt auf den Boden rollt, schauen sie jeweils in die entgegengesetzte Richtung und starren unverwandt auf die beiden Enden der Straße, wo ihr Auto stehen geblieben ist. Der Junge schubst sie, schreit sie an, schließlich springt er auf das Dach des Autos. Nichts weckt sie aus ihrer Trance. Als die Sonne untergeht und das Dröhnen des Verkehrs lauter wird, hat sich jeder Sinn einer möglichen Ordnung aufgelöst. Bruder und Schwester sitzen so still als wären sie tot.

## PASSIONLESS MOMENT (1983–84)

Jane Campion lässt uns mithilfe einer doppelten Erzählweise und eingefügter Bilder am alltäglichen Leben der Nachbarn an einem Sonntagnachmittag teilhaben. Eine Offstimme vermittelt sowohl die Gedanken als auch die Fantasien aller Protagonisten und verbindet ihre Geschichten, die auf den ersten Blick keinen Zusammenhang miteinander haben. Jeder triviale Moment des Alltags wird zu einer Gelegenheit für die Figuren, über Entscheidungen nachzudenken oder ihrer Fantasie freien Lauf zu lassen. Jede Szene wird mit einem ironischen Titel versehen: Wir alle erleben irgendwann einen Moment der Erkenntnis, in dem Gedanken und Fantasien unserer direkten Kontrolle entgleiten. Diese Momente des bewussten Nachdenkens sind «leidenschaftslos», weil sie uns nicht wichtig genug sind, um sie im Gedächtnis zu behalten, und doch besteht das Leben in Grunde nur aus solchen Momenten.

Das verwirrende Wechselspiel von Ton und Bild verleiht jeder Szene eine kakofonische Note und dem Film eine beunruhigende Geschlossenheit. Das verwendete Schwarz-Weiß dient den ruhigen, aber intensiven Porträts der Figuren, die schon als campionesk erkennbar sind. Ein Kurzfilm, der viel undurchschaubarer ist als Peel und trotzdem visuell stark und zutiefst melancholisch.

## A Girl's Own Story (1984)

In A Girl's Own Story finden sich auch bereits Tropen, die Campion in anderen Filmen wieder aufgreift, wie die visuelle Komposition weiblicher Identität – die genaue Betrachtung von geschlechtsspezifischen, weiblichkeitsbezogenen Objekten, z. B. Schuhe, Kleidung, Spielzeug.

Im Zentrum stehen die Teenagerinnen Pam, Stella und Gloria, die eine katholische Mädchenschule im Westen Sydneys besuchen. Der Film setzt mit ausgefeilter Ästhetik das Erwachen ihrer Sexualität in Szene. Sie entdecken die Beatles, die Küsse, die Zärtlichkeiten, die Nacktheit: Es ist das brutale Ende der Kindheit. Am Anfang schwankt die Kamera über die Mädchen, die den Beatles-Song «I Should Have Known Better» vor einem Schwarm schreiender Mitschülerinnen aufführen und die damaligen Beatlemania nachspielen, bevor sie von einer Nonne zurechtgewiesen werden. Später üben Stella und Pam das Küssen und setzten dabei Masken ihrer Idole Paul und Ringo auf. Die Kamera schwebt durch ihr Zimmer und wir sehen eine Reihe von Barbiepuppen, die ohne Kleidung und in sexuell aufreizenden Posen am unteren Bildrand aufgestellt sind. Und hier ist der satirische Blick der Regisseurin auf die Ikone der Heterosexualität und Mittelschichtswohlanständigkeit schlechthin äußerst scharf: Wenn auch Barbies symbolische Macht in Mädchenzimmern groß ist, erzeugt diese Macht auch eigene subversive Sexfantasien. Die harmlosen Kinderspiele verwandeln sich allmählich in sexuelle Spiele, die durch das harte Schwarz-Weiß nahezu schockierend wirken: Die kindlichen und unschuldigen Charaktere werden zu Figuren eines erschütternden Horrorfilms, in dem das erwachende Begehren zu einem furchterregenden «Killer» wird.

Angefangen bei den körperlosen Schreien in dem Vorspann bis hin zu den verwirrenden Köpfen der Beatles, die an Pams Wand hängen, unterstreicht die Kamerafrau Sally Bongers die widersprüchlichen Ausdrucksformen jugendlicher Sexualität, die zwischen unaussprechlichen Fantasien und rein physischen Pulsionen changiert. Eine ähnliche Zerrissenheit spiegelt sich auch in der Beziehung von Pams Eltern wider, die seit mehr als zwei Jahren nicht mehr miteinander gesprochen haben und Pam als Vermittlerin auszunutzen. Wir erfahren, dass ihr Vater eine Affäre mit seiner Kollegin Deidre hat, in die er seine eigene Tochter skrupellos nach und nach hineinzieht. Er betrügt seine Frau, flirtet schamlos mit Pams Freundin Stella und bei der Interaktion mit seiner Frau benutzt er krude sexuelle Anspielungen. Nach einem Streit, der mit körperlicher Gewalt beginnt, lieben sich Pams Eltern auf ihrem Hausflur: Die schmale Grenze zwischen romantischer Liebe und ungestümer, nahezu gewaltsamer Sexualität, ein zentrales Thema in Campions Werk, kommt hier bereits unverhüllt zum Ausdruck.

Das toxische Sexualverhältnis zwischen ihren Eltern wird von Pam traumatisch erlebt. Campion verwendet für ihren brutalen Eintritt in die Welt der Sexualität, die von Männern bestimmt und kontrolliert wird, Schuhe als Metapher: Von den Lederstiefeln, die Pam ihrer älteren Schwester stiehlt, bis hin zu den High Heels, die sie zum Abendessen mit ihrem Vater und Deidre unsicher trägt, nutzt Campion das Schuhwerk, um Pams Übergang in eine Welt zu visualisieren, in die sie hineingezwungen wird. Und ihre weißen Rüschensocken, die sie noch in einer Welt kindlicher Unschuld verankern, werden nach und nach aus ihrem Körperbild verdrängt. Die Sexualität, die Pam vorgespielt wird, ist gewalttätig, sie kann ihr aber nicht einfach aus dem Weg gehen. Nicht zufällig sehen wir die Körper nie vollständig, sie erscheinen oft wie amputiert, als ob die Zerrissenheit der Sehnsüchte von Pam und ihren Freundinnen sie buchstäblich in Fragmente zersplittert.

Kälte, ein weiteres Motiv, das sich durch den Film zieht, ist eng mit dem dritten Teenager Gloria verbunden. Nachdem sie ein Kätzchen gefunden hat, will sie mit ihrem Bruder Graeme «Katzen spielen», was eine teilweise unschuldige und zugleich offenkundig sexuelle Provokation darstellt. Graeme ermutigt Gloria, sich unter dem Vorwand einer authentischeren Nachstellung auszuziehen. Als er sie bittet, die Heizung einzuschalten, willigt Gloria ein und die beiden haben leidenschaftslosen, kalten Sex, der zu ihrer Schwangerschaft führt. Später, als Graeme sie in einem Haus für unverheiratete Mütter besucht, bemerkt Gloria, dass ihr ständig kalt ist, da es dort keine Heizung gibt. Das wiederkehrende Thema sowohl in den Bildern als auch im Drehbuch ist Kälte versus Wärme, wobei das verbindende Element des Films die häufige Verwendung von Heizungen ist – eine Quelle der Wärme und damit der Geborgenheit und Zuneigung, wonach sich die jungen Protagonistinnen vergeblich sehnen.

# AFTER HOURS (1984)

AFTER HOURS wurde in Zusammenarbeit mit der Women's Film Unit von Film Australia entwickelt. Dieser Kurzfilm ist ein fast vergessener Eintrag in Campions Filmografie. Während den Kurzfilmen, die sie im Laufe ihres Studiums an der Australian Film, Television and Radio School gedreht hat, in Publikationen über die Filmemacherin eine wichtige Bedeutung zugesprochen wird, wird AFTER HOURS in Büchern wie *Contemporary Film Directors* nur am Rande erwähnt und taucht nicht einmal in der Filmografie der aktuellen Publikation *Jane Campion: Cinema, Nation, Identity* auf. Die Regisseurin selbst hat ihre Abneigung gegenüber dem Film nicht verheimlicht. Im Interview sagte sie einmal: «Ich mag AFTER HOURS nicht besonders, weil ich das Gefühl habe, dass die Gründe, den Fim zu machen, unrein waren. Ich fühlte einen Konflikt zwischen dem Projekt und meinem künstlerischen Gewissen [wegen der Finanzierung]. Der Film musste offen feministisch sein, es ging um sexuellen Missbrauch von Frauen am Arbeitsplatz. Ich habe mich dabei nicht wohlgefühlt, weil ich keine Filme mag, die vorschreiben, wie man sich zu verhalten hat oder nicht. Ich glaube, dass die Welt komplizierter ist als das. Ich beobachte lieber Menschen, studiere ihr Verhalten, ohne ihnen Vorwürfe zu machen. Ich hätte diesen Film lieber in einen Schrank gestellt» (zitiert in McHugh 2007: 49).

Nicht zufällig ist AFTER HOURS wenig experimentell und eher klassisch erzählt, und basiert auf einem klaren Plot, der allerdings inszenatorisch ein interessantes Spiel um Lüge und Wahrheit entfaltet. Eine eindeutige Antwort bleibt allerdings aus. Das Thema der sexuellen Belästigung einer jungen Frau am Arbeitsplatz, die versucht, ihren Job in der Gesellschaft der 1980er-Jahre nicht zu verlieren, wird von Jane Campion durch die parallele Geschichte der beiden Hauptfiguren abgehandelt, Lorraine, eine verschlossene Büroangestellte und Leistungsschwimmerin, und Mr. Philipps, ihr scheinbar einwandfreier Chef, netter Familienmensch und liebevoller Hundetrainer. Der sexuelle Übergriff wird mit nüchterner Direktheit inszeniert: Lorraine wird von Mr. Philipps gebeten, bis spät in die Nacht zu arbeiten. Dieser macht ihr am leeren Arbeitsplatz nach Einbruch der Dunkelheit direkte sexuelle Avancen, die darin gipfeln, dass er ihr den Rock vom Leib reißt. Die Erzählung schildert Lorraines anschließende schwierige Interaktionen mit ihrer Rechtsvertreterin, ihrer Familie, ihren Schwimmpartner:innen und ihrem Trainer, während ihr Chef alles leugnet und dabei von seiner Assistentin unterstützt wird.

Aus heutiger Sicht mag der Blick auf diese Missstände altmodisch wirken und die Geschichte weniger berührend. Zweifellos auch weil die Regisseurin durch die Erzählform und die Gegenüberstellung der beiden Versionen etwas Distanz schafft. Und dennoch nimmt das Element Wasser bereits die metaphorische

Bedeutung an, die später in Jane Campions Filmen stark präsent sein wird: Lorrains Hand streicht im Schwimmbad über das Wasser – eine Berührung, die in THE PIANO wiederkehrt – und lässt dann ihren Körper in den Pool eintauchen, ein Sprung der Reinigung, der Schwerelosigkeit, der ersehnten Leichtigkeit. Die Ambivalenz gegenüber Figuren und Einrichtungen, die Machtpositionen missbrauchen und die Handlungsfähigkeit von Frauen einschränken, spiegelt sich nicht nur in der zentralen Erzählung von AFTER HOURS wider, sondern auch symbolisch in der Ambivalenz der Regisseurin selbst gegenüber dem Film als Produkt der Zusammenarbeit mit dem Frauenkomitee. Auch wenn AFTER HOURS eine Auftragsarbeit war, spüren wir bereits Campions ausgeprägten Sinn für Taktilität, ihre Sensibilität, unscheinbare Gegenstände fühlbar, greifbar, für die Erzählung bedeutsam zu machen. In einem symmetrischen Dekor, das eine scheinbare Ordnung reflektieren soll und durch horizontale und vertikale Linien soziale Orte visuell definiert (Schwimmbad, Büros, Häuser), stellt Jane Campion auf subtile Weise die Frage nach Grenzübertretung und Verbrechen. Dank zweier beeindruckender Interpret:innen gewinnt die Konfrontation zwischen Wahrheit und Lüge allmählich immer mehr an Bedeutung. Ohne die Frage «Wer sagt uns die Wahrheit?» zu beantworten, spielt die Regisseurin mit unserer Wahrnehmung der beiden Hauptfiguren. Um ihr Ziel zu erreichen, wird die Geschichte absichtlich dekonstruiert, um uns bei der Wahrheitsfindung zu verwirren. Interessant bleibt Jane Campions Inszenierung des Mannes: Die Filmemacherin hat eine klare Vorstellung von ihm, er wird vor allem auf seine Instinkte reduziert (Sex, Profit, Überleben), während die Frau viel undurchschaubarer ist. Sie bleibt widersprüchlich, aber nie männerfeindlich. Es kündigt sich schon an, was für ihr Kino prägend ist, Genrekonventionen zu unterlaufen und uns zu irritieren. Und auch ihr ironischer Umgang mit cineastischen Verweisen zeigt sich bereits in den tiefgefrorenen Hühnern, die, mit den Namen der Angestellten markiert, in einem großen Kühlschrank im Büro aufbewahrt werden. Am Ende wird Lorraines Huhn mit Entsetzen von ihren Kolleginnen in einer Schublade entdeckt: Sexueller Übergriff als abstoßender, lynchesk-albtraumhafter Büroalltag?

## TWO FRIENDS (1986)

Der sehr sensible TWO FRIENDS (1986), für das australische Fernsehen gedreht und nur 79 Minuten lang, ist ein beeindruckendes Spielfilmdebüt. Nach einem Drehbuch der australischen Schriftstellerin Helen Garner zeichnet Campion die Freundschaft zwischen zwei australischen Schulmädchen, Kelly (Kris Bidenko) und Louise (Emma Coles), nach: Der Film beginnt mit dem Zusammenbruch der Beziehung und rollt deren Geschichte von hinten auf, bis zu einem vielversprechenden Anfang, als alles möglich schien und die Welt für die zwei jungen Frauen noch eine andere war. Ein Treffen zu Beginn des Films zeigt, wie die einst miteinander eng verbundenen Teenagerfreundinnen Louise und Kelly sich auseinandergelebt haben. Kelly ist zwar ärmer, aber rebellischer und kleidet sich nach dem heute verblassten Modediktat des Punk-Stils der 1980er-Jahre. Aber ihre besonnene Haltung gegenüber den Reaktionen anderer auf ihr Aussehen offenbart eine reifere Persönlichkeit als Louises, deren kindliche Launenhaftigkeit sich in ihren strengen Röcken und Strickpullis spiegelt. Es ist die erste, eindrucksvolle Arbeit der Kostümbildnerin Janet Patterson, die Jane Campions Kino mit ihrer außergewöhnlichen Sensibilität für Körper und Stoffe noch lange begleiten wird.

Two Friends bewegt sich dann rückwärts durch das vergangene Jahr der Freundschaft der beiden Mädchen. In fünf Episoden enthüllt der Film die Ereignisse, die die Freundinnen ihre unterschiedlichen Wege einschlagen ließen. Das Thema der weiblichen Dyade, voller Gegensätze, Widersprüche, Hassliebe, die unzertrennlich erscheint und doch traumatisch auseinandergerissen wird, hat Jane Campion immer wieder aufs Neue erzählt. Das Tragische hier ist unsere Gewissheit über das Unvermeidliche, während wir zusehen und schmerzlich das Geschehen verfolgen.

Im Laufe der Erzählung wird klar, dass Kelly eine begabte Schülerin mit Universitätspotenzial gewesen ist. Sie hat mit Louise die äußerst schwierige Aufnahmeprüfung für die exklusive City Girl's School bestanden, die ein sicheres Sprungbrett für eine höhere Ausbildung darstellt. Doch Kellys Stiefvater Malcolm verweigert ihr den Besuch der Schule und zerstört damit nicht nur das Band zwischen den beiden Mädchen, sondern auch Kellys Zukunft. Kellys Mutter Chris scheint schwach und unfähig zu sein, ihrem Partner zu widersprechen, und Louises Mutter Janet kümmert sich zwar um Kelly, kann aber nicht wirksam eingreifen. Und so geht Louise zur City Girl's School und Kelly landet auf der Straße, lebt in einem besetzten Haus und verfällt den Drogen. Wie in ihrem Kurzfilm Passionless Moments hat die Filmemacherin Two Friends als eine Collage von Momenten inszeniert, wobei es nicht um die Aufrechterhaltung einer kohärenten Linie räumlicher Kontinuität geht. Mit anderen Worten, es handelt sich um einen Film, der aus kurzen Szenen besteht, die meist mit einer einzigen Einstellung gedreht wurden. Selbst wenn Campion in den späteren Teilen des Films Szenen mit vier verschiedenen Einstellungen einbaut, ist die Sparsamkeit des Schnitts in jedem Moment beeindruckend. So entstehen aussagekräftige Tableaus des Alltags, die uns dazu einladen, ihre Komplexität zu erforschen und unseren Blick im eigenen Tempo darin schweifen zu lassen.

Aber was den Film so bemerkenswert macht, ist die Tiefe der Gefühle, die dem Werk innewohnen, und die Tristesse des Alltags, die Kameramann Julian

Penny in dem 16-mm-Format eindringlich einfängt. Der emotionale Bogen des Films spiegelt die soziale Ungleichheit zwischen den zwei Freundinnen: Es wird Louise mehr Zeit gewidmet, es ist aber schließlich Kelly, die sich als Zentrum der Erzählung durchsetzt.

Der Beginn mit einer Totenwache für ein junges Mädchen, das an einer Überdosis Drogen gestorben ist, bringt Kelly und Louise wieder zusammen, und es wird klar, dass Kelly das gleiche Schicksal erwartet, im Stich gelassen vom System, von ihren Eltern und von Louise selbst, die ein privilegiertes Leben führt. Bei der Verlesung von Kellys Brief zeigt Campion in einer eindringlichen Szene, wie Louise das Interesse an den geschriebenen Worten ihrer Freundin schnell verliert und sich dem Klavierspiel zuwendet. Aber wir hören weiterhin den Inhalt des Briefes, der von Kelly im Voiceover vorgelesen wird. Hier werden wir mit der gleichzeitigen und fast aggressiven Darstellung zweier unterschiedlicher Perspektiven von zwei sehr ungleichen Menschen konfrontiert. Dies ist einer der emotionalsten Momente von TWO FRIENDS. In den letzten, herzzerreißenden Szenen bricht der Film in Segmenten visueller Extravaganz aus, in denen Stop-Motion, lebhafte Handkolorierungen und andere Spezialeffekte verwendet werden, um die Intensität von Kellys und Louises früher Bindung zu suggerieren, als sie sich unsterbliche Freundschaft schworen, und für ein Leben weiblicher Solidarität und Erfolg bestimmt zu sein schienen. Mit dieser hoffnungsvollen Note endet der Film. Doch, wie Campion uns zeigt, lässt sich aus der Vergangenheit nicht auf die Zukunft schließen. Wie bereits der Beginn des Films mit dem Schauplatz einer Beerdigung andeutet, ist TWO FRIENDS eine Grabrede für eine verstorbene Freundschaft. Das unbeschwerte Schlussbild und die heitere Fantasie, die ihm vorausgeht, stehen im krassen Gegensatz zu dem Foto der zwei Freundinnen, das neben dem Sarg und den bunten Blumen, die ihn umrahmen, auch liegt, um uns an all das zu erinnern, was für immer verloren gegangen ist.

## Licht, Schatten und Dunkelheit

Wer steckte nun hinter den Kurzfilmen, die mit TWO FRIENDS abgeschlossen wurden? Wir können uns vor dem Filmstudium eine eigenwillige, ambitionierte junge Frau vorstellen, die es von der anderen Seite der Welt zuerst nach Europa treibt. Dort begegnen ihr als Kunststudentin die Alten Meister der italienischen Malerei, Michelangelo und Caravaggio, dann ist sie von Surrealismus, Pop-Art und den Autoren der europäischen Filmavantgarde fasziniert. Schließlich geht sie zurück zu den Antipoden, *back to the roots*, aber nicht ganz, denn sie entscheidet sich für Australien als Wahlheimat. Im Film findet sie das passende Medium, um ihre Visionen zwischen Finsternis und Reinheit auszudrücken, vielleicht die gleichen Merkmale, die aus ihrer Sicht ihre Heimat Neuseeland prägen, ein Land, das wie ein Märchen aussieht, auf das Campion aber wie auf eine Schauerlandschaft blickt, von Melancholie, Ruinen und einer dunklen Sehnsucht durchdrungen. Bereits die ersten Kurzfilme spiegeln ihre eigene «seltsame Geschichte» als Pakeha-Neuseeländerin, die von europäischen Siedlern abstammt. Es kündigt sich an, was Eva Reuschmann als «Gothisierung» von inneren und äußeren Landschaften in Campions Kino bezeichnet hat, in der sich die «Heimatlosigkeit» und das Gefühl der sozialen Gefangenschaft ihrer weißen australischen und neuseeländischen Heldinnen artikuliert (vgl. Reuschmann 2005: 1–9).

Im Laufe des Filmstudiums, speziell am Anfang mit dem Format Kurzfilm, kann die junge Jane komplexe Techniken ausprobieren und ihren originellen Erzählmustern eine Bühne bieten: die kühle, anthropologische Herangehensweise an die seltsamen und gewalttätigen Regeln der Welt, die nicht erklärt werden; explosive Wut in Familienkonstellationen, die ebenfalls nicht erklärt wird; abstrakte Dialoge, die uns im Unklaren darüber lassen, wer die Figuren sind und was sie «wirklich» bewegt; provokative Nahaufnahmen, wie die Aufnahme des Pos der Tante beim Pinkeln in PEEL – und dies wird nicht die einzige Aufnahme einer pinkelnden Frau in Campions Werk bleiben; und das nicht enden wollende Ende, in dem alles offenbleibt.

# The Audition: Jane Campion spielt Jane Campion?

Nach ihren ersten internationalen Erfolgen mit den Kurzfilmen und dem in Cannes für die goldene Palme nominierten ersten Spielfilm SWEETIE (1989) erleben wir im gleichen Jahr Jane Campion ganz überraschend als Schauspielerin in dem Kurzfilm THE AUDITION unter der Regie ihrer älteren Schwester Anna Campion. Anna, geboren 1952, arbeitete fünf Jahre lang als professionelle Schauspielerin in Neuseeland, bevor sie nach London zog, um ein Kunststudium am Goldsmith College zu absolvieren. Sie wechselte allerdings zum Royal College of Art und erwarb einen Master in Film. Ihr erster Kurzfilm, den sie als Studierende der Londoner Filmschule realisierte, THE AUDITION, gewann 1989 den BBC Student Drama Prize. Die Geschichte verwebt das Thema unterschwelliger Mutter-Tochter-Spannungen mit einem weiteren, vielschichtigen Geflecht: Jane Campion spielt darin die Regisseurin Jane Wright, die nach Neuseeland reist, um ihre Mutter (von der echten Mutter Annas und Janes, Edith Campion, verkörpert) Edith Armstrong für eine kleine Rolle in ihrem nächsten Film vorsprechen zu lassen. Sie soll eine Lehrerin aus der Provinz darstellen, die eine Leidenschaft für Poesie hat, die man nicht erwarten würde. Die Anspielungen auf die Rolle, die Edith wenig später in Campions AN ANGEL AT MY TABLE tatsächlich übernahm, sind nicht zu übersehen: Jane Campion besetzte ein Jahr später ihre eigene Mutter in der Rolle der Miss Lindsay, die charismatische Lehrerin, die im Film in einem kurzen, intensiven Auftritt die heranwachsende Janet Frame mit einer dramatischen Lesung der *Idyllen des Königs* von Alfred Tennyson außerordentlich inspiriert.

In THE AUDITION versucht Edith mal unsicher, mal launisch, unter dem Blick ihrer Tochter und des Kameramannes – der inzwischen berühmte Waka Attewell, der im Film kurz als er selbst erscheint – die Rolle vorzuspielen. Das Vorsprechen wird dennoch von Enttäuschungen, Vorwürfen und Mutter-Tochter-Scharmützeln begleitet. «Du gräbst dich in andere Leute ein und richtest ein Haus ein!», wirft einmal Edith mit kaum zurückgehaltener Bitterkeit Jane vor. Der Kurzfilm endet allerdings versöhnlich: Am Ende rezitiert Edith mit einem gewissen Pathos unter den Augen ihrer sichtbar berührten Tochter eine Passage aus *Juno and The Paycock* des irischen Dramatikers Seán O'Casey, der wohl zu ihrem Repertoire als Theaterschauspielerin gehörte.

Was hat Anna mit THE AUDITION angestrebt? Und wie hat Jane Campion an der Entwicklung des Films mitgewirkt? Lässt der Film absichtlich die Grenzen zwischen Fiktion und Realität verschwimmen? Harriet Margolis (2009: 39–52) argumentiert, dass sich die Campions sehr amüsiert haben müssen bei der Vorstellung, wie wir Zuschauenden uns der Versuchung hingeben, die «echten» Frauen hinter den Filmfiguren zu entdecken: Wo beginnt die Fiktion und wo endet die Realität? Sicher ist THE AUDITION keine Dokumentation, vielleicht eher ein Versuch, das Dokumentarische mit dem Fiktiven zu verweben, bei dem die Persönlichkeiten der echten Protagonistinnen – Mutter und Tochter, beide berühmte Frauen, die eine, die vor einer vielversprechenden Karriere steht, die andere als alternde Schauspielerin mit einem Hang zur Depression – in der Inszenierung durchschimmern. Letztendlich wahrt aber der Film eine distanzierte Haltung, die mehr verschleiert als enthüllt.

Interessant ist allerdings, wie Jane Campion sich selbst spielt und wie ihre Schwester sie inszeniert: Wird sie tatsächlich von ihrer Schwester geführt, hat sie sich wirklich auf Annas Regie eingelassen? Sie tritt sehr selbstbewusst auf, blond, groß, erfolgreich, und wird seltsam objektiviert: ihre exzentrische Sonnenbrille, der Lippenstift, der ihre Lippen leuchten lässt, die lässige Kleidung, die ihren athletischen Körper umspielt, ihre leicht zerzauste Bob-Frisur, dies sind alles Elemente, die die Konstruktion ihres bekannten öffentlichen «Selbst» bestätigen, sogar überspitzen. Als aber Barbara Basting im Interview im *Du* Campion auf den Film anspricht und behauptet, dass darin die Form ihrer Zusammenarbeit mit Schauspieler:innen abzulesen sei, antwortet sie: «Aber das stimmt so ja alles gar nicht, es ist alles gespielt und außerdem ist es kein guter Film» (ebd. 38).

Die Regisseurin, die ihre Schwester Anna in der Intimität und Widersprüchlichkeit der Beziehung mit ihrer Mutter offenbart, soll rein fiktiv sein? Es ist wohl bekannt, dass beide Schwestern durch ein konfliktreiches Verhältnis verbunden waren, und sich nach unterschiedlichen Ups and Downs bei der Zusammenarbeit für HOLY SMOKE näherkamen, sie schrieben 1999 das Drehbuch zum Film zusammen, es war offiziell auch ihre letzte Zusammenarbeit. Annas Kurzfilm BROKEN SKIN war 1991 für die Goldene Palme in Cannes nominiert. Nach ihrem ersten Spielfilm LOADED von 1994, der einen diskreten Publikumserfolg hatte, ist es ganz still um sie geworden. Seit 1996 gibt es keine Einträge zu ihr im Internet.

Wenn nun Campion im Interview mit Barbara Basting den Film ihrer Schwester abwertet, warum hat sie sich darauf eingelassen? Vielleicht ist in der fiktiven Jane aus THE AUDITION doch viel von der «echten» Regisseurin Campion, derjenigen, die in den 1990er-Jahren stets die Kontrolle über ihr eigenes Image behält, die selbstbewusst, freundlich, meist leicht distanziert öffentlich auftritt und sich in einer Art (Selbst-)Stilisierung als «Star» ihrer eigenen Filmproduktionen präsentiert. Hat sie zu jenem Zeitpunkt die Festigung ihres Status als «Autorin» angestrebt, der ihr zugeschrieben wurde und in dem sie vielleicht sogar «eingeengt» wurde?

## Jane Campion als (Post-)Autorin

In ihrem Buch *Jane Campion* (2008) beschäftigt sich die Filmforscherin Deb Verhoeven mit der Frage der Autorschaft im Kino von Jane Campion und nimmt eine ganze Reihe von Texten, Diskursen, Debatten und Interviews unter die Lupe, die sich auf die «Auteur-Theorie» beziehen. Ihre Analyse basiert auf einer Neudefinition aus feministischer Perspektive des klassischen «Auteur»-Konzeptes, nach dem die persönliche Vision und die Kontrolle des männlichen Regisseurs im Filmprozess emphatisiert wird. Wichtig ist in diesem Rahmen auch die Analyse von Shelley Cobb (2015: 49–79), die in ihrer Reflexion Regisseurinnen wie Sally Potter und Patricia Rozema untersucht.

Dabei verwirft Cobb das Konzept des «Auteurs», das in den 1950er- und 1960er-Jahren durch die *Cahiers du Cinéma* als Deutungsmodell für die Rolle des Regisseurs als kreative Individualität im Filmprozess eingeführt wurde. Aus einer feministischen Sichtweise bestärkt die angebliche Originalität des Autor-Regisseurs dessen Macht und Kontrolle und bestätigt die Autorität des (männlichen) Autors über den gesamten Filmprozess. Für Cobb beginnt eine feministische Neuformulierung der Autorschaft damit, sie als kollaborative Leistung zu verstehen und nicht als eine, die einem/r einzelnen Autor(in) zugeschrieben wird. Denn besonders für Filmregisseurinnen kann die Kategorisierung als Autorin in einer sich stets verändernden Medienlandschaft kontraproduktiv und einengend wirken.

Verhoven schließt sich dieser These an und geht der Frage nach, wie zeitgenössische Filmregisseurinnen als Autorinnen kategorisiert werden und sich selbst als solche konstruieren (müssen). Ihr Buch erschien zu einem interessanten Zeitpunkt in Campions Karriere. Im Jahr 2003, während sie IN THE CUT promotete, kündigte Campion an, dass sie eine vierjährige Schaffenspause einlegen würde, wobei sie die Gründe für dieses selbst auferlegte «Exil» nur andeutete, vielleicht um nichts zu tun oder um mehr Zeit mit ihrer Tochter zu verbringen. Tatsächlich realisierte sie erst sechs Jahre später BRIGHT STAR, der von der Australian Film Finance Corporation (AFFC) finanziert wurde. Der Film, der von der Liebesgeschichte zwischen dem englischen Dichter John Keats und Fanny Brawne handelt, wurde für den offiziellen Wettbewerb in Cannes 2009 ausgewählt. Bereits 1993 hatte Campion mit THE PIANO als erste Frau in der Geschichte des Festivals die Goldene Palme gewonnen; die Rolle, die das Festival in Cannes und die AFFC in Campions Karriere gespielt haben, wird von Verhoeven bei der Entstehung ihres Status als weiblicher Auteur genau betrachtet. Verhoeven blickt beispielhaft auf das Jahr 2007, in dem Cannes sein 60-jähriges Bestehen feierte: 35 der weltbesten Regisseure wurden dazu überredet, jeweils einen dreiminütigen Kurzfilm für eine Kompilation unter dem Titel TO EACH HIS OWN CINEMA zu drehen, die sich mit dem Erlebnis des Kinobesuchs für Filmzuschauer:innen auseinandersetzten sollte. Campion war als einzige Frau dazu eingeladen und ihr Beitrag, in dem eine Frau in einem Insektenkostüm von einem Kinoangestellten zerquetscht wird, kann durchaus als sardonische Metapher für die Machtverhältnisse in der Filmbranche gedeutet werden. In jenem Kontext hebt Verhoeven ein Pressefoto hervor, auf dem Campion von Männern in dunklen Anzügen umgeben ist. Es ist nicht zufällig ein Bild, das sie zum Inbegriff des weiblichen Autorenfilms in der zeitgenössischen, von Männern dominierten Filmindustrie festlegt, «eine (Autorin) Figur, die für das, was sie repräsentiert, ebenso gefeiert und kritisiert wird, wie für das, was sie (als Filmemacherin) tut» (ebd. 2–3).

Verhoven spielt damit auf die hohen Erwartungen an, die bereits zu Anfang an Campion gerichtet wurden, und deutet dabei die zentrale Rolle der Medienberichterstattung: Schon bei ihren ersten Kurzfilmen wurde sie als Autorenfilmerin mit unverwechselbarem visuellem Stil und originellen Themen gefeiert. Nach der immensen Resonanz von THE PIANO reagierte die Kritik überwiegend distanziert auf THE PORTRAIT OF A LADY und HOLY SMOKE und bezweifelte, dass

Campion in der Lage sei, an den Erfolg von THE PIANO anzuknüpfen. So ist Campions Filmkarriere nach Verhoeven beispielhaft für die Wertung der Autorschaft in der zeitgenössischen Filmindustrie, die nicht mehr ausschließlich von der Produktion, dem Konsum und der Bewertung von Filmen abhängt, sondern von einer ganzen Reihe medien-industrieller Prozesse, die sich auf die Karriere der Filmemacher:innen auswirken; Prozesse, bei denen der Film an sich nur eine Komponente darstellt. Anstelle eines ausschließlich textbasierten Verständnisses des Autorenfilms müssen wir uns nun mit anderen Aspekten befassen, die in der zeitgenössischen Filmindustrie zentrale Bestandteile des Autorenkinos darstellen, wie z. B. die Schlüsselpersonen (Crew, Stars), die für die Filmprojekte rekrutiert werden und die Art und Weise, wie Filme an das Publikum vermarktet werden.

Auf diese Weise unterscheidet sich Verhoeven mit ihrem Buch von den hauptsächlich textbasierten Analysen Kathleen McHughs und Dana Polans und von Sue Gilletts leidenschaftlicher Erkundung aus einer neuen feministischen Perspektive der thematischen Anliegen von Campions Filmen. Verhoeven deutet an, dass es ihr am Beispiel von Jane Campion um die Entwicklung einer Theorie des «Post-Auteurism» geht: eine Neubetrachtung des Konzeptes der Autorschaft, die den Schwerpunkt von dem öffentlichen Bild eines/einer individuellen Autors/ Autorin auf ein zusammengesetztes Bild von kollaborativen Beziehungen und filmindustriellen Kontexten verlagert, was wiederum nach neuen Formen der Betrachtung verlangt.

Die Filmwissenschaftlerin beleuchtet die verschiedenen Kontexte, die an der Definition von Campion als Autorin beteiligt gewesen sind: die Medien, die Filmindustrie, die akademische Forschung und Campion selbst im Bereich der Selbstkonstruktion in öffentlichen Auftritten und der Selbstvermarktung. Ihr Ansatz ist daher intertextuell und erkennt gleichzeitig an, dass diese Bereiche nicht streng voneinander abgegrenzt werden können. Verhoeven nimmt Abstand von einem essenzialistischen Autorenbegriff, um diesen in einen neuen Kontext zu stellen. Durch die Untersuchung dessen, was Campions «charakteristisches Selbst» ausmacht, gelangt Verhoeven zu einer Definition des Selbstverständnisses einer Regisseurin, die multivalent ist. Es geht also nicht darum, «das wahre Selbst einer prominenten Autorenfilmerin» zu ergründen, sondern um die Erkundung der sie umgebenden Figuren, die an ihrem Werk entscheidend mitwirken, und ihrer wechselnden Positionen im Kontext der Filmprozesse (ebd. 43).

Hinsichtlich ihrer medialen Stilisierung der kämpfenden Frau in einer von Männern dominierten Branche schlägt Verhoeven vor, das Thema der Geschlechtszugehörigkeit Campions als soziale Positionierung und ihr Frausein als eine heuristische Kategorie zu betrachten: «ein Mittel, mit dem wir die Variabilität und Kontingenz konventioneller Auffassungen von sexueller Differenz untersuchen können» (ebd. 49). Ihr Selbst entspricht keineswegs einem essenzialistischen Geschlechtsbegriff, sondern vielmehr einer Reihe ambivalenter, multipler und partieller Identifikationen, die sich in einem ständigen Prozess des «Autorin-Werdens» befinden: «Jeder Film bietet eine neue Gelegenheit, die Handlungsfähigkeit der Regisseurin zu durchdenken oder zu verwirklichen» (ebd. 60–61). In dieser Hinsicht wird das Filmemachen als eine Form der stetigen Selbsterneuerung verstanden.

## Jane Campion und der Feminismus

Lässt sich Jane Campion nun in einen eindeutigen feministischen Rahmen einbinden? Aus der Perspektive des «Post-Auteurism» nach Deb Verhoeven soll die Bedeutung des Feminismus nicht an einer einzigen Definition gebunden werden, sondern ist vielmehr als ein eigenständiges «Werden» zu betrachten. In dieser Hinsicht kann Campions Kino durchaus als «feministisch» bezeichnet werden. Ihre Weigerung, zu Beginn ihrer Karriere als Feministin zu gelten, hat sie stets vor rhetorischen Angriffen geschützt, die sie entweder in eine Schublade gesteckt oder im schlimmsten Fall zum Schweigen gebracht hätten. Wenn auch die meisten ihrer Protagonistinnen sich als Außenseiterinnen in einer patriarchalischen Gesellschaft zu behaupten versuchen, sind sie keine Trägerinnen einer unmissverständlich feministischen Botschaft, selbst die weibliche Hauptfigur ihres offen aktivistischen Films AFTER HOURS lässt sich nicht eindeutig lesen. Besonders die Heroinnen ihrer ersten Filme sind in ihren Widersprüchen und ihrer als Hang zum Masochismus gedeuteten Attitüde durch das Instrumentarium der feministischen Filmtheorie, der Psychoanalyse und Subjekttheorie interpretiert worden. Durch die Impulse der neueren feministischen Filmtheorie, beeinflusst durch digitale Technologien, die Filmproduktion und -konsum verändert haben, können nun Campions Filme - wie von Web Verhoeven angeregt - im Kontext des Feminismus interpretiert werden. Feminismus aber wird als «Bewegung in Raum und Zeitgeschichte» begriffen (vgl. Scott 2002: 1–23).

Aus dieser Perspektive scheint der Feminismus von #MeToo einen Wendepunkt für Campion dargestellt zu haben, wie auch die Autor:innen der neuesten Publikation über Jane Campion betonen (vgl. Bowler/Jones 2023: 6–7). In einem Interview in Cannes (2018) erklärte Campion, die Branche befinde sich in einem Schlüsselmoment, der in seiner Bedeutung dem «Fall der Berliner Mauer entspricht, wie das Ende der Apartheid» (Muir: 2018). In ähnlicher Weise erklärte die Regisseurin in einem Interview mit dem European Women's Audiovisual

Network zum Thema #MeToo, dass Frauen in einer Welt, in der 93 Prozent der Filme von Männern gemacht werden, nicht unbesorgt bleiben dürfen (LeBris: 2018). Sie spüre, dass es nach #MeToo, «nicht mehr möglich sein wird, Frauen zu ignorieren. [...] Frauen sind ein Reichtum der Welt» und sie glaube, «dass die Welt nun besser darauf eingestellt ist, zu hören, was Frauen wollen und was sie denken» (ebd.)

In dieser neuen Phase fügt sich – wohl nicht zufällig – die Realisierung ihres bis dato letzten Kinofilms THE POWER OF THE DOG ein, was zunächst als Widerspruch erscheint, da sie sich ausgerechnet zu diesem Zeitpunkt zum ersten Mal mit einer umfassenden Reflexion über Männlichkeit beschäftigt. Dennoch thematisiert sie in Anlehnung an die #MeToo-Bewegung, wie in patriarchalischen Strukturen die männliche Macht nur bei der Ausübung von Gewalt weiter bestehen kann. Die #MeToo-Bewegung «hat anderen Frauen erlaubt, sich auszudrücken», so fühlte sie sich selbst freier, ein männliches Subjekt in den Mittelpunkt ihres neuen Projekts zu stellen. «Ich kann mich jetzt in einen männlichen Raum hineinversetzen» (Canfield 2021). Obwohl dieses Filmprojekt, das sich auf Männlichkeit konzentriert, in direktem Gegensatz zu dem Statement von Karen Boyle steht (2019), dass kulturelle Narrative die Stimmen der Frauen betonen müssen, um einen Wandel herbeizuführen, hat Campion hier subversiv gehandelt. Sie verdreht auf subtile Weise die vorherrschenden Narrative von #MeToo, indem sie in ihrem Film aufzeigt, wie zutiefst zerstörerisch Männlichkeit sowohl für Männer als auch für Frauen sein kann.

Vor der #MeToo-Bewegung hatte Campion betont, dass es sich wie ein großer Verrat angefühlt habe, sich dem Erzählen von Geschichten über Männer hinzuwenden. Sie erklärt weiter: «Auch wenn ich mich als Künstlerin sehe, die sich überall hinbewegen kann, fühlte ich dennoch diese natürliche, aber auch politische Notwendigkeit mich an die Frauen zu binden» (ebd.). Dies erscheint vielleicht als ein Widerspruch zu ihrer Aussage vor 20 Jahren, in ihrer Arbeit «unpolitisch» sein zu wollen. Es gibt jedoch in Campions Aussage eine Nuance: Sie sieht sich selbst als Künstlerin, die nicht durch ideologische Positionen, die vielleicht nicht immer mit eigenen Überzeugungen übereinstimmen, eingeschränkt werden möchte. Ihr anthropologischer, visionärer Blick erkennt auch die eigene Geschlechtszugehörigkeit als eingebettet in ein globales patriarchalisches System, als Teil einer verkörperten, persönlichen, manchmal kollektiven Erfahrung, deshalb spielen in ihrer künstlerischen Arbeit auch Männer eine Rolle (vgl. Bowler/Jones: ebd.).

Bereits 2009 hatte Verhoeven durch ihr Konzept des «Post-Auteurism» Jane Campion als Visionärin gedeutet und darauf hingewiesen, wie Campion «uns befähigt, uns in einer Welt zu orientieren und zu verhalten, die unauslöschlich von Medienbildern und Vermittlungspraktiken geprägt ist» (ebd. 178). Verhoven beschreibt Campion als öffentliche Persönlichkeit mit einem sozialen und künstlerischen Bewusstsein, und adaptiert dabei geschickt Richard Dyers Konzept der strukturierten Polysemie, um Campions Doppelrolle als Starmacherin und Star hervorzuheben.

Wie lässt sich das Konzept von Jane Campion als Post-Autorin im Kontext des aktuellen Kinos und seiner vielfältigen Felder, nicht nur des Sehens, sondern auch der Sinneseindrücke, deuten? Wie kann feministische Filmtheorie im Lichte dieser Veränderungen unser Film-Verständnis beeinflussen und auch sich selbst weiterentwickeln?

Diese Fragen führen uns zum nächsten Kapitel und zu den kontroversen Diskussionen und vielfältigen Interpretationen um THE PIANO.

# THE PIANO
# Zwischen ungebrochener Faszination und anhaltenden Kontroversen

T HE PIANO, 1993 in die Kinos gekommen, bleibt nach über dreißig Jahren einer der bekanntesten und meistdiskutierten Filme von Jane Campion. Das ikonische Bild des schwarzen Klaviers auf einem einsamen Strand, das mit der schmalen Silhouette Adas in viktorianischer Kleidung eine Einheit bildet, ist heute im kulturellen Gedächtnis verankert und hat nichts von seiner evokativen Kraft verloren. Nach Barbara Klinger lässt sich ein solches «fesselndes» Bild, das Erinnerungen und Emotionen evoziert, als «arresting image» bezeichnen: «Die mehrfache Rückkehr zu einem Lieblingsbild kann auch seine ursprüngliche Wirkung verstärken, indem sie den Zuschauenden die Möglichkeit gibt, über ihre eigenen Reaktionen nachzudenken» (2006: 19). Sie meint, dass das wiederholte Anschauen solcher Bilder den Wunsch, die Emotionen, die «der Film ursprünglich auslöste, wieder einzufangen versucht» (ebd.). Bei einer aktuellen Begegnung mit THE PIANO und seinen «arresting images» kann es allerdings nicht nur um nostalgische Erinnerungen gehen: Denn unsere Gegenwart, in der Themen wie sexuelle Gewalt und (post)koloniale Diskurse die öffentliche Debatte prägen, verlangt, sich mit den problematischen Aspekten im Film auseinanderzusetzen, die bereits vor 30 Jahren vielfache Kontroversen hervorriefen.

Nach seiner Premiere 1993 war THE PIANO sowohl Gegenstand vehementer Diskussionen als auch ein internationaler Kassenerfolg. Die überschwänglich positiven Kritiken wurden von zahlreichen Oscarnominierungen begleitet, aber schließlich bekamen die Auszeichnungen Holly Hunter als beste Schauspielerin und die elfjährige Anna Paquin als beste Nebendarstellerin. Jane Campion musste sich mit einem Oscar für das beste Drehbuch zufriedengeben. Die Regisseurin hatte im gleichen Jahr als erste Frau zwar die Goldene Palme für die beste Regie bei den Filmfestspielen in Cannes bekommen, musste sich aber den prestigeträchtigen Preis mit dem Regisseur von FAREWELL MY CONCUBINE Chan Kaige teilen.

Auf internationaler Ebene – vor allem im englischen Sprachraum – wurde zu dem Film eine beachtliche Fülle von Artikeln und Essays veröffentlicht, die Debatten und Reflexionen darüber halten bis heute an. Die Publikationen in wissenschaftlichen Zeitschriften und die Filmkritiken von renommierten Autor:innen reichten von extremer Begeisterung für Campions bahnbrechende Darstellung des weiblichen Begehrens bis hin zur Verurteilung ihrer Inszenierung des indigenen Volkes der Maori und der romantisierten Darstellung ihres freien und «natürlichen» Ausdrucks von Sexualität. Einige (wenige) Kritiker:innen wiesen auf die kaum vorhandene Thematisierung von kolonialer Unterdrückung hin. Weitere Reaktionen konzentrierten sich auf die kontroverse Frage, ob der Film als «feministisches» Projekt überhaupt gelten kann, denn Ada verliebt sich in den Mann, der ihr geliebtes Klavier in seinen Besitz bringt und ihr anbietet, es durch sexuelle Gefälligkeiten zurückzuverdienen. Obwohl sich im Laufe dieser sexuellen Erpressung Ada als aktive und willige Teilnehmerin entwickelt, wurde von verschiedenen Seiten die Beziehung zwischen den beiden Figuren als eine Form von sexuellem Übergriff bewertet. Sue Gillet zitiert beispielsweise einen Brief von Lisa Sarmas an das *Arena Magazine* mit dem Titel «What rape is» (1995: 286). Sarmas definierte die Beziehung von Ada und Baines ausdrücklich als Vergewaltigung und trug damit zu einer breiteren Diskussion bei.

In einem Sammelband, ausschließlich THE PIANO gewidmet (Margolis 2000), wurde der Film aus einer Vielzahl disparater Perspektiven untersucht, die auch die kritischen Stimmen wiedergaben. Leonie Pihama, Filmwissenschaftlerin mit Maori-Wurzeln, kritisiert in ihrem Essay (ebd. 114–134), dass Maori-Frauen als willige Sexualpartnerinnen für Pakeha-Männer dargestellt werden. Sie sieht darin eine Interpretation aus kolonialistischer Sicht, nach der die Maori als impulsive sexuelle Wesen gesehen werden.

Auch die Kulturkritikerin und Feministin Bell Hooks äußerte sich in einem viel diskutierten Essay sehr kritisch über den Film (Hooks 1994): Sie formulierte die These, dass THE PIANO kein feministischer Film sei, weil er die sexistische Annahme vertrete, dass heterosexuelle Frauen ihre künstlerische Tätigkeit aufgeben würden, um die «wahre Liebe» zu finden, und zieht sogar einen Vergleich mit dem Gangsta-Rap. Sie verurteilt sowohl die Frauenfeindlichkeit und Gewalt im Gangsta-Rap als auch die Heuchelei seiner weißen Kritiker, die Sexismus und Mysogynie als etwas betrachten, das nur junge schwarze Männer beträfe. Dann äußert sie sich zu THE PIANO: «Die Gewalt gegen Land, Eingeborene und Frauen wird in diesem Film, anders als im Gangsta-Rap, unkritisch dargestellt, als sei sie «natürlich», der unvermeidliche Höhepunkt widerstreitender Leidenschaften» (ebd.). Es war aus feministischer Sicht eines der härtesten Urteile über den Film. Abermals äußerten eminente männliche Filmkritiker ihre Faszination für THE PIANO: Roger Ebert beschreibt ihn als «einen dieser seltenen Filme, in dem es nicht nur um eine Geschichte oder einige Figuren geht, sondern um ein ganzes Universum von Gefühlen» (1993). Die Kritik von Vincent Canby in der New York Times schloss sich Ebert an: «Frau Campion suggeriert Gemütszustände, die man auf der Leinwand noch nie gesehen hat» (1993).

Fest steht: Der Film hat von Beginn an polarisiert, vor allem aber ein außerordentlich intensives Gefühl der Empathie mit der Protagonistin hervorgerufen, ganz besonders bei der weiblichen Zuschauerschaft. Einige Film- und Kulturwissenschaftlerinnen thematisierten ihre persönliche Begeisterung für THE PIANO und führten auf ungewöhnliche Weise die eigene Filmerfahrung in ihre Reflexion ein. Nachdem die feministische Filmforscherin Sue Gillett in einem bahnbrechenden Aufsatz ihre persönlichen Emotionen zum Film zum Ausdruck gebracht hatte (GIllett: 1995), näherte sie sich 2003 in einem Buch dem gesamten Werk Jane Campion aus einer ähnlichen Perspektive. Sie behandelt jeden Film in separaten Kapiteln, die in chronologischer Reihenfolge angeordnet sind, von SWEETIE (1989) bis IN THE CUT (2003) und steigt so in ihre Analyse ein: «Vor Jane Campions Filmen bin ich definitiv nicht unvoreingenommen. Warum bin ich so fasziniert, so verliebt in sie? Warum erschüttern sie mich nachhaltig? Wenn die Lichter angehen, möchte ich nicht zu den gewöhnlichen Dingen zurückkehren. Ich möchte verweilen, tiefer gehen, in dieser Welt bleiben, die so viel Realität für mich hat» (Gillett 2003: 15). In dem Kapitel über THE PIANO wendet sich Gillett direkt an die Leserschaft. Es ist, als ob sie uns nicht nur in Adas Persönlichkeit einführen möchte, sondern auch in ihr tiefes Inneres. Sie beginnt mit der Wiedergabe von Adas Off-Kommentaren, die im Film mit ihrer eigenen Stimme verschmelzen, und es ist, als ob die Filmkritikerin mit der Filmprotagonistin eins wird.

Sue Gillett führt einen neuen Ansatz in der feministischen Filmforschung ein, wonach die eigene Beziehung zum Forschungsgegenstand als zentral begriffen wird. Auch Giuliana Bruno hat diese Position zu Beginn der 1990er-Jahre vertreten und sich in Publikationen leidenschaftlich dafür eingesetzt (vgl. Bruno 2002). Sie beschreibt, ähnlich wie Sue Gillett, ihre Forschung als persönliche, verkörperte Erfahrung. Es geht darum, eine andere Sichtweise von Erfahrung und Subjektivität ins Spiel zu bringen, um neue Sphären und neue Subjekte zu konstruieren. Das Sich-Kreuzen von verschiedenen Varianten und die hybriden Verbindungen, die Brunos Arbeit kennzeichnen, entsprechen dem Versuch, sich als vermeintlich objektive Forschende auf dem Tätigkeitsfeld in Frage zu stellen. Dies impliziert eine andere Art des Schreibens, bei dem keine akademische Distanz zum Forschungsobjekt aufgebaut wird, sondern Objekt und Subjekt in enger Beziehung miteinander gesetzt und das sprechende (schreibende) Selbst stets hinterfragt werden.

Diese Positionen hoben in gewisser Hinsicht die bis dahin geltende Distanz zwischen Forscherin und Filmzuschauerin auf und brachten jene emotionale

Verbundenheit zum Ausdruck, die die feministische Filmkritik der 1970er- und frühen 1980er-Jahre im Kontext des klassischen Erzählkinos scharf kritisiert hatte.

Als Repräsentantin eines originellen, unkonventionellen Kinos, das soziale Normen als Restriktionen für weibliche Figuren thematisiert, hat Jane Campion das feministische Gebot des «passionate detachment» (vgl. Mulvey 1975: 198–209) durchaus herausgefordert: Gegenüber Laura Mulveys Deutungsmodell des weiblichen Körpers als Ort des visuellen Vergnügens für den männlichen Blick, hat sie widersprüchliche Heroinen mit eigenwillig handelnden Körpern kreiert, die ein breites Publikum tief bewegt und Filmkritiker:innen fasziniert haben. Jane Campion hat nie dogmatische feministische Positionen vertreten und doch durch das Hinterfragen der für die westliche Kultur prägenden Dichotomie männlich-weiblich neue Repräsentationsformen des Weiblichen und der Geschlechterverhältnisse entfaltet.

«Ich bin eine Frau. So ist es natürlich, dass die meisten meiner Filme von Frauen handeln. Ich möchte so gut wie möglich verstehen, worum es im Leben geht. Daher möchte ich erforschen, wie Frauen ihr Leben führen, insbesondere was ihr Leben ausmacht» (Melba Fendel 1991: 88).

So beschreibt Jane Campion in den frühen 1990er-Jahren ihre Frauengestalten als leidenschaftliche Körper, die starke Identifikationsdynamiken in der weiblichen Zuschauerschaft erwecken. Mit ihrer spröden Sinnlichkeit und Andersartigkeit, die uns sofort in ihren Bann ziehen, ist vielleicht Ada die radikalste ihrer Heroinen. Und wohl auch die enigmatischste: Feona Attwood beschreibt Ada als «ein ungelöstes Rätsel, das sich weigert, auf Logik oder Komplementarität reduziert zu werden» (Attwood 1998: 100).

## «Arresting Image» und Affekte

Wie am Anfang erwähnt, hat Barbara Klinger (ebd.) die Bedeutung für die Rezeptionsforschung von spektakulären, rätselhaften und fesselnden Bildern in Arthausfilmen untersucht: Bilder, die anhaltende, affektive Reaktionen auslösen. Um die Verbindung zwischen diesen «fesselnden Bildern» und dem Affekt zu analysieren, greift sie Jane Campions THE PIANO auf, gerade weil der Film eine starke emotionale Wirkung, überwiegend auf Zuschauerinnen, hervorgerufen hat. Sie gibt emblematisch gleich am Anfang ihres Essays das Zitat aus Sue Gillets Aufsatz von 1995 wieder: «The Piano erschütterte, verstörte und ergriff von mir Besitz. Ich hatte das Gefühl, dass meine eigenen Träume Gestalt angenommen hatten, dass sie sich offenbarten. Ich träumte von Ada in der Nacht, nachdem ich den Film gesehen hatte. Es waren dicke, schwere und berauschende Gefühle» (ebd.).

Gillett und Klinger markierten mit ihren wissenschaftlichen Positionen zum Film das Aufkommen einer feministischen Filmkritik mit neuem Interesse an Körpererfahrung, Affekten und Emotionen. Mit jenem «Affective Turn» in den 1990er-Jahren im Kontext der feministischen Filmtheorie entstand eine Vielzahl kritischer Perspektiven und Fragen zum Genre, Autorschaft und Ästhetik, die auch die Frage nach der weiblichen Zuschauenden und der filmischen Konstruktion von Geschlecht und Sexualität neu formulierten.

Die Fokussierung auf die Affekte führte zu einer Neuausrichtung des Schlüsselkonzeptes des Blicks, das im Zentrum der feministischen Filmtheorie der 1970er- und 1980er-Jahre stand. In jenen Dekaden wurden theoretische Ansätze entwickelt, um das Kino als eine kulturelle Praxis, die Weiblichkeitsmythen reproduziert, zu deuten und das Bild der Frau im Film kritisch zu hinterfragen. Die feministische Filmtheorie kritisierte zum einen das klassische Erzählkino für seine stereotype Darstellung von Frauen und diskutierte andererseits Möglichkeiten für ein sogenanntes Frauenkino, das die Darstellungen von weiblicher Subjektivität und weiblichem Begehren zulässt. Basierend auf marxistischer Ideologiekritik, Semiotik und Psychoanalyse behauptete die feministische Filmtheorie, dass das Kino mehr ist als nur eine Reflexion sozialer Beziehungen: Film konstruiert aktiv Bedeutungen von sexueller Differenz und Sexualität.

## Feministische Filmtheorie zwischen Alt und Neu

In dem viel zitierten und viel diskutierten Essay «Visuelle Lust und narratives Kino» (ebd.) hebt die Autorin Laura Mulvey in Anlehnung an die Psychoanalyse von Freud und Lacan das Konzept der Skopophilie – der Lust am Schauen – mit ihrer narzisstischen Grundlage als entscheidend für das klassische Erzählkino hervor, in dem es zwei gegensätzliche Modi gibt: männlich/aktiv und weiblich/passiv. Aus psychoanalytischer Sicht werden die weiblichen Protagonistinnen zu einer Kastrationsbedrohung für den männlichen Protagonisten; sie müssen deshalb entweder bestraft oder fetischisiert werden.

Mulvey behauptet, die «Botschaft des Fetischismus betrifft nicht die Frau, sondern die narzisstische Wunde, die sie für den Mann darstellt, während Frauen ständig mit ihrem eigenen Bild in der einen oder anderen Form konfrontiert sind. Aber was sie sehen, hat wenig Bezug zu ihren eigenen unbewussten Fantasien, ihren eigenen verborgenen Ängsten und Wünschen» (ebd. 13). Die Ikonografie des klassischen Hollywood-Kinos sei so strukturiert, dass Sexualität nur im Kontext des patriarchalisch-heteronormativen Systems visualisiert wird: «[Frauen] werden ständig zu Ausstellungsobjekten gemacht, um von Männern angeschaut zu werden. Doch in Wirklichkeit sind die Frauen überhaupt nicht da. Die Parade hat nichts mit der Frau zu tun, alles hat mit dem Mann zu tun. Das wahre Exponat ist immer der Phallus. Die Frauen sind lediglich die Kulisse, auf die Männer ihre narzisstischen Fantasien projizieren. Es ist an der Zeit, dass wir die Show übernehmen und unsere eigenen Ängste und Wünsche zur Schau stellen» (ebd.).

Als feministische Filmwissenschaftlerin und Regisseurin entwickelte Mulvey zusammen mit anderen Filmemacherinnen ihre eigenen Inszenierungsformen gegen klassische Erzählkonventionen und baute experimentelle Techniken in ihre Filmpraxis ein, um das weibliche Publikum zur Kritik zu ermutigen und das – aus ihrer Sicht – Manipulative des klassischen Erzählkinos zu umgehen. So hatte die feministische Filmtheorie immer einen «doppelten» Anspruch: die Kritik am Mainstream-Kino und die Befürwortung eines Alternativ- oder Gegenkinos. Aber das «Frauenkino» ließ einige Fragen offen, die feministische Denkerinnen beschäftigten, vor allem die zentrale Frage: Wie lässt sich die geschlechtspolitische Lesart des klassischen Erzählkinos mit den emotionalen, verkörperten Reaktionen, die es hervorruft, verbinden?

E. Ann Kaplan z. B. räumt in Bezug auf das Ende des Melodrams Stella Dallas (Regie: King Vidor, 1937) ein, dass, trotz ihrer früheren Überzeugung, das Ziel des Films darin besteht «[Stella] wieder in die Position einzuschreiben, die das Patriarchat für sie wünscht» (Kaplan 1985: 52–55) – der Film würde sie weiterhin zum Weinen bringen. Der Grund liegt darin, begründet sie, dass sie sich mit Stellas Verlust ihrer Tochter am Ende des Films identifiziert – und mit dem dadurch hervorgerufenen Wunsch nach «emotionaler Verbundenheit».

Auch Annette Kuhn reflektierte über ihre affektive Reaktion auf den Film Mandy (1952) und verknüpfte solche Reaktionen mit der Erinnerung. «Bilder», schreibt sie, «und die Gefühle, die sie hervorrufen, [können] im Speicher der Erinnerung gehalten werden, wie ein überzeugender Traum, eine Vision; ein Film kann mich dann in seinen Bann ziehen, um solche Gefühle und Erinnerungen zu artikulieren» (1992: 234 -237).

Solche Argumente sind nach der Filmforscherin Anu Koivunen (2015: 97–110) erste Anzeichen für einen Wandel in der feministischen Filmtheorie und einer zunehmenden Auseinandersetzung mit der Frage des Affekts und der Nähe als verkörperte Ästhetik.

# «Exzessive» Emotionen und Geschlechterkonstruktionen

Die selbstkritischen feministischen Stimmen, die eine notwendige Aktualisierung psychoanalytischer, semiotischer und marxistischer Filmtheorien des filmischen Apparats artikulierten, nahmen zu, es wurde die Forderung laut, das Feld der feministischen Kritik und feministischen Geschlechterpolitik nun in Dialog mit den Postcolonial Studies und den Queer Theorien treten zu lassen.

Bereits Anfang der 1990er-Jahre hatte Linda Williams festgestellt, «jede Theorie der Zuschauerschaft muss nun historisch spezifisch sein, begründet in spezifischen Zuschauerpraktiken, die spezifische Erzählungen und die spezifische Verführungskraft der mobilisierten Blicke der Betrachtenden untersuchen» (1991: 2–13). In ihrem bahnbrechenden Essay brachte sie nicht nur verschiedene Bereiche der Filmwissenschaft (Genrekritik, Zuschauerreaktionen, Geschmackskulturen, Geschlecht und Sexualität, Emotionen und Empfindungen im Kino) zusammen, die auch heute noch von großer Bedeutung sind, sondern auch theoretische Richtungen, die traditionell getrennt gehalten wurden. Obwohl Williams' Aufsatz auf einem psychoanalytischen Modell für das Verständnis von Strukturen des Begehrens, der Fantasien und der Identifikation basiert, markiert er gleichzeitig einen Wendepunkt hin zu einer Wissenschaft, die sich stärker auf die verkörperte Erfahrung des Filmsehens einstellt und sich damit auseinandersetzt.

Williams beschäftigt sich mit den sogenannten «body genres»: Pornografie, Horror und Melodram. Sie untersucht und vergleicht die drei Genres, die den Körper der Zuschauenden im Griff von intensiven Empfindungen oder Emotionen gefangen halten, mit dem Ziel, eine viszerale Sehreaktion hervorzurufen (sexuelle Erregung, Zittern, Tränen). Eine Analyse der Struktur, der Funktion und der Wirkung des Exzesses, die den Body Genres zugrunde liegen, kann aus ihrer Sicht für die Untersuchung der Geschlechterkonstruktion von großem Nutzen sein. Die Körper in diesen Filmen sind in der Regel die von Frauen und werden oft «berührt oder sind berührend», während es meist Männer sind, die die Frauenkörper berühren. Dennoch unterstreicht Williams im Rahmen ihrer Reflexion ihre Feststellung des Oszillierens zwischen Masochismus und Sadismus beispielhaft im Horrorgenre. Das Mädchen, das in Slasher-Filmen überlebt, «the final girl» – den Begriff übernimmt Williams von Carol Clover (1987), – bewegt sich von dem «elenden Terror, der weiblich geschlechtsspezifisch ist, zur mächtigen und androgynen Heldin, die ein geschlechtsverwirrtes Monster besiegt» (ebd. 10). In ähnlicher Weise bewegen sich Filme des Body Genres oft von der Ohnmacht zur Macht. Diese Entwicklung zeigt, dass das Körpergenre in Bezug auf die Darstellung von Geschlecht tatsächlich fließend ist. Das Vorhandensein von Macht und Vergnügen des weiblichen Opfers wird ebenfalls im Body Genre als konsistent bezeichnet. Williams stellt fest, dass die Möglichkeit der bisexuellen Zuschaueridentifikation ein weiteres gemeinsames Merkmal des Genres ist. Die Fluidität von Geschlecht und Identifikation ist sowohl aufschlussreich als auch eine ständige Herausforderung an die binäre Geschlechterteilung.

## Aufhebung der Dichotomien

Unter diesen Impulsen wurde die Dichotomie männlich/weiblich im Kontext feministischer Filmkritik zunehmend als Hindernis betrachtet. So wurde es eindeutig: Sie musste dekonstruiert und auf andere Kategorien ausgeweitet werden, wie Klasse, Ethnizität, Alter und sexuelle Orientierung.

Lesbische Feministinnen waren unter den ersten, die Einwände gegen die heterosexuelle Ausrichtung der psychoanalytisch basierten feministischen Filmtheorie zum Ausdruck brachten. Bei den Positionen von schwulen und lesbischen Kritiker:innen ging es um die Neuinterpretation des Hollywood-Kinos, zum Beispiel um den lesbischen Subtext des weiblichen Buddy-Films, wobei auch argumentiert wurde, dass die Zuschauerin durchaus erotische Komponenten in ihrem begehrenden Blick entfaltet, während sie sich gleichzeitig mit der Frau als Spektakel identifiziert. Und auch die homoerotische Anziehungskraft der weiblichen Hollywood-Stars wurde zunehmend anerkannt und vielfältig diskutiert (vgl. Gaines 1988).

Die anhaltende Kritik an der psychoanalytischen Filmtheorie kam auch vom schwarzen Feminismus, der den Fokus auf die sexuelle Differenz richtete und das Versäumnis, sich mit ethnischer Differenz auseinanderzusetzen, hervorhob. Die Einbeziehung der schwarzen feministischen Theorie und der historischen Perspektive in die feministischen Filmtheorie war notwendig, um zu verstehen, wie sich Geschlecht mit *Race* und Klasse im Kino verschränkt (vgl. Hooks: 1992). Die einflussreiche feministische Kritikerin Bell Hooks argumentierte, dass schwarze Zuschauer:innen schon immer kritisch auf Hollywood reagierten, was eine oppositionelle Zuschauerschaft für schwarze Frauen bedeutete. Richard Dyer (1993) stellte zudem fest, dass das Hollywood-Kino das Weißsein als Norm konstruiert, indem sie unmarkiert bleibe. Dies sei aus seiner Sicht auch die Quelle seiner Repräsentationskraft.

In den 1990er-Jahren beschäftigte sich die Männlichkeitsforschung (Men's Studies) mit der Frage der Erotisierung des männlichen Körpers (vgl. Dyer 1990). Das Bild des männlichen Körpers als Objekt des – männlichen oder weiblichen – Blicks ist mit Ambivalenzen und Widersprüchen behaftet. Der Begriff des Spektakels war bis dahin weiblich geprägt, da die Zurschaustellung eines männlichen Darstellers als Bedrohung traditioneller Heteromännlichkeit betrachtet wurde. In den letzten zwei Jahrzehnten haben neue Bereiche der visuellen Kultur, wie zum Beispiel Werbung, Mode und Musikvideos, die Objektivierung des männlichen Körpers aufgegriffen, die wiederum ins Kino eingeflossen ist.

Körper sind also (und vor allem) eines der wichtigsten Materialien, durch die Kino, Fernsehen und elektronische Medien ihren Diskurs, ihr «audiovisuelles Wort», formen und entwickeln. Aus der Perspektive der frühen feministischen Filmtheorie stand der Körper im Zentrum einer Dynamik, die als Opposition zwischen Subjekt/aktiv und Objekt/passiv definiert wurde. Diese Interpretation Mulveys – die sich in erster Linie auf bestimmte spezifische Genres des klassischen Hollywood-Kinos bezog – wurde auch im Kontext der feministischen Kritik, sowie von Mulvey selbst, revidiert, was zu einer Vielzahl von Strömungen und Interpretationsansätzen geführt hat, die sich auch von der psychoanalytischen Ausgangstheorie unterscheiden. Die Hinwendung zu anderen Wegen, wie die Aufmerksamkeit auf den Exzess oder Widerstand des weiblichen Körpers gegenüber traditionellen Normen des Blicks oder der sprengenden Kraft von verkörperten Reaktionen in den Filmzuschauenden, führten zu einer neuen Reflexion über die Filmerfahrung. Kein Zufall, dass dabei THE PIANO eine zentrale Rolle spielt.

## Vivian Sobchacks *The Address of the Eye* und Laura Marks' *The Skin of the Film*

1992 markiert Vivian Sobchacks Monografie *The Address of the Eye* ein neues Interesse an einer möglichen Annäherung der Phänomenologie an die Filmtheorie. Sie thematisiert allerdings weniger Geschlechterfragen, Sexualität oder Hautfarbe, ihr Projekt besteht eher darin, «das Verkörperte» zu «theoretisierter Natur des Filmerlebnisses» zu definieren. Bei der Beschreibung ihrer persönlichen Seherfahrung bei THE PIANO schließt sich Sobchack den Positionen Sue Gilletts an. Sie nutzt ihre eigene Wahrnehmung des Films als Möglichkeit, Theorien aufzustellen, wobei das Betrachten der eigenen Körperlichkeit miteinbezogen wird: «Campions Film hat mich zutiefst bewegt und berührt, er hat meine Körpersinne und mein Körpergefühl aufgewühlt. Der Film «füllte» mich nicht nur aus und «erstickte» mich oft mit Gefühlen, die in meiner Brust und in meinem Magen nachhallten und sie einschnürten, sondern er «sensibilisierte» auch die Oberflächen meiner Haut – wie auch seine eigene – für Berührungen» (ebd. 2000).

Sobchack begreift die Filmerfahrung als «einen Austausch zwischen zwei Körpern [...] dem des Zuschauers und dem des Films» und verwendet das Konzept von «Vision in the Flesh» als ein Modus der primär verkörperten Identifikation mit der Materialität des Films; weitere, sekundäre und tertiäre Identifikationen begründet Sobchack mit der Erzählweise und den Charakteren: «Das Filmerlebnis [...] ruft in uns das «Fleischliche» hervor, Gedanken, die eine bewusstere Analyse begründen und prägen» (2004: 64–65).

In Anlehnung an Sobchack diskutiert Laura Marks im Kontext des interkulturellen Kinos die Haptik des Sehens und den Begriff der Verletzlichkeit (2000). Sie entwickelt das Konzept der «haptischen Visualität», um zu erklären, wie das Kino seine Zuschauenden anspricht, indem es über sie hinausreicht, über verschiedene kulturelle Kontexte hinweg agiert und zwischen ihnen vermittelt. Als «haptische Visualität» bezeichnet Marks die Kombination von taktilen, kinästhetischen und propriozeptiven Funktionen, d. h. eine haptische Wahrnehmung entsteht bei der Art und Weise, wie wir die «Berührung» beim Filmschauen erleben, sowohl auf der Oberfläche als auch im Inneren unserer Körper. Das Auge funktioniert als erweitertes Sinnesorgan und fördert eine sinnliche Erfahrung, die die Körperlichkeit der Zuschauenden viel stärker als beim rein optischen Sehen miteinbezieht. Haptische Visualität beschreibt daher ein dynamisches Verhältnis von Kontinuität zwischen der Subjektivität der Betrachtenden und dem Bild (ebd. 26 ff.).

Multikulturelle, postkoloniale und hybride Filme, argumentiert Marks, funktionieren durch das Hervorrufen von «Erinnerungen, sowohl individuellen als auch kulturellen, durch einen Appell an das nicht Visuelle Wissen, an das verkörperte Wissen und an die Erfahrungen der Sinne, wie z. B. das Berühren, Riechen und Schmecken» (ebd.).

In Anlehnung an Gilles Deleuzes Filmtheorie (1983) und seine Grammatik von Bildern unterscheidet sie zwischen optischer Visualität und haptischer Visualität. Während die optische Visualität zu einer Beziehung der Beherrschung einlädt, «in der sich der/die Betrachtende isoliert die Objekte seiner/ihrer Wahrnehmung anschaut», «die ideale Beziehung zwischen Betrachtendem (r) und Bild ist bei der haptischen Visualität eine Gegenseitigkeit, in der sich die Betrachtenden in dem Bild verlieren, ihren Sinn für Proportionen verlieren» (ebd.). Deshalb argumentiert Marks: «Haptische Visualität impliziert, sich für das Bild verwundbar zu machen, die Beziehung der Beherrschung über das Bild, die das optische Sehen charakterisiert, umzukehren» (ebd. 138–145).

Die Verwundbarkeit, der die Zuschauenden während des Kinoerlebnisses ausgesetzt sind, birgt laut Marks die Gefahr von extremen Reaktionen bei unerwarteten Konfrontationen; aber zugleich können auch positive Entwicklungen daraus entstehen. Tatsächlich beschreibt sie diese Verwundbarkeit als

Gegenseitigkeit und Nähe der Betrachtenden zum Bild, als «der besondere erotische Aspekt des haptischen Kinos» (ebd.)

Marks' Ansatz knüpft an Sobchacks Theorie des Filmsehens an, das nicht als «miterlebtes Kino wie durch einen Rahmen, ein Fenster oder einen Spiegel» begriffen wird, sondern als «dialogisches Teilen und Performen des filmischen Raums» (ebd. 151). Marks stellt fest, dass die phänomenologische Theorie des Filmsehens keine Theorie einer allgemeinen Zuschauerschaft sein kann: «Über Zustände, Geschichten und Umstände der Menschen, die Kino erleben, brauchen wir eine Phänomenologie der individuellen Erfahrung. Deleuze sagt dazu: «Dann gib mir einen Körper.» Aber sein Interesse besteht nicht darin, zu erforschen, wie sich das Kino auf die Körper bezieht, die uns bereits gegeben wurden, sondern in dem Potenzial der Differenz zwischen dem Film als Körper und dem Körper von uns Zuschauenden» (ebd.).

Das Filmsehen nimmt so den Wert eines Austauschs und einer Begegnung zwischen zwei Körpern an, so entsteht ein Modell der Zuschauerschaft, die an der Produktion des Kinoerlebnisses durch eine Interaktion mitwirkt.

## THE PIANO: Subversives Melodram?

«Auch wenn [THE PIANO] intellektuell problematisch ist, was seine sexuelle und koloniale Politik angeht, hat mich Campions Film zutiefst bewegt und meine Sinne und mein Körpergefühl aufgewühlt» (Sobchack 2004: 63).

Interessant ist es, dass Sobchack hier die Diskrepanz anspricht, zwischen «unserer unmittelbaren Erfahrung des Films und der Theorie, die wir Wissenschaftlerinnen konstruieren, um es zu erklären» (ebd.) Sie thematisiert die Frage der Trennung zwischen der (geschlechts)politischen Deutung und der emotionalen Ebene des Films. Kann die Vermischung von «Fleisch und Bewusstsein» tatsächlich eine Subversion in der konventionellen Subjektposition bewirken? Wie lässt sich sonst eine geschlechtspolitische Dimension in den starken affektiven Reaktionen finden, die THE PIANO hervorgerufen hat?

Sue Thornham sucht das Subversive der starken Emotionen, die Campions Filme – und ganz besonders THE PIANO – entfesseln, in ihrer Dekonstruktion der klassischen Genrestrukturen (2021). Sie bezieht sich dabei auf das Genrekonzept, das Laurent Berlant entwickelt hat: Berlant erweitert den Begriff des Genres über seine übliche Anwendung hinaus auf kulturelle Texte und verwendet ihn, um die narrativen Strukturen zu beschreiben, durch die wir als Frauen unser Leben verstehen und erleben. Aus ihrer Sicht «ist die kulturelle Vorstellung von Weiblichkeit selbst ein Genre mit einer tiefen Affinität zu den Genres, die mit

Weiblichkeit assoziiert werden» (Berlant 2008: 35). So macht es für Berlant Sinn, dass Frauen in den (literarischen und gelebten) Genres der Romantik und der (heteronormativen) Gefühle bewandert sind – sie schreiben sie, lesen sie und leben sie auch. Aus ihrer Sicht funktionieren Liebesromane, Melodramen und Seifenopern als «Gendering-Maschinen», die nicht nur unsere weiblichen Fantasien, sondern auch unsere gelebte Erfahrung und Subjektivität konstruieren. Wie lassen sich diese kulturell konstruierten Strukturen des Weiblichen – im Leben wie in der Fiktion – durchbrechen?

Aus der Sicht der feministischen Filmtheorie der 1970er- und 1980er-Jahre sei ein solches Unterfangen im klassischen Erzählkino unmöglich: 1983 nimmt Mary Ann Doane Hollywood Filme der 1940er-Jahre, sogenannte «Women Films» unter die Lupe, die überwiegend ein weibliches Publikum ansprachen. Sie identifiziert dabei vier Unterkategorien: mütterliches Melodram (mit dem Schwerpunkt auf den Freuden und Leiden einer Mutter); Liebesgeschichte (mit dem Schwerpunkt auf den Wechselfällen einer heterosexuellen Romanze); medizinischer Diskursfilm (mit dem Schwerpunkt auf einer körperlich oder geistig kranken Frau); paranoider Gothic-Thriller (mit dem Schwerpunkt auf der Angst einer Ehefrau vor den möglicherweise mörderischen Plänen ihres Mannes). Doane stellt in diesen Filmen die Tendenz fest, dass der weibliche Körper de-erotisiert oder dessen Spektakel reduziert werde, um das weibliche Publikum anzusprechen. Dies hatte jedoch zur Folge, dass die Frau als Subjekt schließlich ausgelöscht wurde: «In einer patriarchalischen Gesellschaft bedeutet die Entsexualisierung des weiblichen Körpers letztlich die Verleugnung seines Wesens. Der sogenannte Frauenfilm funktioniert also auf komplexe Weise, um der Frau den Raum einer eigenen Deutung abzusprechen» (ebd. 37). Sie kommt zu dem Schluss, dass die Zuschauerin durch die starke Identifikation mit der Protagonistin in dem «Women Film» zu passiver Weiblichkeit «verführt» wird.

Gerade in seiner narrativen und affektiven Struktur lässt sich THE PIANO aus der Perspektive der haptischen Visualität als subversives Melodram deuten, das traditionelle, passive Weiblichkeitsmodelle des «Women Films» auf den Kopf stellt.

Dass THE PIANO den Körper und die Gefühlswelt zahlloser Frauen, die weltweit den Film sahen, intensiv berührt hat, ist unbestreitbar. Eine beispiellose Fülle von Briefen erreichte Zeitungen und Zeitschriften, in denen die Emotionen, die der Film provoziert hatte, lebhaft beschrieben wurden, sogar von verdrängten Traumata wurde berichtet, die nach dem Sehen von THE PIANO aufgearbeitet wurden. Pauline Grogan, eine Neuseeländerin, die zu dem Zeitpunkt als Nonne lebte, schrieb, dass der Film ihre verdrängten Erinnerungen an den sexuellen Missbrauch durch einen Priester wachgerufen hatte und sie sich in der Folge entschied, offen darüber zu reden (vgl. Margolis: 33). Und diese

Episode ist nur ein Beispiel für die kollektive hochemotionale Resonanz, die der Film hervorgerufen hat und nach Laura Marks das zentrale Merkmal des haptischen Kinos darstellt. Die Taktilität der Bilder lässt zwischen uns weiblichen Zuschauenden und Ada sofort eine intime Beziehung entstehen. Und dieses «Kino der Intimität» in seiner Abkehr von den entkörperlichten und – nach Ansicht vieler Filmforscherinnen – entmachtenden Theorien der Psychoanalyse entspricht nach Laura Marks durchaus auch einer «feministischen visuellen Strategie» (ebd. 337).

## THE PIANO zwischen Gothic-Roman und Feminismus

Carmen Perez Riu schrieb, dass THE PIANO – inspiriert von der Gothic-Literatur des 19. Jahrhunderts – zwar die Gefühlswelt im Liebesleben einer viktorianischen Frau in Szene setzte, sich darin aber weibliche Seelenzustände der westlichen Kultur der Gegenwart spiegelten. Das Thema der «ehelichen Zwietracht» – in einen historischen Kontext eingebettet – und die Thematisierung der «sexuellen Frustration» der männlichen und weiblichen Charaktere korrelierte «mit dem Kampf der Frau um die Anerkennung [...] ihres Verlangens und ihres Rechts, über das eigene Leben zu entscheiden» (2000: 164).

Dass Campion sich dabei von der Welt der Brontës inspirieren ließ, stellt einen wichtigen Schlüssel bei einer feministischen Lesart dar: Nach Diane L. Hoeveler (zitiert in Peres Riu ebd.) stellen die Ablehnung von Mutterschaft, der Widerstand gegen das patriarchalische System, der Kampf gegen die Tyrannei religiöser Kräfte, der Zerfall der Familie als klaustrophobischer Ort und die Zelebrierung weiblicher Bildung feministische Strategien im Werk Brontës dar. Allerdings enden die Brontë-Romane meist versöhnlich, nur selten überleben die Protagonistinnen nicht.

Wie Catherine in *Wuthering Heights* führt auch Ada ihren Kampf gegen das Patriarchat und die ihr zugeschriebenen Rolle in der Familie; ihre Leidenschaft ist unbezähmbar, fordert die väterliche Autorität heraus, schimmert durch den schwer verpackten Körper subtil durch. Obwohl Ada kein einziges Wort spricht, ist sie mit den weiblichen Zuschauenden in einen exklusiven Dialog getreten, der offenbar die diegetischen Grenzen überschritten hat. War es für die zahllosen Zuschauerinnen der Schock und zugleich die Ekstase der Wiedererkennung?

Filmforscherinnen haben aus der Sicht der feministischen Filmkritik, die die 1970er und 1980er prägte, in THE PIANO eine Umkehrung der Inszenierungs-

3 THE PIANO

formen der Geschlechterhierarchie, die das klassische Erzählkino definierten, festgestellt; Laura Mulvey hatte den männlichen Protagonisten als Träger des Blicks und den weiblichen Körper als Objekt des männlichen Blicks postuliert. Stella Bruzzi (1999: 257–266) rekonstruierte anhand der Sprache der Kostüme diese Umkehrung: Gegen die übliche Fetischisierung des weiblichen Körpers durch das Kostüm im konventionellen Erzählkino setzt Campion die Erotisierung männlicher Nacktheit. In der Szene, in der Baines allein in seiner Hütte das Klavier sehnsüchtig ansieht, sein Hemd auszieht und das Musikinstrument nackt abstaubt, erscheint sein Körper – von einem bernsteinfarbenen Licht umgeben – in einer sinnlichen Verwundbarkeit. Die Kamera, die auf Baines Haut verweilt und ihn zum Objekt des Blicks der (weiblichen) Zuschauenden macht, antizipiert auch das bevorstehende Erwachen von Adas Sexualität und ihren begehrenden Blick (Abb. 3).

Die Lesart aus der Perspektive der haptischen Visualität geht über die psychoanalytische Deutung der Blickstrategien hinaus und stellt die Berührung in den Mittelpunkt: Die Protagonistin Ada hat durchaus einen fühlenden, einen handelnden Körper, der uns stets einlädt, unsere Augen wie Tastorgane zu benutzen. Denn sie selbst spricht und kommuniziert durch ihre Sinne (Sehen, Hören, Berühren), durch die Musik – der leidenschaftliche Soundtrack von Micheal Nyman betont zweifellos das Haptische ihres musikalischen Ausdrucks –, die Blicke und die Liebkosungen, die sie ihrem Klavier und den Körpern, mit denen sie sich emotional oder sexuell austauscht, beschert.

Die Intensität und Komplexität von Berührungen konfigurieren den Austausch zwischen Ada und der Welt: Ringen, Kämpfen, Fühlen, Sich-Hingeben, jede Berührung entfaltet ihre Bedeutungen – Verlangen, Kontrolle, Befreiung, Lust. Berührung ist bei ihr vielmehr als ein flüchtiger Hautkontakt, sie entfaltet eine affektive Beziehungsdynamik, entfesselt eine Intensität der physischen Begegnung, kann zärtlich, obsessiv, verstörend sein. Mit ihrem Handrücken streichelt Ada sinnlich das Piano, ihre Handflächen können zärtlich den Kopf der schlafenden Flora anfassen oder sich für ihre kindliche Freude

in Schmetterlinge verwandeln, ihre
Fäuste schlagen wütend Baines, bevor
sie sich ihm hingibt, und wieder ist ihr
Handrücken, der Stewarts Haut lustvoll berührt. Schließlich sind ihre halb
behandschuhten Finger, die vorsichtig
in die Meeresoberfläche eintauchen,
als ob Ada die unwiderstehliche Kraft
spüren würden, die sie wenig später
in die Tiefe des Wassers ziehen wird
(Abb. 4–7).

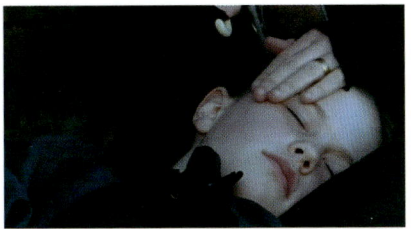

Die virtuose Kamera von Stuart Dry-
burgh lässt uns in eine Atmosphäre
von schlammiger Lebendigkeit eintauchen, wir werden von den wässrigen
in Grün-, Grau- und Blautönen gehal-
tenen Außenaufnahmen und die bernsteinfarbenen, von schwarzen Schatten durchzogenen Innenaufnahmen
berauscht. Sie suggerieren die raue
Atmosphäre eines Gothic-Romans.
Jane Campion hat selbst bestätigt, dass
Emily Brontës *Wuthering Heights* eine
ihrer Hauptinspirationen war, insbesondere im Hinblick auf die Symbiose
zwischen menschlichen Gefühlen und
Landschaft.

Bei dem lyrischen Ausdruck einer
emotionalen Dimension sind Andrew
McAlpines unberührt und undurch-

4–7 THE PIANO

dringlich wirkenden Kulissen und Janet Pattersons düstere viktorianische
Garderobe von wesentlicher Bedeutung. Gleichzeitig orchestriert die Montage
von Veronika Jenet die verschiedenen Bilder in einem Schema aus abrupten
Schnitten, die sich mit langsamen Überblendungen abwechseln und so auf
einer Art ephemeren Membran verharren, die das Materielle vom Ätherischen
trennt.

Bereits in der Anfangsszene erfahren wir durch Adas Finger die Welt, so wie
sie diese selbst buchstäblich empfindet und erforscht: Ada bedeckt ihr Gesicht
mit ihren Händen, lässt aber genug Licht durch die Lücken zwischen ihren Fingern hindurch, sodass wir sofort in ihre Innenwelt eindringen können (Abb. 8).

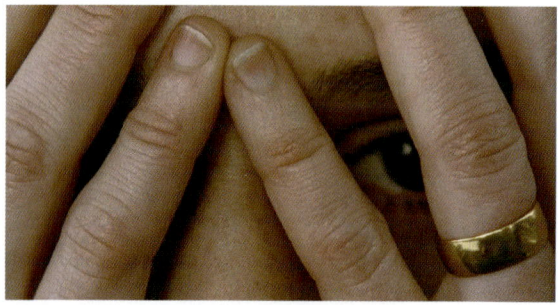

**8** The Piano

Es sind Bilder, die uns Zuschauenden dazu verführen, die im Kino weitgehend ungenutzten Sinne zu aktivieren. Vivian Sobchack beschreibt in dem erwähnten Essay ihre Empfindungen zu dieser Szene: «Meine Finger wussten, was ich sah.» Während sie noch gar nicht verstand, was auf der Leinwand zu sehen war, hatten es ihre Finger schon begriffen: «(…) My fingers comprehended that image, grasped it with a nearly imperceptible tingle of attention and anticipation and, offscreen, ‹felt themselves› as a potentiality in the subjective and fleshy situation figured onscreen. And this before I refigured my carnal comprehension into the conscious thought, ‹Ah, those are fingers I am looking at›» (2000 ebd.).

Zu dem Konzept der «haptischen Visualität» erklärt Laura Marks (2002), dass zwei getrennte erotische Funktionen koexistieren können. Die erste Funktion führt die Betrachtenden zur Wahrnehmung der Oberfläche des Bildes und die zweite Funktion «ermöglicht eine verkörperte Wahrnehmung» (ebd. 333). Marks erklärt, dass haptische Bilder erotisch sind. Diese Erotik geschieht ohne Rücksicht auf den Inhalt. Man gibt sein «eigenes Gefühl der Getrenntheit vom Bild» auf (ebd. 341).

Von Anfang an entfaltet sich eine unerklärliche, flüchtige, erotische Dynamik nicht nur zwischen Ada und Baines, sondern auch zwischen ihr und uns Zuschauenden: Wir werden an der Intensität ihrer widersprüchlichen Gemütsbewegungen beteiligt und erleben – wie Ada selbst – nach und nach das Ineinandergreifen von Objekt- und Subjektposition. So wirkt ihr eigenwilliges Sich-Ausziehen nicht als übliches Spektakel traditioneller Weiblichkeit, sondern als Akt der Befreiung und des autonomen erotischen Ausdrucks: Ihre «Maske» als «konventionelle viktorianische Frau» (Perez Riu ebd. 170) fällt, in einem von der «zivilisierten Gesellschaft» getrennten Raum, Baines Hütte. Dort können sie beide die befreiende Geste des Sich-Ausziehens ausführen und sich der Ekstase ihrer sinnlichen Begegnung hingeben. Und gerade Baines Hütte kann metonymisch für jenen Zwischenraum stehen, in dem Adas «ekstatische Subjektivität» (ebd.) definitiv zum Ausdruck kommt, wodurch eine unmittelbare, subjektive Verbindung zwischen ihr und uns Zuschauenden entsteht.

Erinnern wir uns an den Ansatz von Giuliana Bruno, dass die Oberfläche eines Films eine affektive Ladung für uns Zuschauende bereithält. «In dem Film wird Affekt tatsächlich auf der Oberfläche ‹getragen›», um «ein umhüllendes Gewebe zu werden [...] eine umfassende Form des texturalen Kontakts» oder, noch poetischer, «unsere zweite Haut, unser sensorischer Stoff» (Bruno 2014: 3).

# Zwischenräume

Zwischenräume gelten in dieser Lesart des Films als autonome Hybridorte, die der hegemonialen sozial-räumlichen Zuordnung widersprechen und durch opake, transluzente Texturen und/oder als Orte der Aufspaltungen entstehen.

Wie Adas Krinoline, die am Strand in ein membranartiges Zelt umfunktioniert und zu einer erleuchteten Hülle wird, in der Mutter und Tochter miteinander verschmelzen, als unzertrennliche Dyade, getrennt von dem sozialen Raum, in den sie am nächsten Tag, bei der Ankunft Stewarts eintreten und sich mit dem Anziehen ihrer Hauben unterordnen müssen (Abb. 9).

Auch der rötlich-rosa durchscheinende Vorhang, der über Baines Bett hängt und es von dem Raum trennt, in dem Adas Klavier steht, schafft einen Zwischenraum, in dem Baines Ohnmacht gegenüber seinem Verlangen, seine Ver-

**9** THE PIANO

wundbarkeit physisch spürbar ist (Abb. 10). Es sind aber auch die Löcher – das Loch ins Adas Strumpf, das Baines erlaubt ihre Haut zu berühren, die Gucklöcher in dem Laken, die in der Blaubart-Aufführung verwendet werden, und die Spalten zwischen den Holzklötzen in Baines Hütte, durch die erst Flora und dann Stewart auf die Liebesspiele zwischen Ada und Baines blicken, die Zwischenräume suggerieren, in denen Begegnungen zwischen Grenzfiguren möglich werden.

Sue Gillett schreibt: «Das Land und die Kultur der Maori bieten einen Kontext und eine Bildsprache für die Gesetzlosigkeit von Adas und Baines Verhalten.» Und fügt hinzu: «Es muss ein Raum gefunden oder geschaffen, und nicht gestohlen werden, in dem das Territorium zwischen ihnen, Mann und Frau, erkundet werden kann» (1998: 146–159). Es ist ein Raum der Differenz, ein Zwischenraum, durchzogen von Begegnungen zwischen verschiedenen Kulturen, verschiedenen Geschlechtern, anderen Sprachen, anderen Sehnsüchten» (ebd.).

Es sind auch (Zwischen-)Räume, die männliche Verwundbarkeit in der viktorianischen Zeit offenbaren und uns Zuschauenden von unseren gewohnten sensomotorischen Schemata trennen: Bei den Liebesspielen zwischen Ada und Baines, bei Adas intuitivem, lustvollem Streicheln von Stewarts Haut, erleben wir mit unseren eigenen Sinnen den Schrecken und zugleich die Schönheit der Vergangenheit. Die «Reinheit» dieser Bilder wird durch Campions Kommentar verstärkt, wenn sie ihren Umgang mit Sex im Film erklärt:

«Ich habe es genossen, Charaktere zu entwickeln, die zum Sex nicht die Sensibilität des 20. Jahrhunderts haben. Sie haben nichts, um sich auf seine Stärke und Macht vorzubereiten [...] Stewart hatte wahrscheinlich noch nie Sex gehabt. Seine Gefühle sexueller Eifersucht wären also einschneidend gewesen. Die (reale) Begegnung mit Sex war nicht sanft, dafür purer und extremer» (Campion 1993: 137–138).

# Die Darstellung der Maori: Politisch inkorrekt oder visionär?

Wie Leonie Pihama in ihrem Essay anmerkt, gab es kaum Kommentare zu der von ihr kritisierten Darstellung der Maori in THE PIANO. Vielleicht schwebte Campion vor, mit der Realisierung des Films in Neuseeland ihr Erbe als Neuseeländerin zu erkunden, deren Vorfahren wahrscheinlich Menschen wie Ada und Stewart ähnelten. Ihre Recherchen in den Archivsammlungen ihrer Heimatstadt Wellington, der Hauptstadt von Aotearoa, Neuseeland, inspirierten sie dazu, die Kleidung als zentrales Element für die Inszenierung der Maori-Figuren einzusetzen. Auch Tätowierungen spielten in den Körperinszenierungen der Maori eine wichtige Rolle.

Die Hautverzierungen, als Ta Moko bezeichnet, sind tief verankert im kulturellen Denken der Maori und bedeuten die Offenlegung der Identität in Form einer eigenen Bildsprache (vgl. Robley 2003: 4). Sie sind auch Ausdruck verschiedener Signale. Zum einen soll das Moko potenzielle Angreifer und Untergebene erschrecken, zum anderen soll es auch sexuell anziehend wirken. Darüber hinaus verweist die Tätowierung auf die Erfahrungen der Träger:innen und ihren sozialen Rang. Jedoch ist der vermutlich wichtigste Ausdruck der Tattoos die Zugehörigkeit zu einem Stamm, die meist bereits durch eine eigene Kalligrafie oder Symbolik kommuniziert wird (vgl. Därmer et al. 2017). Dieses Zusammengehörigkeitsgefühl wurde ab Mitte des 19. Jahrhunderts unter kolonialer Herrschaft als Perversion abgetan und verboten (vgl. Te Awekotuku 1997: 112). Christliche Missionare wollten vermutlich damit die kulturelle Verwurzelung lösen, um die Christianisierung des Maori-Volkes durchzusetzen. Aufgrund des starken Widerstandes gelang es den Maori, ihre Tradition am Leben zu erhalten und sie bereits 20 Jahre nach dem Verbot wieder öffentlich durchführen zu können (ebd.). Auch dem spirituellen Akt des Stechens von Tätowierungen wird eine besondere Bedeutung zugeschrieben. Eng verbunden mit der Zugehörigkeit von Symbolik ist die Ausübung von Religion und dem Glauben «an eine überirdische Sphäre neben der endlichen Welt der Menschen» (ebd.), der die Spiritualität des Aktes der Tätowierung erklärt.

30 Jahre nach THE PIANO sind Bilder von tätowierten Körpern in unserer westlichen Gesellschaft des 21. Jahrhunderts allgegenwärtig: War eine Tätowierung lange Zeit ein Zeichen gesellschaftlicher Außenseiter, hat sie sich zunehmend als kulturelle Praktik etabliert und gilt heute überwiegend als Ornament des individualisierten Körpers. Die traditionsgebundenen Maori-Körpersignaturen sind in die westliche Kultur eingedrungen und das Thema der kulturellen Aneignung wird auch in jenem Kontext in unserer Gegenwart intensiv diskutiert.

11 THE PIANO

Wenn nun heute das Tattoo aus der Restriktion seines gesellschaftlichen Tabus ausgebrochen ist und den ‹Mainstream› bevölkert, stechen die tätowierten Körper der Maori in THE PIANO umso mehr heraus: Mit ihren Tattoos und ihrer auffälligen Mischung aus westlicher und einheimischer Kleidung werden die Maori zu subversiven Hybrididentitäten, die den uniformierten Anstand der viktorianischen Moderegeln herausfordern. Ein Mann trägt ein Hemd verkehrt herum über den Beinen, Frauen tragen Frackjacke, Hose und Zylinder und verwischen die normierte Bedeutung der viktorianischen Dresscodes (Abb. 11). Neben den üblichen zeitgenössischen Fotografien und Büchern über die neuseeländische und britische Kolonialzeit sichtete die Kostümbildnerin Janet Patterson auch Bücher über Patienten in psychiatrischen Anstalten. «Ich mag Kostümbücher nicht so sehr. Sie sind beschränkt», sagte sie im Interview. «Ich mochte die Bücher über Menschen, die geistig verwirrt waren. Sie vermitteln ein komplexes Gefühl der Menschlichkeit und einen menschlichen Ausdruck» (Goodwin: 1993). Hat Janet Patterson in seelisch verletzten Körpern nach verborgenen Spuren gesucht, um das Trauma der Kolonisierten in die Kleidung der Maori im Film einzuschreiben? Es ist auf jeden Fall eine interessante, wenn auch rätselhafte Inspirationsspur, worauf Janet Patterson nur kurz verweist. Sie war interviewscheu und hat ihre Arbeit stets im Stillen ausgeführt. Eine ausführliche Behandlung ihrer Arbeit findet sich im Kapitel 4.

Im Gespräch mit dem *New Zealand Herald* im September 1993 erklärte Campion, dass sie mit der Kleidung der Maori eine visuelle Metapher für ihre Zwangsassimilierung an die britische Kultur anstrebte. Sie hatte sich dafür an Fotografien aus dem 19. Jahrhundert orientiert, in denen die Maori ihre Kete – traditionelle Körbe – und ihre Piupiu – traditionelle Röcke – mit Zylinder kombiniert trugen (vgl. Tincknell 2011: 27). Jane Campion hat sich zudem um die Unterstützung des Maori-Beraters Waihoroi Shortland, Maori Rundfunkveteran, Schauspieler und Schriftsteller, sehr bemüht. In einem Interview von 1993 erklärte Shortland, es sei sehr wichtig für ihn, dass die Maori durch die Arbeit an Pakeha-Filmen Filmerfahrung sammeln, sodass sie die bestmögliche Position erlangen, um ihre eigenen Geschichten zu erzählen. Er erkannte auch, dass die Maori in THE PIANO die «Kulisse» für eine Erzählung darstellen, die sich hauptsächlich auf weiße Charaktere konzentriert, und sagte, es sei seine Aufgabe gewesen, sie «in die Textur» des Films einzuweben und ihnen zu zeigen, «wie sie sich in ihrer eigenen Welt wohlgefühlt haben, als sie immer noch die Mehrheitskultur bildeten» (Shortland: 1993). Er bezog sich auch auf die Theaterinszenierung von *Blaubart*, bei deren blutrünstiger Szene die Maori-Zuschauenden in Panik geraten und auf das künstliche Spektakel gewalttätig reagieren, weil sie glauben, dass vor ihren Augen ein «echtes» Gewaltchaos ausbrechen würde. Waihoroi Shortland offenbarte, dass er gezögert hatte, bevor er diese Szene genehmigte. Aber schließlich konnte er nachvollziehen, dass das panische Verhalten für Menschen, die etwas für sie völlig Neues erlebten, plausibel war. «Sie hatten vielleicht das Gefühl, uns entdeckt zu haben», sagt Shortland über die Engländer, «aber wir Maori haben entschieden, uns diese neue Invasion anzusehen und zu schauen, was wir daraus machen können. Die Dinge änderten sich später, aber damals waren sie [die Engländer] sehr verantwortlich» (Sterritt 2022).

Es gibt mehrere Aspekte im Film, die eine Schlüsselrolle bei der Darstellung der Maori spielen und auf die Kollision zwischen zwei Kulturen vielschichtig verweisen. Die weißen Siedler besetzen ihre koloniale Domäne inmitten des indigenen Maori Landes und treffen sich alle bei der Blaubart-Inszenierung, aber sie scheinen keine richtige Community zu bilden, wirken eher vereinzelt und auf ihrem individuellen Gehöft lebend. Die Maori scheinen dagegen die Umgebung zu bevölkern, aber wie und wo sie leben, bleibt unklar, fast als ob sie aus dem Nichts hervortreten und in der Landschaft wieder verschwinden. Es gibt Hinweise auf Konflikte zwischen Maori und Pakehas, es wird aber keine Gewalt gezeigt, obwohl der Film gerade in der Zeit der Maori-Kriege (1845–1872) spielt. Die Gewalt, die Campion zeigt, ist aber eine andere, die ihren offenen Ausdruck im Theaterstück *Blaubart* findet, bei dem dunkle Kräfte in die scheinbar heile Welt der Siedler einbrechen. Von allen großen Geschichten aus dem europäischen Repertoire haben die aufrechten Bürger:innen ausgerechnet *Blaubart* für ihre abendliche Unterhaltung ausgewählt, komplett mit enthaupteten Ehefrauen und der Schauerdarstellung einer abgetrennten Hand: Es ist die ästhetische Hervorhebung einer (Zeit-)Verschiebung, eine Antizipation des Moments, in dem Alisdair in einem Anfall von eifersüchtiger Wut Ada einen Finger abhacken wird.

Die Aufführung von *Blaubart* kündigt die spätere Gewalt an, die über Ada ausbrechen wird: Sie wirkt äußerst real, sowohl in ihrer unmittelbaren Brutalität als auch in ihren symbolischen Implikationen. Repräsentiert Adas Verstümmelung den brutalen Angriff der Kolonisatoren auf die Maori und ihr Land?

Auch diese Frage – und deren mögliche Antwort – macht die Komplexität von THE PIANO aus: Wie können wir heute, drei Jahrzehnte später, aus der Perspektive des zeitgenössischen Feminismus, der sich mit intersektionalen Perspektiven beschäftigt, Campions Umgang mit Themen wie kultureller Zugehörigkeit, Kolonialismus und Weißsein beurteilen? Es gab ohnehin schon damals Kritiken zu diesem Aspekt: Lynda Dyson beklagt z. B., dass die Maori in einer Art Ahistorizität in der Rolle der edlen Wilden konstruiert werden, ohne eigenes Bewusstsein (1995: 267–76).

Maria Margaroni greift die Kritik von Lynda Dyson auf und widerspricht ihrer These. Sie betont, dass der Film nicht zufällig im Jahr 1850 spielt, zehn Jahre nach dem Vertrag von Waitangi, der ältesten Verfassungsurkunde in der Geschichte von Neuseeland. Es wird tatsächlich ein bedeutender historischer Zeitpunkt implizit evoziert, in dem die weißen Siedler verantwortlich für einen gewaltsamen Bruch mit dem Land und der Identität der Einwohner:innen werden. Maria Margaroni spricht von «der Konvergenz von Gender und postkolonialen Anliegen in Campions Film»(2003: 92–124). Ihr zufolge stellt der Körper der Protagonistin eine Metapher für die Landschaft des kolonisierten Maori-Landes in der Mitte des neunzehnten Jahrhunderts dar, denn beide sind Objekte der kolonialen Unterdrückung, beide werden erst zum Schweigen gebracht, und beide repräsentieren die Hoffnung, dass die postkoloniale Nation Neuseeland eine eigene Zukunft aufbauen wird (ebd.). Ihre Deutung ist zwar faszinierend, zugleich aber auch etwas problematisch, da sie aus psychoanalytischer Perspektive die Theorie der Melancholie nach Julia Kristeva anwendet und deren Konzept des Muttermordes hinsichtlich der geopolitischen und mütterlichen Trennung in THE PIANO frei interpretiert.

Die Interpretationsmöglichkeiten des Films, die sich zwischen der Theorie der haptischen Visualität und Texttheorien bewegen, bleiben unabgeschlossen und offen für weitere Betrachtungen (vgl. Zechner 2016). Unbestreitbar ist, dass Jane Campion mutig das Risiko einer «falschen» Darstellung der Maori und dem Vorwurf der Aneignung ihrer Kultur eingegangen ist. Blicken wir deshalb abschließend wieder auf die Zwischenräume, die im Film innerhalb des dominanten Raumes entstehen, in denen Begegnungen, Berührungen der anderen Art möglich sind, und niemand wirklich Opfer oder Nicht-Opfer ist. Oder zumindest löst sich in jenem (Zwischen-)Raum die Starre dieser Polarisierung auf.

Die Vision des Meeres, die in THE PIANO immer wiederkehrt und auf den Beginn einer neuen Reise hinweist, als am Ende Ada mit Baines und Flora fortgeht, suggeriert eine Fluidität, die nicht nur uterin ist, verbunden mit der Philosophie der Rückkehr in den Schoß der Mutter-Natur. Sie steht auch für das Fließende eines neugeborenen Körpers, der dem Gefängnis der Geschichte zu entkommen sucht, um eine andere Existenz zu finden. Das Meeresszenario kann aber nicht mit einem Arkadien verglichen werden, es sei denn durch eine groteske Umkehrung. Denn Campion ist völlig bewusst, dass jede Vorstellung von reiner und ursprünglicher Natürlichkeit immer eine illusionäre Konstruktion von Geschichte und Kultur ist. Es handelt sich vielmehr um eine Welt, die durch den Prozess des Begehrens geschaffen wird und die der Tragik der menschlichen Existenz nicht entkommt; in der die Geheimnisse des Lebens eng mit denen des Todes verbunden sind und die freie Entfaltung des Körpers seiner konstitutiven Endlichkeit nicht entgeht. Vielleicht betritt die Maori-Frau, die mit langem Rock und Zylinder beim Auslaufen des Boots mit Ada, ihrem Klavier, Flora und Baines am Strand ein mysteriöses Abschiedslied singt, einen solchen utopischen Raum.

Und letztendlich begibt sich auch Stewart, der Kolonisator, in einen traumatischen und traumähnlichen (Zwischen)raum, als er Adas Stimme hört: Er bricht selbst aus den Beziehungs- und Herrschaftsstrukturen aus, an denen er nur im «blinden» Glauben fest verankert war, und lässt Ada frei.

# Sweetie, An Angel at my Table, In the Cut

## Kino der Intimität

I n einem Essay über «das Kino der Intimität und die Intimität des Kinos» greift Thomas Elsaesser die Definition von Intimität von Laurent Berlant auf (1988: 281 zitiert nach Elsaesser 2019: 9). Wie sie es ausdrückt, ist Intimität «ein Streben nach einer Erzählung über etwas Geteiltes, eine Geschichte über sich selbst und andere».

Ihr Konzept der «intimen Öffentlichkeit» beleuchtet die kollektive Seite der Intimität. Laut Berlant oszilliert Intimität zwischen dem Wunsch nach Nähe und der Vorsicht der Distanz und ist daher stets der Bedrohung des Scheiterns ausgesetzt. Dies verdeutlicht, dass die kollektive Faszination für Verletzlichkeit am Ort des Begehrens die Erwartung nach Erfüllung des intimen Glücks im Alltag steigert (ebd. 10).

Im Kino, das Elsaesser als letzte öffentliche Sphäre betrachtet, in der das Private noch als privat dargestellt und erfahren wird, sind wir Zuschauende ebenso verletzlich gegenüber der Intimität: Wir sehnen uns nach Nähe, fürchten jedoch die Enttäuschung und benötigen Distanz, um jene Nähe zu verhandeln, die uns die Leinwand so mühelos zu bieten scheint. Ausgehend von diesem Konzept erörtert Elsaesser Intimität auch im Kontext der digitalen Welt: Die permanente Verfügbarkeit von Filmen in der digitalen Kultur hat die Beziehung zwischen Film und Zuschauenden tief verändert und zu neuen Strömungen im Kino geführt, wie etwa dem «New French Extremity», das oft auf brutale Darstellungen von Intimität beruht. Die Intimität, die das Internet bietet, erlaubt uns, Filme auf ganz neue Weise zu sehen und auch zu manipulieren. Für eine gelungene Beziehung zwischen Film und Zuschauenden muss nach Elsaesser die visuelle Grammatik der Berührung sowohl das Sichnähern als auch das Sichzurückziehen umfassen. Es muss eine Lücke für uns geben, durch die wir ebenfalls präsent sein können – sei es eine semiotische Lücke der Abwesenheit oder eine somatische Lücke des Verlusts. Nur so können wir Empathie oder Identifikation erleben (ebd. 22).

Im Kino Jane Campions, in dem der Körper stets den Ort des Begehrens und der Verletzlichkeit darstellt, lässt sich die vielschichtige und oft widersprüchliche Natur der Intimität in ihren vielfältigen Nuancen erforschen.

Die Kostüme, die die (Schauspieler-)Körper umspielen und begnadete Kostümbildner:innen kreieren, stellen jenes Inszenierungselement dar, das potenziell verbinden und eine dynamische, sich wandelnde Nähe mit uns Zuschauenden schaffen kann. Wenn auch im Kontext von historischen Epochen akkurat rekonstruiert oder der Mode der Gegenwart entsprechend, schaffen im Campion-Kosmos die Kostüme stets eine Oberfläche, die die Grenze zwischen Innen und Außen durchlässig macht und uns mit den Figuren tief verbindet. Das Kleid kann somit zur Manifestation von Träumen und Wünschen werden, aber auch eine Tarnung, die sich als solche offenbart. Wie Helene Cixous schreibt: «Das Kleid trennt nicht das Innere vom Äußeren, es übersetzt, schützend [...]. Auf diese Weise verbirgt das Kleid, wie der Traum, in seinen Falten die große Reise in Nähe und Intimität» (1994: 98).

Es sind aber nicht nur die umhüllenden Stoffe, die unsere haptische Wahrnehmung aktivieren – auch Haut und Haare können in uns Zuschauenden Empfindungen evozieren, die auch noch in der letzten Falte des gestalteten Schauspielerkörpers gehalten werden: Sie werden zu einem weiteren Medium, das uns sinnlich in den Erfahrungsraum des Films transportiert. Denken wir nur an die geflochtenen Haarknoten, die auf Adas Hinterkopf festgesteckt sind und von der Make-up Designerin und Oscar-Preisträgerin Noriko Watanabe kreiert wurden. Ihre wechselnden Haargestaltungen strahlen in THE PIANO die Faszination von Zeitzeichen aus, geben akkurat die historischen Flechtfrisuren der viktorianischen Frauen wieder, versinnbildlichen die Fesselung an ihre untergeordnete soziale Rolle. Sie sind aber vielmehr als modehistorische Zeichen: Sie sind Gewebe, Oberflächen, Körperschichten. Wenn die Kamera in einer Nahaufnahme Adas Haargewirr umkreist und in diese Umhüllung eindringt, blicken wir unmittelbar in ihre Seelenlandschaft hinein (Abb. 12).

12 THE PIANO

«Ich plädiere seit Langem für eine Verlagerung unseres Fokus weg vom Optischen und hin zum Haptischen, um die greifbare Räumlichkeit der visuellen Künste, ihre bewegten, bewohnbaren Orte und die intime Erfahrung, die sie uns bieten, wenn wir durch ihre öffentlichen Räume gehen, zu verstehen. Das Haptische, ein vom Tastsinn abgeleiteter Beziehungsmodus, ist das, was uns in die Lage versetzt, mit den Dingen in Kontakt zu treten» (Bruno 2017: 91). So wird das Kino als Antwort auf eine erotisch-emotionale Sehnsucht nach Raum untersucht, in dem Emotion kein Gefühl ist, sondern eine Bewegung und zugleich eine Begegnung zwischen Körperlichem und Geistigem, Taktilem und Räumlichem. Dies bedeutet einen Übergang von einem (emotionalen) Ort zum anderen, was uns Zuschauende buchstäblich bewegt, aus uns selbst herausbringt (ebd.).

Bei der Schaffung einer neuen und unverwechselbaren Filmsprache, die im patriarchalischen Filmuniversum den Wünschen und Perspektiven von Frauen Ausdruck und Anerkennung gibt, versteht Campion das Filmemachen als ein Gesamtwerk der visuellen Gestaltung, eine Art filmische Assemblage, die Kostüm-, Masken- und Raumkonzepte umfasst. In enger Zusammenarbeit mit Kamerafrauen und Kameramännern – wie Sally Borger und Stewart Dryburg, mit denen Campion eine intensive, langjährige Zusammenarbeit verbindet –, hat die Regisseurin eine rhythmische Form der Körpergestaltung realisiert, die sich aus der fließenden visuellen Überschneidung von Kleidung, Haarkonzepten und Raum ergibt: Die verschiedenen Bereiche, die dem Filmemachen zugrundeliegen, treten über das Räumlich-Visuelle in einen ästhetischen Dialog miteinander.

## Körper mit Fäden verweben

In diesem Kapitel möchte ich drei Filme, Sweetie (1989), An Angel at my Table (1990) und In the Cut (2003) aus der Perspektive der haptischen Visualität betrachten. Zu betonen ist, dass die ersten zwei vor The Piano realisiert wurden und In the Cut – nach der globalen Anerkennung von The Piano – auf Ablehnung sowohl vonseiten der Kritik als auch des Publikums stieß. Im Laufe der Jahre ist aber der Film immer wieder neu bewertet worden und inzwischen wird er im Kreis von Internet-Cineasten sogar als der beste Film von Jane Campion eingeschätzt.

Ich sehe die drei Filme ohnehin durch unsichtbare Fäden verbunden: Die Texturen, die die Figuren umhüllen, die Materialität schwebender Gewebe, die Nuancen leuchtender Farben rufen verkörperte Reaktionen hervor, zwischen

Erinnerungen, Traum und (Seelen-)Landschaften.. Wir Zuschauende tauchen darin ein und werden in unseren Beziehungen zum Filmraum eingebunden. Es handelt sich um einen Raum, der Intimität hervorruft, aber wie lassen Jane Campion und ihre Kollaborateur:innen einen solchen Raum entstehen?

Eine Frage, die Giuliana Bruno in ihrem *Atlas of Emotion* ähnlich formuliert: «Inwiefern wird der Film zum Objekt der Begierde, zum Ort der Liebes- oder Herrschaftsbande, zu einer emotionalen Erfindung? Auf welcher «Architextur» verweilt diese Beziehung mit den (weiblichen) Zuschauenden?» (Bruno 2002: 407) Als feministische Strategie setzt Bruno die Rolle der Emotionen ein, um den Filmbildern eine «fleischliche» Wahrhaftigkeit zu verleihen. Das Kino wird nicht als die technische Erfindung untersucht, die eine bestimmte Geschichtsschreibung bisher überliefert hat – eine Abfolge technologischer Innovationen, die die Fähigkeiten des menschlichen Auges erweitern, sondern als die ultimative Antwort auf ein erotisch-emotionales Verlangen nach Raum, das nach Bruno die westliche Kultur insbesondere seit dem 16. Jahrhundert durchzieht. Der Film wird somit ein historisches Produkt, eine dynamische Landkarte und ein Instrument der Erkundung, ein Aufzeichner von sozio-sexuellen Unterschieden und transkulturellen Reisen. Der Raum wird zum Feld, auf dem sich die Identität des Individuums als (weibliches) Subjekt konstituiert: Die Geografie der Orte wird zu einer emotionalen Landkarte, die jeder Mensch in seinem Leben verinnerlicht. Das Kino, das seinen Ursprung in der Flanerie, dem Jahrmarkt, den öffentlichen Gärten in sich trägt, ist der Ort, an dem jene Erfahrung des Massenspektakels erlebt wird, die Walter Benjamin als «Rezeption in der Zerstreuung» bezeichnet hatte. Auf den Spuren Benjamins identifiziert Bruno bei dem Übergang vom Optischen zum Haptischen eine neue Figur, die Voyageuse, die an die Stelle des Voyeurs tritt, der Flaneur Benjamins wird zur Flaneuse. Die Voyageuse ist die Trägerin einer neuen Form des Blicks, die starre optische Geometrie des «alten» Voyeurs wird zugunsten einer mobilen Kartierung des Weiblichen aufgegeben und durch «sinnliche» transkulturelle Reisen gezeichnet. Frauen sind daher Trägerinnen eines anderen, taktilen Blicks, eines haptischen Zugangs zur Welt, der über die männliche Logik hinausgeht, worauf die klassische Metaphysik beruht: die Dichotomie Natur/Kultur, Geschichte/Technologie; Denken/Schreiben; transzendental/empirisch usw. Der Begriff des Haptischen, der wörtlich «berührungsfähig» bedeutet, ermöglicht die Überwindung der klassischen Kinotheorie und ersetzt die starre und totalisierende Vision des Blicks durch eine Abfolge von Ansichten, die uns Zuschauenden direkt in den Raum einführt: ein Raum, der nicht durchdringbar, sondern von taktilen, begehbaren Oberflächen durchdrungen ist (Bruno ebd.).

Im Kino wird der Wunsch, Orte zu bewohnen, verwirklicht. Das Zuhause, das Reich der Unbeweglichkeit, das immer mit dem Weiblichen assoziiert wurde, verwandelt sich in einen Ort, an dem die weibliche Lust an der Bewegung im Raum zu einer haptischen Erfahrung wird. Diese innere Reise beginnt mit dem Kontakt mit der Außenwelt durch das Auge, geht dann durch alle Sinneskanäle des Körpers und verwandelt sich in eine Bewegung, in Emotionen.

Die Mode, ein weiterer Bereich des Weiblichen, baut mobile Architekturen für den Körper, wird zu einer physischen Praxis des Raums, entspricht nahezu einem Gehäuse, das zwischen unserer Haut und der Außenwelt steht, eine Leinwand, auf die wir unsere Innerlichkeit projizieren. Bei der Verflechtung von Kunst, Architektur, Mode und Film und der eigenen interkulturellen Montage schlägt Bruno die Neuformulierung eines kritischen und psychischen Raums vor, in dem die taktile Sensibilität der ‹Voyageuse› eine geografische und kognitive Dimension des Weiblichen für sich in Anspruch nimmt.

Intertextualität ist auch der Schlüssel, den Barbara Klinger in ihrem bereits erwähnten Essay anhand des sogenannten «arresting image» anwendet. Sie konzentriert sich auf die Schlussszene von THE PIANO, in der Ada sich an ihrem Klavier auf dem Meeresgrund gefesselt imaginiert, und reflektiert über die Beziehung zwischen diesem «arresting image» und der affektiven Reaktion, wie sie intertextuell durch die verkörperten Erfahrungen der Zuschauerinnen verhandelt wird. Mit Intertextualität meint Barbara Klinger nicht nur die Texte, Genres oder Medien, auf die sich ein Kunstfilm bezieht, sondern auch jene Verbindungen, die aus den persönlichen und kulturellen Erfahrungen der (weiblichen) Zuschauenden geknüpft werden: Der Text weckt während des Zuschauens Assoziationen, die teils kalkuliert, teils unvorhersehbar und vom Bildschatz der Betrachtenden abhängig sind. Das Schauen eines Films oder eines anderen Medientextes bringt unzählige Variablen ins Spiel, die aus solchen intertextuellen Zonen stammen.

So lese ich auch das Kino Jane Campions: Ihre Filme erzählen Geschichten an geografischen Orten, die zu emotionalen Landkarten werden. Wenn wir uns auf ihr Filmuniversum einlassen, tauchen wir in die Tiefe etlicher Welten ein, bewegen uns durch Landschaften aus Wasser, Wald, Nebel, Bäumen, üppig, verworren, gespenstisch, und merken bald, dass die Natur kein Ort der Versöhnung ist: Sie spiegelt Seelenlandschaften, die zu einem rebellischen, unangepassten weiblichen Körper gehören. So beginnt, wie es Giuliana Bruno auch beschreibt, eine Reise durch multiple Räume, unsere Bewegung als Voyageuses. Wir müssen nur die richtigen Übergänge durch mehrere Türen finden, wie in dem Bild von Dorothea Tanning, *Birthday*, das sie 1942 realisierte, zu dem die Künstlerin selbst schrieb: «Alles ist in Bewegung. Außerdem gibt es hinter der unsichtbaren Tür eine weitere Tür [...] Man kann nicht zeigen, wer man wirklich ist» (Mahon 2018: 19). Tanning präsentiert in dem Bild eine Version ihrer selbst, die paradoxerweise nichts über sie preisgibt. Der rätselhafte Blick der Künstlerin zieht

**13** Dorothea Tanning: *Birthday*

uns in ihre Welt hinein und lässt uns in die Unendlichkeit ihres imaginären Universums eintauchen (Abb. 13). Wir begeben uns auf eine unvorhersehbare Reise. Und auch bei Jane Campions Kino erwarten uns vielgestaltige Zugänge, die zu den Innenleben ihrer Protagonistinnen führen und uns an ihren Erfahrungszuständen teilhaben lassen. Es liegt an der inszenatorischen Kraft der Körperbilder, die Campion im engen Austausch mit Schauspieler:innen, Art Designer:innen, Kostümbildner:innen, Make-up Designer:innen, Kamerafrauen- und -männern sowie Cutter:innen komponiert und mit denen sie uns in ein Netz von eigenen Erinnerungen, Assoziationen und Emotionen verstrickt. Intertextualität bedeutet hier Aneignung und Neu-Interpretation von (Körper-)Bildern, die mosaikartig in unsere Wahrnehmung eindringen. Vielleicht wird am Ende uns der Film ändern, und/oder wir werden den Film ändern.

# SWEETIE: Den Film bewohnen

In SWEETIE gab es eine einmalige Begegnung von Frauen, so erzählt die Schauspielerin Genevieve Lemon im Interview, die die Rolle von Sweetie spielt (Lemon 2015). Und tatsächlich die Kamera von Sally Bogers, das Kostümdesign von Amanda Lovejoy und das Make-up-Design von Wendy Freeman haben die inzwischen ikonischen Protagonistinnen in einer außergewöhnlichen Kollaboration gestaltet. Nicht zu unterschätzen allerdings ist die männliche Mitwirkung des Drehbuchautors Gerard Lee und des Filmarchitekten Peter Harris.

Auch bei ihrer Analyse von SWEETIE verschwimmen bei Sue Gillet die Grenzen zwischen Zuschauerin und Filmkritikerin, sie bringt in ihrem Essay ihre eigene, persönliche Sicht des Films ein: «Jane Campion hat ihr mit SWEETIE ihre Erinnerungen zurückgegeben, sie zum Leben erweckt. Eine erstaunlich persönliche Enthüllung, die die Kraft, die den Bildern in SWEETIE innewohnt, greifbar macht» (1999).

Gleich zu Beginn transportiert uns Campion in die Gedankenwelt der Protagonistin Kay (Karen Colston). «Ich habe Angst vor Bäumen», hören wir ihre Offstimme sagen. Die subjektive Kamera zeigt in den Eröffnungsbildern, wie Kay die Straße entlangläuft, und dabei versucht, nicht auf die Risse zu treten (Abb. 14). Die schulterlangen braunen Haare, die ein ungeschminktes, blasses Gesicht einrahmen, ihre nervöse Magerkeit, ihre dünnen Beine in blickdichten schwarzen Strumpfhosen scheinen nach außen ein strukturiertes Selbst zu vermitteln. Kay wirkt allerdings wie ein Fremdkörper in der schrillen Welt ihrer nahezu parodistisch «over the top» gestylten Kolleginnen – mit ihren hochtoupierten Frisuren und wilden Locken erinnern sie an die «Working Class Girls», die in Mike Nichols Film WORKING GIRL ein Jahr zuvor als aufgedonnerte Sekretärinnen mit der «Staten Island Ferry» nach Manhattan pendeln. Ein ironischer Verweis auf die sexuelle und soziale Diskriminierung, die in jener romantischen Screwball Comedy sanft verpackt wurde (Abb. 15–16)?

**14** SWEETIE

**15** Sweetie

**16** Working Girl

Vor der Arbeit besucht Kay eine Teeblattleserin. «Da ist ein Mann», verkündet die Frau. Sie dreht Kays Tasse hin und her und fährt fort: «Was ist das? Ein Fragezeichen?» Sie runzelt die Stirn: «Oh ja, es ist auf seinem Gesicht. Da ist ein Fragezeichen in seinem Gesicht, Schätzchen.» Prompt lernt Kay gleich danach im Büro Louis (Tom Lycos) kennen, der gerade seine Verlobung mit einer Kollegin Kays – aufgetürmte Haare und Pfennigabsätze, kaum von den anderen zu unterscheiden – feiert. Eine Haarsträhne hängt gerade über einem Muttermal auf Louis Stirn: Ist er für sie prädestiniert, der Mann mit dem Fragezeichen (Abb. 17)? Kay verschwendet keine Zeit und spricht Louis direkt an. «Es ist einfach so, dass ich dazu bestimmt bin, mit dir zusammen zu sein», sagt sie ihm während ihrer heim-

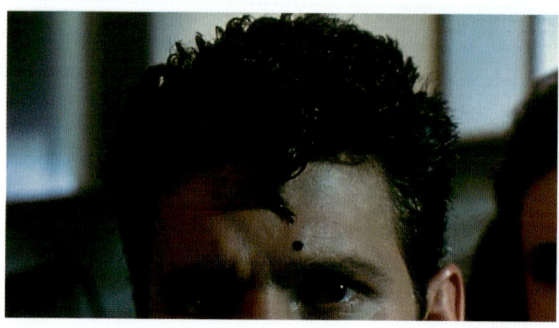

**17** Sweetie

lichen Verabredung in einer Parkgarage. «Ich wollte dich nicht belästigen, aber ich glaube, es ist wahr. Es wurde von den Geistern bestimmt.» Gleich danach liegen sie und Louis auf dem Boden des Parkplatzes in einer heißen Umarmung. Dreizehn Monate später ist die Leidenschaft in ihrem Paar-Alltag vergangen, Kay ist zu ihrem früheren Zustand der sexuellen Verdrängung zurückgekehrt, ihr Körper hat sich wieder verschlossen und wirkt nun fast kindlich. Sie liegt nackt im Bett, hat Angst davor, dass Louis sie berührt, und erklärt, dass sich die Dinge bald wieder normalisieren werden, im Moment sieht sie ihn aber als einen Bruder. Er flüstert vor sich hin: «Inzest.» Eine Befürchtung, eine Hoffnung, oder für uns Zuschauende eine düstere Anspielung auf das im Film unausgesprochene Thema Inzest?

Apropos intertextuelle Verweise: Ist in dem Schicksalszeichen, das Kay in Louis zu erkennen glaubt, nicht ein Verweis auf die Bilderwelt der Surrealisten, auf das wundersame Zusammentreffen des Innen mit dem Außen, auf die Transformation des Gewöhnlichen in das Geheimnisvolle? Eine geölte Haarlocke und ein Muttermal treffen aufeinander und verwandeln sich in ein (Frage-)Zeichen – vertraute, triviale Chiffren, die sich gegen die «Ordnung der Dinge» willkürlich verschieben. In Campions Universum sind Haare Symbolträger und Gestaltungsfläche, sie werden in ihrer Plastizität und Formbarkeit zum festen Bestandteil der Figuren: Der symmetrisch geschnittene, dichte Pony Kays formt eine Art undurchdringlichen Vorhang zu ihrer Stirn – der okkulte Zugang zu ihren Gedanken? –, betont ihre großen, aufmerksamen Augen, die stets nach Anzeichen von unsichtbaren Bedrohungen suchen (Abb. 18). Wenn sie geschlossen sind, treten körnige Schwarz-Weiß-Albträume auf, eindringliche, geheimnisvolle Visionen von strangulierenden Baumwurzeln und gefräßigen Pflanzen, die Kays gequälte Innerlichkeit suggerieren. Kays Obsessionen spitzen sich zu, als Louis beschließt, eine junge Erle in ihrem Garten zu pflanzen, einen «Jubiläumsbaum», der ihre Liebe symbolisieren soll. Kay reagiert aggressiv: Sie glaubt, dass die gelben Blätter vergiftet sind, und argumentiert, dass die Wurzeln das Fundament des Hauses zerstören werden. Sie reißt den Baum heimlich aus und legt seine Reste unter das Bett im Gästezimmer. Immer mehr entfernt sie sich von Louis

18 Sweetie

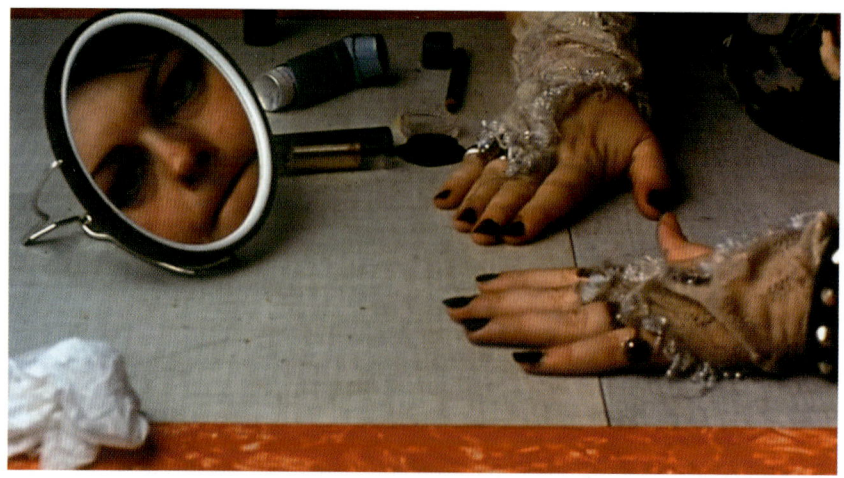

**19** Sweetie

und schläft alleine in dem Zimmer, in dem der Baum versteckt ist. Ihr persönlicher Raum wird zu einer Grabstätte für Vergangenheit und Gegenwart zugleich.

Kays Schwester Dawn – für ihren Vater «Sweetie» und Lieblingstochter – ist gerade ihr antithetisches Körperbild. Als sie eines Nachts in Kays Wohnung und Leben buchstäblich eindringt, erscheint Sweetie wie eine rotzfreche Göre in Goth-Punk Stil, die ihre Andersartigkeit demonstrativ zur Schau stellt: Sie trägt kurz asymmetrisch geschnittene, mit viel Haarspray verklebte, schwarz gefärbte Haare, ihre Fingernägel sind schwarz lackiert, ihre engen Klamotten umschließen nur knapp ihre überbordende Körperlichkeit. An ihrem Handgelenk ist ein Nietenarmband, auffällig sind allerdings die zerfetzten rosa Spitzenhandstulpen – vielleicht eine verzerrte Stilisierung ihres romantischen Goth-Stils? Oder kaschieren sie ihre – schwarz gefärbten oder verbrannten – Hände (Abb. 19)? Schließlich offenbaren sie sich als ein Überbleibsel aus Sweeties Kindheit, die stoffliche Materialisierung einer Erinnerung: Am Ende des Films erscheint Sweetie ihrem Vater im Garten als Phantasma, als das süße, kleine, talentierte Mädchen aus der Vergangenheit, dass in ihrem zuckerrosa Spitzenkleidchen mit ebenso rosa Handschuhen singt. An den Händen der erwachsenen Dawn sind sie wie trotzig aufbewahrte, kaputte Fetzen ihrer Kindheit, die sie nie richtig verlassen konnte (Abb. 20).

Hängt Kays Verlust an sexuellem Verlangen mit der väterlichen Vernachlässigung im Kindesalter zusammen? Campion gibt uns keine eindeutige Antwort, sie wird unserer eigenen Erfahrung mit der Filmrealität überlassen. Dawn and Kay sind wie oft in Campions Kosmos in ihrer gegensätzlichen Körperlichkeit zwei Gesichter des weiblich Anderen, Kay neurotisch, frigide, nahezu magersüchtig, und Dawn sexuell unersättlich, amoralisch, out-of-control, ungehorsam – ein-

**20** Sweetie

fach «verrückt», ohne weitere Erklärung. Sweetie ist – aus einer von Mikhail Bakhtins Theorie des grotesken Körpers beeinflussten feministischen Perspektive (vgl. Bakhtin 1984) – ein tabubrechender, widerständiger Körper: Sie uriniert im Freien, bellt auf allen Vieren wie ein Hund und mit ihren kreativen, radikalen Exzessen konfrontiert sie ihre Familie mit ihrer eigenen Verlogenheit. Kay praktiziert eine andere Form weiblicher Rebellion, die eine gegensätzliche Strategie verfolgt: Sie kontrolliert das Unkontrollierbare ihres Körpers in gewisser Hinsicht durch dessen Negation. Sie hält ihn übermäßig sauber, duscht oft und ihre Anziehsachen sind auch stets frisch und gebügelt, eine Form der Selbst-Entsexualisierung. Kays Kleider, die am Fenster an Bügeln hängen, sind ein wiederkehrendes Bild in Campions Filmen: schwebende Hüllen, die an den konkreten Körper und dessen Abwesenheit zugleich erinnern. Mit körperlicher Selbstdisziplin hält Kay alles von sich fern, was die schmuddelige Sweetie für sie darstellt und sie doch in ihren obsessiven Fantasien und düsteren Träumen heimsucht.

Wie verwebt uns Campion mit Kays Empfindungen? Nicht zufällig das Erste, was wir von ihr in einer Nahaufnahme sehen, sind ihre Beine: Kays Beine, Hände und Mund werden immer wieder eingerahmt, ihre Stimmungsschwankungen kommen uns damit extrem nahe. Die Kamera Sally Borgens wird als Kays innere Stimme eingesetzt, in dem schrägen Bildausschnitt spiegeln sich ihre latente Zerbrechlichkeit und ihre vernarbte Psyche. Durch die Sprünge von warmen Farben zu kalten, gesättigten Nuancen empfinden wir die chaotischen Emotionen Kays nach, ihren ambivalenten Wunsch nach familiärer Wärme. Und mit der Kadrierung, die oft eine Hälfte ihres Körpers aus dem Bild schneidet, drückt Campion aus, wie sie in ihrer emotionalen und sexuellen Isolation eingesperrt ist. Sweeties unbändige Sehnsüchte werden in weichen Farben, abrupten Schnitten und eigenwilligen Einstellungen betont. Während Kay mit ihrem Freund um körperliche Nähe ringt, lässt Sweetie ihre exzessiven sexuellen Impulse hemmungslos aus sich heraussprudeln und überschreitet dabei jegliche Grenzen der sozialen Ordnung. «Ich interessiere mich für die Aspekte des Menschseins, die nicht sozialisiert sind – die Unterströmungen, die verinnerlichte Agenda, nach der wir alle unser Leben einrichten, denn ein Großteil des Alltagslebens ist so», erklärt Campion (Seidenberg 1990: S. 59–65).

Der anthropologische Blick Campions trifft in Sweetie auf surrealistische Bilderwelten: Hinter der Oberfläche alltäglicher Objekte in Kays Wohnung – eine Teetasse, ein Lampenschirm, ein Tischbein – lauern verdrängte Erinnerungen, unterdrückte Emotionen. Die subjektive Kamera beharrt auf ihrer äußerlichen Hülle, streichelt sie, lässt sie für uns Zuschauenden zu stummen Zeugen der Vergangenheit werden. In einem Wutanfall beißt Sweetie die Pferdefamilie aus Porzellan, die Kay unter ihrem Bett in einer Box versteckt hält, um ab und zu damit den Traum einer intakten Familie heimlich zu spielen: Ihre selbstverletzende Handlung hat die sprengende Kraft eines radikal destruktiven Aktes gegen ihre «echte» Familie, die ihrem Missbrauch schweigend zugestimmt hat und sie nun in einem Heim endgültig ausgrenzen will.

«She is a dark force», so beschreibt Kay Louis ihre Schwester, als Dawn zum ersten Mal in ihrem gemeinsamen Leben gewaltsam auftritt. Und damit beschwört Kay gerade die dunkle Kraft, die selbst in ihrem eigenen Körper schlummert und verstörend sichtbar wird, als Sweetie mit ihrem nackten, schwarzangemalten Körper, ins Gesicht ihrer Eltern furzend, im Baumhaus ihrer Kindheit ihren letzten, extremen Widerstandsakt vorführt (Abb. 21). Als

21 Sweetie

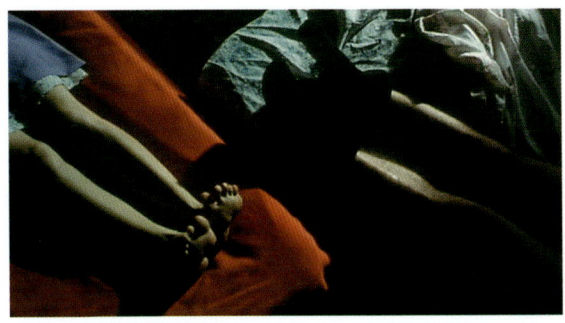

**22** Sweetie

sie von dem Holzhaus fällt, bedeckt die Mutter sofort den nackten, «monströs» wirkenden Körper, und dennoch, als aus dem Körper nach dem Sturz Blut fließt, versucht Kay sie Mund-zu Mund zu beatmen bis Sweeties Blut ihre Lippen verschmiert. Haben sich die zwei gegensätzlichen Hälften miteinander vermengt oder hat sich die verstörende, dunkle Hälfte definitiv aufgelöst? Vielleicht kann jetzt Kay ein Mensch werden. Aber mit dem Bild, in dem wieder nur Kays nackte Füße mit den Füßen von Louis mit Socken in einer Art fragmentierter Umarmung zu sehen sind, löst Campion die Ambivalenzen nicht (Abb. 22). Und sie bleiben, äußerst beunruhigend, in der Schlussszene, die eine verstörende Intimität des Vaters mit seiner Vision der herzzerreißend singenden, kleinen Sweetie evoziert.

## An Angel at My Table:
# Ein Fluss von Farben, Worten und Gefühlen

In ihrem Essay über An Angel at My Table erzählt Sue Gillett von einem Traum, den sie hatte, nachdem sie ihn – etwa zehn Jahre nach ihrer ersten Begegnung mit dem Film – wiedersah.

«In dieser Nacht träumte ich, dass ich falsche Zähne hatte, die bis auf das Zahnfleisch verfault waren. Ich nahm sie heraus, um sie zu untersuchen, und sie zerfielen in vier Teile. So sehr ich mich auch bemühte, ich konnte sie nicht wieder in meinen Mund einsetzen. Die Teile waren in der falschen Reihenfolge und sie passten nicht. Unbeholfen stocherte ich in ihnen herum und versuchte, dieses schmerzhafte Durcheinander von Zähnen zu ordnen und zu bändigen. Mein Mund fühlte sich so dick und verstopft an, dass ich nicht sprechen konnte.

Hier spiegelte sich eindeutig unbewusst meine eigene Identifikation mit Campions Darstellung von Janet Frame wider: Ihr Leiden, ihre Scham, ihr körperliches Unbehagen, ja ihr Entsetzen und ihre Sprachlosigkeit kristallisierten sich für mich in dem kraftvollen, elenden Bild eines Mundes voller verfaulter, falscher Zähne. Was soll ich von dieser Traumidentifikation halten? Ist sie masochistisch, eine Identifikation mit dem Schmerz? Bis zu einem gewissen Grad, ja. Sicherlich habe ich die Erniedrigung und die Angst auf mich genommen. Aber es gibt eine Lücke zwischen meinem Albtraum und dem auf die Leinwand projizierten, einen wichtigen Unterschied zwischen meinem Traumbild und dem kinematografischen Bild (und übrigens auch der Autobiografie von Frame), wo eine kreative Bewegung aus dem Schmerz heraus eine Richtung findet. In meiner Identifikation gibt es auch eine Interpretation: Janets verfaulte Zähne waren ihre natürlichen Zähne, ich habe sie als falsche Zähne neu erfunden. Ihre falschen Zähne bieten zwar einen Ausweg aus einem körperlichen Schrecken, führen sie aber indirekt in einen noch tieferen und umfassenderen Schrecken: Die falschen Zähne sind auf seltsame Weise mit ihrem Eintritt in eine achtjährige Geschichte des institutionell verordneten «Wahnsinns» verbunden. Eine Krankenschwester fährt in der psychiatrischen Abteilung Gläser mit falschen Zähnen auf einem Wagen herum. Sie gehören zu Patienten, die eine EKT erhalten haben. Die zahnlosen Patienten werden geknebelt, während sie die Elektroschockbehandlung über sich ergehen lassen müssen. Sie beißen mit ihrem bloßen Zahnfleisch auf Stoffstücke, während ihre Körper zucken. Viel später erfährt Janet, dass die Diagnose Schizophrenie falsch war. Laut dem medizinischen Wörterbuch von Frame ist Schizophrenie eine allmähliche Verschlechterung des Geistes, die nicht geheilt werden kann. Verschlechterung. Verfall. Falsch. Die Heilung ist schädlicher als das Leiden, nicht wahr für die Frau. Mein neues Bild ist mehr als ein Spiegelbild. Es fühlt mit und lehnt sich dagegen auf, dass der Mund einer Frau mit Falschheit verschlossen wird [...] In diesem Aufsatz habe ich mir die Aufgabe der Gesandten gestellt, die für die Projektion neuer Bilder und Rahmen empfänglich ist, die uns nicht immer wieder in eine geschlossene Spiegelökonomie für die Selbstreflexion von Frauen zurückführen. Jenseits des Masochismus, jenseits des Narzissmus könnte der Spiegel neu gerahmt werden, könnte sich der harte, zurückgeworfene Blick seines leeren Auges in die vergrößerte Perspektive eines offenen Fensters auflösen» (Gillett 2000).

Die befreiende Darstellung weiblicher Erfahrung, die Gillett in diesem Film ans Licht bringt, ist die Ablehnung des Lacan'schen Verständnisses des weiblichen Selbstbildes als Spiegelbild, das uns als weibliche Zuschauende in Narzissmus und Masochismus gefangen hält. Vielmehr verwandelt Campion den Spiegel in ein Bild der Offenheit, symbolhaft in dem wiederkehrenden Bild des Fensters. Das Fenster ist der Übergang zwischen Innen und Außen, zwischen dem, was wir sind, und dem, was wir nur sehen, und ist in AN ANGEL AT MY TABLE eine biegsame Oberfläche, ein sich wandelnder Ort, ein «Zwischenraum». In Laufe des fast dreistündigen Films schaut Janet oft aus einem Fenster: Es suggeriert am Anfang ihr Gefangensein und ist zugleich wie ein Spiegel, der uns ihre gequälte Innenwelt enthüllt. Doch durch die starke Kraft ihrer Leidenschaft für das Schreiben kann sie schließlich ihr Leiden überwinden. Und am Ende sehen wir hinter einem Fenster eine Janet Frame, die zufrieden lebt, ohne sich jemals verändert zu haben, um sich anzupassen. Vielmehr nimmt sie die Welt mit ihrer Feder in die Hand.

Die Erzählweise des Films ist durchaus unkonventionell und entspricht keinem gewöhnlichen Biopic, sie ist nicht um Hauptereignisse oder um die Handlungen einer Figur strukturiert, sondern ein ständiger Fluss von Farben, Worten und Gefühlen.

AN ANGEL AT MY TABLE wurde ursprünglich für das australische Fernsehen gedreht und dann 1990 in Australien und Neuseeland ausgestrahlt. Nach dem Spezialpreis auf dem Festival in Venedig 1990 kam er dann auch in die Kinos. Die Kinoversion hat die dreiteilige Form der auch in drei Bänden erschienenen Autobiografie von Janet Frame, der bedeutendsten Schriftstellerin Neuseelands, beibehalten: Teil I: TO THE IS-LAND ; Teil II: AN ANGEL AT MY TABLE, Teil III: THE ENVOY FROM MIRROR CITY. Die drei Teile entsprechen drei Lebensabschnitten der Schriftstellerin: der Kindheit und Jugendzeit auf dem Land (I), dem Studium an der Universität sowie den acht Jahren nach der Schizophrenie-Diagnose in einer Nervenklinik (II); schließlich dem Aufenthalt in Europa und der Rückkehr in die neuseeländische Heimat (III). Die Rolle der Janet Frame wird von drei Schauspielerinnen übernommen, die nacheinander die Autorin in den verschiedenen Phasen ihres Lebens verkörpern, Janet als Kind (Alexia Keogh), Janet als Jugendliche, (Karen Fergusson) und Janet als junge Frau (Kerry Fox). Die drei Schauspielerinnen verschmelzen nahtlos miteinander, sodass wir uns vorstellen können, dass sie ein und dieselbe Person sind: In der mosaikartigen Erzählung erleben wir Janet, die verschiedene Zeitabschnitte durchquert, während wir an ihrer fließenden Identitätswerdung teilhaben.

Wir treten in der ersten Sequenz in einen emotionalen Raum ein, der, um Bruno wieder zu zitieren, zugleich auch ein geografischer Ort ist: Es ist tatsächlich wieder der Beginn eines Parcours, das Starten einer Bewegung, die erneut das Innen mit dem Außen verschränkt. Erst sehen wir eine Mutter, aus der Perspektive des liegenden Babys, eine gesichtslose Riesin mit sanfter Stimme und ausgestreckten Armen, die die Sonne kurz verdeckt, nährend und zugleich bedrohlich, als ob wir für einen Augenblick das Augenblinzeln des Babys mitempfinden. Dann läuft das Baby auf wackeligen Füßchen im intensiv grünen Gras: Es ist schon der Einblick in Janets subjektive Erfahrung einer potenziell gefährlichen Außenwelt. Gleich danach lernen wir Janet Frame als rundliches, kleines Mädchen mit auffälligen rot-orangen Haaren kennen, das aus dem Horizont auf uns zukommt, alleine. Sie schaut schüchtern in die Kamera, streift ihr braunes Samtkleidchen, und schon bringt uns die Nahaufnahme ihres kleinen

**23** AN ANGEL AT MY TABLE

Fingers beim Berühren des Stoffes ihre Schüchternheit intensiv nahe. Aus dem Off kündigt die Stimme der erwachsenen Janet Frame die Geschichte ihrer Kindheit an. Das Mädchen schaut sich unsicher um und läuft weg (Abb. 23).

Jedes Mal, wenn Janet im Laufe ihres Lebens ihre Schüchternheit schmerzlich überwindet, steht sie vor einer neuen Herausforderung. Sie hat von Kindheit an das Privileg und den Fluch zugleich, eine Außenseiterin zu sein. Denn es ist ihre Außenseiterperspektive, die sie zum Ausdruck ihrer poetischen Stimme führt. Sie beobachtet als verschlossener Teenager ihre anmutigen Klassenkameradinnen, die mit ihren geschmeidigen Zöpfen und welligen Haaren auf der Treppe sitzen, viel reden und lachen: Sie ist von der Gruppe ausgeschlossen, empfindet aber weder Wut noch Bedauern, sie schaut auf sie und sieht nur Schönheit.

Janet wächst in ärmlichen Verhältnissen auf, aber vor allem in einem liebevollen Zuhause. Eine besonders enge Beziehung pflegt sie zu zwei ihrer älteren Schwestern, Myrtle und Isabel, verliert sie aber beide durch Ertrinken. Als bei Myrtle die Brust wächst und ihre Sexualität erwacht, beobachtet Janet wie ihre Schwester sich in Hollywood als Sehnsuchtsort imaginiert, sich in eine kecke Verführerin in Hosen, mit roten Lippen und Zigaretten verwandelt und es mit Jungen treibt. Dass Myrtle für ihre Promiskuität von dem Vater bestraft wird, provoziert bei der erwachsenen Janet die Tabuisierung sexueller Lust – nicht zufällig sind es ausgerechnet die beiden Schwestern, die ihre Sexualität früh entdecken und hemmungslos ausleben, auch diejenigen, die früh sterben müssen. Faszination und Neid, Sehnsucht nach Nähe und ambivalenter Wunsch nach Distanz durchmischen sich in der Beziehung zwischen Janet und Myrtle: Als Isabel mit dem Kleid und den Schuhen der ertrunkenen Myrtle nach Hause

**24** An Angel at My Table

kommt, breitet Janet auf ihrem Bett das rote Kleid aus, legt sich selbst darauf und streichelt es: Es ist, als ob sich der Stoff in eine Art Membran zwischen Leben und Tod verwandelt, deren Berührung Janet und Myrtle miteinander verschmelzen lassen. Wir spüren für einen Augenblick Myrtles Präsenz, sogar ihr herber Körpergeruch – eine Mischung aus Zigaretten, Lippenstift und jugendlichem Schweiß – scheint sich in dem Moment auszubreiten (Abb. 24).

In dem Blick von Kerry Fox, die die erwachsene Janet herausragend verkörpert, sehen wir sowohl die Angst eines Rehs als auch den verzweifelten Versuch, diese Angst aus Willen zur Normalität zu unterdrücken. Wenn ihre Schulfreundinnen Janets Haare kommentieren, ihre bizarre rot-orangene Farbe als auch ihre gigantische, knollige Form anfassen, kann keine von ihnen verstehen, dass Janet nichts lieber täte, als sie in eine normale Frisur zu zwängen. Als sie in die Pubertät und ins junge Erwachsenenalter eintritt, beginnen Janets Zähne zu faulen, und damit kommt ein weiterer Aspekt ihrer Selbst hinzu, den die angehende Autorin und Lehrerin vor der Welt verbergen möchte.

Wie kreiert die Regisseurin eine immer intensivere Intimität zwischen uns Zuschauenden und der erwachsenen Janet Frame? An Angel at My Table ist in einem geradlinigen Stil gedreht, weit entfernt von den schrägen Kamerawinkeln und Weitwinkelobjektiven von Sweetie. Es sind aber erneut außergewöhnliche Körperbilder, die durch die weniger auffällige Kameraführung, die Geschichte von Janet Frame in der Realität verankern. Wie Sue Gillett (ebd.) schreibt, zeigen diese Bilder einen sich verändernden und doch in seiner Entwicklung konstanten Erfahrungskörper, dessen Handlungsfähigkeit unmittelbar durch das Frausein bestimmt wird. Der weibliche Körper Janets ist in An Angel at My Table nicht abstrakt oder idealisiert, es ist ein Körper, der sich im Laufe der Zeit verändert, sich durch seine «natürlichen» Vorgänge konstituiert, durch physische und psychische Emotionen gezeichnet wird. Janet schämt sich für ihr Aussehen, errötet sehr oft vor Verlegenheit, Flecken treten auf ihrer blasse Haut auf; sie schämt sich für ihre kariösen Zähne, versucht sie hinter einer Hand zu verstecken. Sie isst in Anwesenheit ihrer Gasttante kaum, kann es nur, wenn sie allein ist; aber sie versteckt das Papier der Schokolade, die sie heimlich verschlingt, und isst gierig Essensreste, ohne dass ihre Tante es merkt. Bei einem «weiblichen» Körperereignis wie der ersten Menstruation erleben wir Janet als verunsicherter Teenagerin, es ist für sie der traumatische Eintritt in die gesellschaftliche Vorstellung von Weiblichkeit. Gegenüber dem pragmatischen Umgang der Mutter mit ihrer ersten Blutung ist die zitternde Scham der Heranwachsenden schmerzhaft spürbar. Als Studentin geht sie zum Friedhof am Rande der Stadt, um ihre Binden zu vergraben, anstatt sie zu Hause oder in der Schule zu verbrennen, jedes Symptom von erwachender Weiblichkeit in ihrem Körper will sie verbergen, so wie sie auch ihren Appetit verheimlicht und vor Anderen negiert.

Das eklektische Drehbuch von Laura Jones, die als zurückhaltende Persönlichkeit ihre kongeniale Zusammenarbeit mit Jane Campion stets betont hat, stützt sich auf Frames Erinnerungen, die im Film in leuchtenden Farben getaucht werden, wie das Karottenorange ihres Haars, das eine Konstante in ihrem Leben bleibt, oder das Tomatenrot der Strümpfe des Lehrers John Forrest, der als sexuelles Objekt weiblicher Blicke inszeniert wird und die narzisstische Ambiguität eines David Bowie beschwört. Auch wechselnde Stimmungen und Atmosphären prägen die Mise-en-scène, und sogar die Geschmäcke, die mit bestimmten Momenten verknüpft sind: wie die begehrten Pralinen, die Janet und ihre Schwester Isabel von ihrer Tante Isy stehlen und genussvoll verschlingen, eine eindeutige Verschiebung ihrer erwachenden sexuellen Lust.

Janet Frames verarmte, aber glückliche Kindheit, ihr albtraumhafter achtjähriger Aufenthalt in einer psychiatrischen Anstalt und ihre anschließende erfolgreiche Schriftstellerkarriere werden meist in mittleren oder langen Einstellungen gezeigt, wobei Janet stets im Zentrum erscheint. Durch ihre Platzierung in der Mitte des Bildes wird Janet visuell hervorgehoben – sie reagiert auf die Welt um sie herum, bleibt aber von ihr getrennt.

Es ist aber das Produktions- und Kostümdesign von Grant Major und Glenys Jackson, das die Reise in Janets Kosmos durch Berührungen aller Art entscheidend prägt: Die außergewöhnlichen Farbkombinationen verschmelzen zu einer vielstimmigen Symphonie, die uns in ihre Empfindungen einweiht. Die Realität um die kleine Janet herum ist größtenteils ein trister Ort in neutralen Farben, wie Schwarz und schmutzige Brauntöne, aber sie streift dadurch mit ihrer Neugierde und Fantasie in ihren abgewetzten Kleidchen in roten, orangen und blauen Tönen oder

**25** AN ANGEL AT MY TABLE

gestreiften, löchrigen, viel zu engen Pullis, wie ein farbenprächtiger Clown, wie eine pummelige, genauso tieftraurige Gelsomina aus Fellinis LA STRADA. Auch bei der erwachsenen Janet bleibt ihre Erscheinung ein Gewirr aus unbändigen roten Haaren und bunten Kleidern, die ihre Trennung von der Außenwelt verdeutlichen.

Campion setzt auch auf filmische Pausen und Stille, um die quälenden Momente der unbeholfenen Körpersprache ihrer extrem schüchternen Heldin zu vermitteln. In der Szene, in der ein Schulinspektor Janets Klassenzimmer besucht, gerät die angehende Lehrerin sichtlich in Panik. Eine gefühlte Ewigkeit lang steht sie wie gelähmt vor der Tafel und starrt ausdruckslos auf die Kreide, die sie in den Fingern hält (Abb. 25). Als sie um Entschuldigung bittet und die Schule verlässt, zieht sie sich im Freien ihre Schuhe aus, eine zerbrechliche junge Frau, die versucht, ihrer Haut schmerzhaft zu entfliehen und doch für ihre Andersartigkeit einen hohen Preis bezahlen muss.

Als sie nach einem Selbstmordversuch in die Irrenanstalt kommt, dominiert eine bläuliche, beängstigende Färbung. Acht Jahre lebt sie in dem finsteren Nebel, der die Welt der Psychiatrie definiert, wird mit Elektroschock behandelt, und trotzdem wird ihr kreativer Geist nicht unterdrückt. Er strahlt in dem leuchtenden Grün der neuseeländischen Wälder, in Janets Erinnerungen und später erwacht er wieder in den fröhlichen warmen Farbtönen Spaniens, dort wo sie sich verliebt.

«Meine einzige Romanze bestand in der Poesie und der Literatur», sagt Janet nach ihrer Ankunft in Europa. Beim Anblick der Männer und Frauen, die sich in Liebe und Lust verlieren, fragt sie sich, ob sie selbst davon ausgenommen sei, «sexlos wie ein Holzklotz». Janet empfindet ihren Körper undurchdringlich, ihr Bedürfnis nach Sex wird zum Bedürfnis, sich von ihrem Selbst zu lösen. Die jungfräuliche, verschlossene, aber neugierige Janet lässt sich in Spanien auf ein amouröses Abenteuer mit Bernard ein, einem jungen amerikanischen Professor, der sich für einen begnadeten Dichter hält und Zitate aus Kiplings «Gunga Din» ausspuckt. Während ihrer ersten sexuellen Begegnung wird ihr Liebesspiel verschoben, weil Bernard eine selbstverliebte Lobrede auf den «Frühling in Ohio» plötzlich rezitiert, eine erstaunlich narzisstische Übung, schmerzhaft peinlich und verletzend für Janet und für uns Zuschauenden. Aber dann blickt die Kamera auf eine wunderbar sinnliche Schwimmszene, in der Janet zum ersten Mal mit ihrem nackten Körper lustvoll in der Welt zu sein scheint. Und in dieser Szene ist auch eine Hommage Jane Campions an Godards LE MÉPRIS erkennbar, mit einer vielschichtigen Referenz an Brigitte Bardot, die als Camille vor

26 AN ANGEL AT MY TABLE

27 LE MÉPRIS

der Kulisse der Villa Malaparte auf Capri ihre gesamte Verachtung ihrem Mann Paul (Michel Piccoli) ins Gesicht schleudert und buchstäblich davon schwimmt (Abb. 26–27). Die Muse ist im männlichen Imaginären des Künstlers geplündert und ausgebeutet worden, es ist das Ende ihrer Liebe. Das Sexsymbol Bardot als fügsame Ehefrau Camille überschreitet schließlich diese Rolle durch ihre Handlungsfähigkeit: Camille/Bardot ist die Inkarnation genormter Weiblichkeit und zugleich eine filmische Konstruktion, eine durchaus ambivalente Figur, die sich einer eindeutigen Definition entzieht. Janet schwimmt auch nackt im blauen spanischen Meer, ist aber nicht die Muse des narzisstischen Bernards, sie hat bei ihm nur die Freuden des Sex entdeckt und kann auch alleine eine Abtreibung überstehen. Als alleinstehende Reisende ist sie auf der Selbstsuche, in einer fließenden Transformation ihrer Identität, auf dem Weg, ihre eigene Selbsterzählung zu entfalten.

Und die findet sie tatsächlich bei ihrer Rückkehr in Neuseeland: Als gefeierte Schriftstellerin geht sie zurück in das alte Elternhaus und schlüpft für einen Augenblick in die Schuhe ihres verstorbenen Vaters: Welche geheimnisvolle Tür öffnet sich uns mit dieser Geste? Ist Janet buchstäblich in die Fußstapfen des Oberhaupts der Familie Frame getreten, wofür sie als Frau in der neuseeländischen patriarchalischen Gesellschaft der 1960er-Jahre sicher nicht prädestiniert war? Oder repräsentieren Schuhe in Janets – und Janes – Imaginärem einen getrennten Teil des Selbst, rätselhafte Objekte, die ihr eigenes Leben führen? Vielleicht sind sie wie die roten Schuhe Myrtles, die, nach ihrem Tod von ihr losgelöst, in einer Nahaufnahme verbotene weibliche Lust evozieren, oder wie die eleganten schwarze Stöckelschuhe, die sich Janet für einen Empfang der literarischen Szene von der Gastgeberin ausleiht: Sie schlüpft vorübergehend in die Maske(rade) der glamourösen Schriftstellerin, legt sie die aber schnell wieder ab.

Und wenn sich in den abgetragenen Vater-Stiefeln ein ironischer Verweis auf Van Goghs Schuhe versteckt? Der von Janet verehrte Dozent John Forrest vergleicht voller Bewunderung ihre Werke mit dem anderen «Schizophrenen» Van Gogh. Sie zwingt sich in die Maskerade des wahnsinnigen Genies und manövriert sich selbst fast zu einer Lobotomie. Aber schließlich steckt Janet in ihrer «eigenen» Haut, und nicht in der der kleinen Frau, die kaum essen darf, und auch nicht in die einer Schizophrenen, die zu Genie und Wahnsinn verdammt ist.

In einem Resümee ihrer eigenen Karriere behauptete Virginia Woolf, dass sie das Gespenst, das sich in ihrem Schreiben festzusetzen suchte, den «Engel im Haus», schließlich töten konnte. Die Wahrheit aber über «die eigenen Erfahrungen als Körper» konnte sie nicht sagen. In der Lebensgeschichte von Janet Frame, die Jane Campion erzählt, kann Janet ihre «eigene Erfahrungen als Körper» progressiv in ihr Schreiben übertragen, bis schließlich die Sprache des Körpers und die Sprache der Worte in einen harmonischen Dialog miteinander treten.

Am Ende sehen wir Janet, die in einem Wohnwagen im Garten ihrer Schwester lebt. Aus dem Radio ertönt eine Herma-Keil-Coverversion von «The Twist», die sie zusammen mit ihrer Nichte anhört, bis diese ins Bett geschickt wird. Allein geblieben, versucht Janet, selbst zu dem Lied zu tanzen, wird aber plötzlich von einem Geistesblitz getroffen. Sie eilt zurück zu ihrer Schreibmaschine im Wohnmobil, schreibt «Hush, hush, hush» – und lehnt sich dann lächelnd zurück. In die Intimität ihrer Empfindungen hat uns der Film längst eingeweiht: Wir schauen nun auf sie hinter dem Fenster, ein Fenster, wie Sue Gillett schreibt, das nicht mehr für ihre (Selbst) Einsperrung steht: Ihr Selbst besteht nicht in den äußeren Zeichen der Gestik, der Kleidung, des Aussehens, der Zähne, der Haare, der Konversation, sondern im Prozess des Schreibens.

## In the Cut: Eine Flaneuse in der Großstadt

Die Realisierung von In the Cut, nach dem gleichnamigen Roman von Susanne Moore, bringt 2002 eine Wende ins berufliche Leben der Regisseurin: Sie dreht zum ersten Mal in New York und arbeitet nach der langjährigen Zusammenarbeit mit Janet Patterson mit einer neuen Kostümdesignerin, Beatrix Aruna Pastor. Zumal war In the Cut der erste Film, der nach dem 11. September eine Drehgenehmigung für Manhattan erhielt, nachdem die Dreharbeiten vom Winter 2001 auf den Sommer 2002 verschoben wurden. Die Gefährdung, die sich zu dem Zeitpunkt in die Stadt eingeschrieben hatte, scheint auch über den Protagonist:innen im Film wie eine dunkle Bedrohung zu hängen.

In Anlehnung an Michel de Certeaus Prämisse, dass «jede Geschichte eine Reisegeschichte ist – eine räumliche Praxis -», schlägt Giuliana Bruno vor, dass «der Film die ultimative Reisegeschichte ist. Filmerzählungen versetzen uns immer an einen Ort, Filmschauen ist eine imaginäre Form der Flânerie» (Bruno 2008: 14). Und tatsächlich ist Frannie (Meg Ryan), die Protagonistin von In the Cut, eine moderne Flaneuse: Sie wandert von einem Ort zum anderen, von einer Zeit zur anderen, von einem Genre zum anderen. Ihr lässiger Gang, ihr trance-ähnlicher Blick suggerieren den permanenten Erschöpfungszustand einer urbanen Nomadin. Ihre Outfits schwanken demnach zwischen bewusster Anonymität und ausgesuchter Funktionalität: Sie trägt knielange Röcke, zugeknöpfte Blusen und flache Ledersandalen, die sie schnell und leise auf dem urbanen Asphalt voranbringen. Die winzigen, runden Brillen verleihen ihr die professionelle Ausstrahlung der Englischdozentin, die Frannie mit selbstbewusster Nüchternheit vor ihren Studierenden verkörpert: In einem ärmellosen, armeegrünen Jersey-Etuikleid, an den Hüften gegürtet, fordert sie ihre Studierenden auf, Virgi-

nia Woolfs *In the Lighthouse* zu lesen (Abb. 28). Ein Student ruft unverfroren aus: «Es passiert nichts! Nur eine alte Dame stirbt.» «Wie viele Frauen müssen denn sterben, damit es gut wird?», erwidert Frannie. «Mindestens drei», scherzt ein anderer Student. Was hier noch wie ein pubertäres Geplänkel klingt, verweist subtil auf das Vorantreiben der Filmerzählung: Drei Frauen werden sterben müssen. Jane Campion lässt hier zum Beginn unserer «Reise» Spuren einfließen, die uns später Erlebnisräume eröffnen werden.

Nicht zufällig hat Frannie an die Tafel einen Leuchtturm in Rot gezeichnet, eine weitere, noch scheinbar bedeutungslose Spur auf dem Weg unserer Wanderung. Was kündigt sich in der Farbe Rot an? Und wofür steht der Leuchtturm, ist es eine Warnung oder ein etwas plakatives phallisches Symbol? Die Studierenden hängen an Frannies Lippen, die allerdings nicht rot bemalt sind, ihre Bobfrisur wirkt felsenfest, nahezu wie ein Helm: Die Art und Weise, wie sie sich präsentiert – undurchdringlich, verschlossen – erzählt eine Geschichte über ihre emotionale Verfassung. Aber noch viel mehr. Das Kleid, das Frannie trägt, ihre Haargestaltung, ihr Stil fassen auch die Bedeutung der Mode im Leben der westlichen Frauen im späten 20. Jahrhunderts zusammen. Frannies Etuikleid wirkt elegant, aber hochgeschlossen, lässt sie kontrollierend und kontrolliert erscheinen, ihre Arme sind aber nackt, irgendwo strahlt sie eine anspruchsvolle Sinnlichkeit aus. Spiegelt sich also darin ein ambivalenter, post-feministischer Narzissmus? Frannies zurückhaltende Körperästhetik erinnert tatsächlich an die sogenannte minimalistische Mode, die als Fin-de-Siècle-Phänomen Designer:innen wie Prada und vor allem Helmut Lang hervorbrachten.

Sie kreierten einen emanzipierten weiblichen Körper, der sich nicht für den heterosexuellen männlichen Blick opulent inszeniert, in dem sich jedoch der Begriff der Erotik auf andere, subtilere Weise entfaltet. Es sind die nahezu unsichtbaren Details im Gegensatz zu den groben, porösen Materialien, die Einfachheit der Schnitte, die eine androgyne Silhouette formen: Lang schneidet in seine Modelle Schlitze ein, die die Haut an ungewohnten Stellen entblößen, die konkreten Grenzen zwischen Nacktheit und Schutz werden fließend, intime Körperzonen werden sichtbar. Nicht zufällig haben Helmut Lang und die Konzeptkünstlerin Jenny Holzer in ihrer Zusammenarbeit das Gewaltsame von Verletzlichkeit und Intimität thematisiert. Die beiden kamen zum ersten Mal zusammen, als sie die Installation für die Biennale in Florenz 1996 mit dem Titel *I Smell You on My Clothes* kreierten. In einem geschlossenen Raum versprühte Lang ein Parfüm, das den Geruch eines Liebhabers auf dem Bettlaken evozieren sollte, und Holzer produzierte ein LED-Schild mit den Ausrufen: «DU BIST DERJENIGE», «DU BIST DERJENIGE, DER MIR DAS ANGETAN HAT», «DU BIST MEIN EIGENTUM». Dieser Moment markiert den Beginn von Langs kultigen Düften und zugleich den Beginn ihrer kreativen Partnerschaft. Sie lassen Körper und Worte miteinander kollidieren, (Kleider-)Mode wird zu einer Oberfläche, die die Grenzen der Materialität des Körpers überschreitet, Worte wiederum werden zu Texturen, die Sprache und Körper miteinander verbinden und geradezu schockartigen verflechten.

Frannie (Meg Ryan) ist in Worte verliebt. Sie lässt sich von der Poesie leiten, von ihrem Rhythmus einnehmen, von den Gedichtfragmenten, die sie aus Büchern ausschneidet und von U-Bahn-Wänden sammelt, hypnotisieren. Das New York, das Frannie durchquert, trägt die Zeichen des rezenten Traumas, ist übersät mit den symbolträchtigen amerikanischen Flaggen, die nach zwei Jahren ständiger Zurschaustellung nun zerfetzt sind, und auch die stolzen Farben sind inzwischen verblasst. Das düstere Stadtbild, das evoziert wird, enthält jedoch viel subtilere Nuancen, als ob in jenem traumatisierten New York Bilder aus verschiedenen Filmen simultan zitiert werden, aus disparaten Epochen und Genres. McHugh (2007: 134) weist beispielsweise auf das Lied «Que Sera Sera» hin, das ursprünglich für Hitchcocks THE MAN, WHO KNEW TOO MUCH (DER MANN, DER ZU VIEL WUSSTE; 1956) geschrieben und von Doris Day gesungen wurde. Die dissonante Version im Vorspann von IN THE CUT, gesungen von China Forbes, desorientiert uns mit einer verzerrten Hitchcock-Erinnerung. Was wir gleich danach sehen, ist eine verlassene Uferpromenade am frühen Morgen, mit Müll übersäte Straßen, mit Graffiti verschmierte Gebäude: körnige Bilder, die in ihrer Unruhe ihre eigene Künstlichkeit betonen. Sie wirken wie Bilderfragmente, ineinandergreifende Filmerinnerungen der Stadt, die zwischen Fiktion und Wirklichkeit oszillieren und die subjektive Verwirrung der Protagonistin, die sich in dem urbanen Raum treiben lässt, reflektieren. Es ist, als ob Frannie einen Halt in den Worten sucht und ihn in den Mäandern der Stadt findet: Sie taucht in die dunkelsten Ecken ein, steigt Treppen hinunter und wieder hoch, vielleicht verliert sie sich absichtlich in deren Tiefen und verwandelt sich buchstäblich in eine Grenzgängerin.

In der U-Bahn fällt ihr Blick auf die Poetry in Motion, die im Waggon vorliegt: Sie schaut auf einen Auszug aus einem Gedicht von Federico García Lorca, die Kamera folgt den Zeilen Wort für Wort, während ihre Stimme aus dem Off liest: «The still waters of the water under a frond of stars / The still water of your mouth under a thicket of kisses.» Als sie aussteigt, hält sie auf dem Bahnsteig inne und notiert den Satz in ihrem Notizbuch. Die Kamera fokussiert in einer extremen Nahaufnahme auf die Spitze ihres Kugelschreibers, während sie die Worte auf dem Blatt schreibt, wieder begleitet von ihrer Stimme, die die Zeile wiederholt. Aus der Perspektive der subjektiven Kamera führt uns Frannies Stimme in das Körperhafte der Worte ein und zugleich in die verwinkelten Wege sexueller Beziehungen zwischen Männern und Frauen. Es ist Frannies Blick, der die urbane Landschaft neu definiert und eine subjektive Topografie von Emotionen und Sehnsüchten festhält: Körper rauschen an ihr vorbei, verschwinden wieder, stellen für einen Augenblick Beziehungen her, lassen sie Berührungen imaginieren, jenseits realer Körperkontakte, werden zu Formen des Übergangs, die durch ihre Schritte als Flaneuse in Gang gesetzt werden. Dann sehen wir, wie Frannie die U-Bahn-Station verlässt und den straffen Bauch eines jungen Mannes unter einem zerrissenen T-Shirt sieht, auf dem das Wort «Küsse» steht, der Schnitt in dem Stoff erscheint wie die Klinge eines Messers: eine Warnung vor ihren abgründigen Wünschen, eine Begegnung mit den Phantasmen aus ihrer Innenwelt?

Das Wort «Schnitt» (Cut) kehrt immer wieder: «Er schnitt ihr den Hals durch», «Es ist nichts, nur ein Schnitt», «Sie hatte langes blondes Haar, bevor sie es schneiden ließ.» Die Sätze klingen wie Schnittstellen von Poesie und Prosa, markieren Frannies Bewegungen als Kommentar und Warnung zugleich. Immer wieder wird Frannie bei ihrem Durchstreifen der Stadt mit Grenzüberschreitungen konfrontiert. In der Regel bilden Geschichten von Grenzüberschreitungen die Grundlage von Horrorfilmen oder Thrillern, in IN THE CUT stellt Campion Genrekonventionen auf den Kopf und durchkreuzt gewohnte Erwartungen. Vielleicht war dies der Grund für die negativen Rezensionen, die der Film, überwiegend von männlichen Filmkritikern, bekam. Der Hauptaspekt der Kritiken betraf nicht zufällig das Genre des Films. Offensichtlich wurden die allgemeinen Erwartungen der Rezensenten schwer enttäuscht, sowohl in Bezug auf den Verlauf der Geschichte als auch auf den Einsatz der Kamera. Das Genre von IN THE CUT war auch für verschiedene Filmwissenschaftler:innen ein Thema, worüber intensiv diskutiert wurde. Linda Williams schrieb eine detaillierte und ausführliche Analyse des Films und wies darauf hin, dass *Variety* IN THE CUT schon in den Vorproduktionsberichten als Erotik-Thriller bezeichnet hatte, doch zum Zeitpunkt seiner Erstaufführung wurde er als sprödes Autorenkino vermarktet (2005: 347). Damit wurde dem Film jegliche mögliche Zuordnung zu einem bestimmten Genre abgesprochen, da Jane Campion zu dem Zeitpunkt als eine der prominentesten Repräsentantinnen des sogenannten Frauenkinos galt. Und doch sprengt die Regisseurin die Genregrenzen einerseits und die einschränkende Etikette des feministischen Autorenkinos andererseits: IN THE CUT ist ein Thriller und doch nicht; ist ein Film noir, aber nicht wirklich; evoziert das Gothic-Genre und wieder nicht. Zumal enthält der Film auch Schwarz-Weiß-Einlagen, die in der Regel zum experimentellen Kino gehören.

Die Szenerie des Films gleicht einer Albtraumwelt, die an die Städte des Noir-Genres erinnert. Darin sammelt Frannie als unkonventionelle Ermittlerin und urbane Wanderin zugleich Bruchstücke und Fragmente, aber ihre Ermittlungen haben keine logische Abfolge, wie in einem üblichen Thriller: Es geht um ihr Erleben und Wahrnehmen von Bildern und Worten. Frannies besonderes Interesse an Slang und Poesie, und die Tatsache, dass sie Literatur unterrichtet, sind in diesem Zusammenhang ebenfalls von Bedeutung. In einer Welt, in der Frauen ermordet und zerlegt – wie Detective Malloy Frannie schonungslos als «desartikuliert» werden beschreibt –, eröffnet Frannie eine andere Form von Sprache, eine Fluchtlinie. Sie wehrt sich gegen die Desartikulation, die das Patriarchat auf Frauen ausübt und erforscht marginalisierte Sprachformen, die ihr Zugang zu anderen Erkenntnissen verschaffen. Sie untersucht den urbanen Slang als organische Materie im stetigen Wandel und testet dabei Grenzen aus. Ihr afroamerikanischer Student Cornelius unterstützt sie bei ihrer Erkundung von Slang-Ausdrücken, die «entweder sexuell oder gewalttätig» sind. Frannie will den Slang gerade in seiner Brutalität erfassen, ihn zerlegen, «desartikulieren». Bei ihrer Reise durch die labyrinthische Welt der Stadt und der Sprache verbiegt die Regisseurin buchstäblich die übliche Grammatik des Genres. Die Ermittlungen, die im Film stattfinden, entsprechen keiner Sammlung von Fakten und konkreten Beweisen, sie basieren auf den freien Assoziation von Frannies Erlebnissen.

Auf den ersten Blick erscheint Frannie als emanzipierte, intellektuelle Singlefrau des frühen 21. Jahrhunderts, die die Stadt durchquert und sich mit einer Art lustvoller Passivität dem urbanen Raum hingibt. Eine Verwandtschaft mit Antonionis Frauenfiguren aus den 1960er-Jahren scheint deshalb nicht sofort augenfällig. Doch Frannie hat viel gemeinsam mit Claudia aus L'AVVENTURA (1960) und mit Lidia aus LA NOTTE (1961): Sie alle verkörpern «weibliche nomadische Subjektivität» (Bruno ebd.), die jenseits der Zeit, die sie trennt, eine andere Ästhetik des filmischen urbanen Raumes etabliert. Mit ihrem sinnlichen Wandern durch die Stadt behaupten sie über Zeit und Raum ihre eigene Beziehung zur Welt.

Monica Vitti als Claudia in L'Avventura klettert auf raue, zerklüftete Felsen, steigt flink in Züge ein, schlendert mit zurückhaltender Eleganz durch Straßen und Hotelflure und strahlt stets eine subtile Dynamik aus: Ihre geradegeschnittenen, knielangen Röcke und schlichten Pullis zeugen von der Sensibilität der Kostümbildnerin Adriana Berselli, bei der Gestaltung der Figuren die disparaten Anregungen aus zeitgenössischen Modetrends zusammen zu bündeln und in die weibliche Silhouette innovativ einzuweben.

Die blonde Claudia ist das Gegenbild ihrer brünetten Freundin Anna (Lea Massari): Nach 25 Minuten verschwindet Anna von der Äolischen Insel, wo sie und ihre Freunde mit ihrem Boot eine Pause eingelegt haben, und zugleich auch aus der Erzählung. Antonioni konstruiert eine existenzielle Landschaft, die auf dem metaphorischen Übergang von einer Figur zur anderen beruht. Das Ineinanderaufgehen der Identität von Anna und Claudia vollzieht sich durch einen erzählerischen Kunstgriff, Annas Verschwinden und die darauffolgende Suche nach ihr. Durch die Sprache der Kostüme und die außergewöhnliche Arbeit seiner Kostümbildnerin setzt Antonioni das Thema der Verdoppelung in Szene: Er offenbart die Dualität seiner Frauengestalten an ihren Körpern in Bewegung, die sich der patriarchalischen Normen zu entziehen versuchen, ihr Begehren nicht verleugnen, die Täuschung in den Beziehungen erkennen und sich auf die Materialität ihrer Körper konzentrieren. Ihre Haut umschließt buchstäblich eine moderne, weibliche Körperlichkeit: Sommersprossen, unruhige, nervöse Beine, Rücken, die, von V-förmigen Ausschnitten betont, als mysteriöse, schimmernde Oberfläche erscheinen, und eine neue Formensprache der modischen Selbstdefinition.

In La Notte wandert Lidia (Jeanne Moreau), durch einen trägen Gang gekennzeichnet, allein durch die Stadt, lang und ziellos, versucht, den urbanen Raum durch verborgene Klänge zu empfinden, und streichelt auf ihren Streifzügen durch die Armenviertel des alten Mailand die Oberflächen alter, verlassener Gegenstände, sucht vielleicht in diesen vergessenen Räumen nach einem verlorenen Selbst. Die Landschaft, die sie auf ihren eleganten Sandalen mit hohen Absätzen langsam durchläuft, ist zersplittert in eine Abfolge stiller, losgelöster Bilder. Irgendwann trifft sie auf eine Gruppe junger Männer, zwei beginnen zu kämpfen, Lidia schaut zu, fordert auf aufzuhören, scheint in ihrem lässigen Sommerkleid mit Rückenausschnitt gefährdet. Die Männer hören auf, einer nähert sich ihr, bedrohlich, sie läuft weg, mischt sich unter Kinder, die eine Rakete in den Himmel steigen lassen. Später trifft Lidia auf einer großbürgerlichen Feier Valentina (Monica Vitti), die Tochter des reichen Gastgebers, der Lidias Mann Giovanni (Marcello Mastroianni), einen Schriftsteller in der Krise, zu seinen

**29** In the Cut

Diensten haben will. Und Giovanni findet sich plötzlich zwischen zwei Frauen in ähnlichen schwarz-leuchtenden Abendroben, sie spiegeln sich ineinander, während die Kamera mit taktilem Beharren auf ihren Rücken, ihren nackten Schultern, ihren Händen, sie zu begreifen, ihre Wünsche, ihre Empfindungen, ihre Beziehung zur Welt sichtbar zu machen, (ver)sucht.

Und lassen sich nicht auch Frannie und Pauline in In the Cut in der Zerrissenheit ihres Frauseins begreifen? Frannie und ihre Halbschwester Pauline (Jennifer Jason Leigh) erscheinen gegensätzlich und doch innig verbunden. Sie schreiten zusammen durch die Straße, ihre Hände sanft ineinander verschränkt, Frannie in ihrem braunen Trenchcoat verhüllt, läuft auf ihren Sandalen mit entschiedenen Schritten, Pauline, in ihrem mohnroten Kleid mit tief ausgeschnittenem U-Ausschnitt, das sich eng an ihre Hüften schmiegt, führt ihren geschmeidigen Gang auf Pfennigabsätzen vor: Körperbilder, die auch von gegensätzlichen Vorstellungen von Sexualität, Romantik und Beziehungen erzählen (Abb. 29). Wieder begegnet uns ein wiederkehrendes Motiv in Campions Universum, eine Verdoppelung von konträren (Spiegel-)Bildern: Pauline ist die Begehrende, Frannie die sexuell Unzufriedene, Pauline schläft mit ihrem Analytiker und definiert sich über Sex, Frannie fristet ein sexloses Singleleben und vermeidet in die Tiefe ihrer Sehnsüchte zu schauen.

«Protect me from what i want»: Die elektronische Installation von Jenny Holzer, die 1982 in Time Square zum ersten Mal erschien, könnte einen Satz darstellen, in dem sich Frannies Leidenschaft für Worte, ihre verdrängten Wünsche und zugleich ihre selbstschützende Haltung manifestieren. Pauline dagegen ist ihren Sehnsüchten völlig ausgeliefert.

Während ihres Gesprächs in Paulines Wohnung kreist die Kamera um die zwei Schwestern, heftet sich an ihre Körper, schlüpft nahezu in ihre Haut, nimmt ihre choreografierten Bewegungen auf und kreiert Körperkonfigurationen, die an Antonioni-Frauen und an deren Verdoppelungen erinnert. Frannie erzählt Pauline, dass Malloy, der Detective der Mordkommission, der sie nach einem Frauenmord in ihrer Gegend befragt hat, sie zu einem Drink eingeladen hat; Paulines Gesicht strahlt, sie fragt: «Möchtest du dir ein anständiges Kleid ausleihen?» Das bedeutet, dass Frannie sich in ein weißes, tiefausgeschnittenes Kleid mit roten Blümchen zwängt, das ohne BH getragen wird, der Saum berührt knapp ihre Oberschenkel, die Träger rutschen von ihren schmalen Schultern ab. Sie steigt in rote, eckige High Heels, in denen sie kaum laufen kann, und wartet an dem Bürgersteig auf Malloy. Bevor er Frannie mit seinem Polizeiauto abholt, schaut Malloy auf sie in dem ausgefallenen Kleid im Rückspiegel (Abb. 30): Ist Malloy von Frannies Verwandlung verunsichert, überrascht, erregt? Oder ist es der voyeuristische Blick des potenziellen Mörders auf sein Opfer? Es ist auf jeden Fall eine Anspielung auf den anonymen Blick, der Frannie ständig durch die Straßen folgt, sie durch den Rückspiegel eines Autos und sogar in ihrer eigenen Wohnung ausspioniert. Es ist ein fremder Blick, der das intime und tägliche Leben der Protagonistin überwacht. Die Frage, wem dieser voyeuristische Blick gehören könnte, stellt sich im Laufe der Handlung immer häufiger, denn er könnte mehreren Männern gehören, die Teil von Frannies Leben sind und sich alle verdächtig verhalten.

Die Überwachung der weiblichen Protagonistin – typisch für das Genre Noir – weist Parallelen mit Alan Pakulas kultigem Thriller Klute auf: In dem

Film von 1971 spielt Jane Fonda Bree Daniel, ein Call Girl, dass sich nebenbei als Schauspielerin versucht. Molly Haskell stuft Bree als «Neo-Frau» ein, «hin- und hergerissen zwischen dem Negativen und dem Positiven des feministischen Bewusstseins – Wut auf die alte Ordnung, Hoffnung auf die neue – [...] wie betäubt, in einem emotionalen und kulturellen «Stillstand», einem Tod. Aber aus diesem Tod, aus der Asche ihres Opfers, wird die neue Frau geboren werden» (Haskell 1987: 41). Ist Frannie eine zeitgenössische Version von Bree?

In dem ersten Bild von KLUTE sehen wir in einer Nahaufnahme ein Tonbandgerät. Pakula legt nach und nach die Tropen der Überwachung und des männlichen Voyeurismus fest: die Ermittlungen, der Privatdetektiv, die Tonbandaufnahmen von kompromittierenden Telefongesprächen und die weibliche Protagonistin Bree, die im Zentrum des männlichen Blicks steht. Ihr Gefühl beobachtet zu werden, wird in KLUTE zum strukturierenden Element des Genres. Im Interview mit Lizzie Francke (2003: 19) offenbart Jane Campion, dass Frannies Körperinszenierung an dem von der legendären Ann Roth kreierten ikonischen Look für Jane Fonda in KLUTE inspiriert ist. Roth entwarf für Jane Fonda Miniröcke, Spitzenblusen und streng geschnittene Trenchcoats und brachte sie zum Kult-Hairstylisten Paul McGregor im hippen Greenwich Village der frühen 1970er-Jahre, der ihr die markante, heute kultige Bobfrisur verpasste (Bosworth 2011: 297). Bei diesem radikalen Haarkonzept wurde nicht nur Bree als Charakter geschaffen, es bedeutete vielmehr die Konstruktion eines neuen Selbst für Jane Fonda, die sich kurz davor von Roger Vadim scheiden ließ und sich in einem Prozess der Selbstsuche befand. Auch für Meg Ryan wurde der Haarschnitt Frannies zum Zeichen ihres Aufbruchs in eine neue (Star-)Identität, von der blonden Protagonistin der Romcoms der 1980er-Jahre zur widersprüchlichen, modernen Frau mit dunklen erotischen Fantasien. Je mehr Frannie sich ihren erotischen Obsessionen hingibt, desto mehr wird ihre Kleidung freizügiger und sie verletzlicher, schließlich kommt sie dem Tode nahe, wie Bree.

Filmkostüme sollen nach Jane Gainor in einem Spannungsverhältnis zur Erzählung des Films gedeutet werden: Aus ihrer Sicht fungiert die Kleidung nicht nur als zentrales Zeichen der inszenierten Filmidentität, sondern im Kontext der Erzählungsökonomie auch für deren Tarnung (Gaines/Herzog 1991: 188–211). Nach diesem Konzept scheint Beatrix Aruna Pasztor, die bis dahin eine intensive Kollaboration mit dem Regisseur Gus Van Sant verband, für IN THE CUT eindrucksvoll gearbeitet zu haben. Ihre Kostümdramaturgie lässt die Verwundbarkeit der Figuren und zugleich ihre Ambivalenzen progressiv ans Licht kommen.

Nach einem zweiten Frauenmord wird Pauline als drittes Opfer des Serienkillers brutal ermordet. Die tief bestürzte Frannie verdächtigt nun offen Malloy. In ihrer dunklen Verzweiflung betrinkt sie sich und legt nach und nach alle ihre Schutzschichten ab. Als Cornelius sie aufsucht, lässt sie sich auf eine Umarmung ein, er hofft auf Sex, aber Frannie zieht sich im letzten Moment zurück. Cornelius wird wütend und bedrohlich, verlässt aber schließlich Frannies Wohnung. Als Malloy trotz ihres Verdachts wieder bei ihr aufkreuzt, führt sie eine radikale Performance vor: Sie lässt ihre bis dahin verdrängte Seite an die Oberfläche kommen, staffiert sich mit «exzessiven» Weiblichkeitsrequisiten aus, steigt in schwindelerregende Stilettos und sucht sich aus dem Schrank, was Pauline gehörte: ein schickes, seidiges Neckholderkleid mit roten Mustern. Sie stöckelt provokant herum, die Bänder des Kleides schwingen zwischen ihren nackten Schulterblättern, schließlich fesselt sie Malloy mit seinen Handschellen am Heizkörper. Sie setzt sich auf ihn, ihre Lippen sind tiefrot bemalt -und beginnt mit ihm Sex zu haben, befiehlt ihm aber, sie nicht zu berühren, was ihn zu der Aussage veranlasst, dass er gerne «in the cut» schaut. Ein Hinweis auf Frannies bevorstehende Bestrafung für ihre offensive Sexinszenierung? Als sie nach dem Sex wieder von dem Verdacht geplagt wird, dass Malloy der Mörder ist, verlässt sie die Wohnung und den dort gefesselten Malloy. Sie fällt in die Hände des echten Mörders, kann ihn doch überraschend beseitigen und sich retten, im Gegensatz zum Roman, in dem Frannie der perversen Logik des männlichen Bedürfnisses nach sozialer und sexueller Kontrolle des klassischen Noirs erliegt.

In Jane Campions Verfilmung setzt Frannie ihren neugierigen, herausfordernden Blick gegen die gewalttätige Frauenfeindlichkeit, die sie umgibt, ein. Dabei entfalten sich die Suggestionen, die durch den Blick einer leidenschaftlichen urbanen Zuschauerin entstehen: Sie versucht durch ihre eigenen Ermittlungen die urbane Gefährlichkeit zu begreifen, dabei wird ihre weibliche Subjektivität neu definiert. In IN THE CUT stellt Campion das selbstverständliche Verhältnis zwischen Sehen und Wissen auf den Kopf, was in diesem Fall auch eine Kritik an einer medialen Visualität bedeutet, die mit ungleichen Geschlechterverhältnissen verwoben ist. Der Film wendet sich gegen die patriarchalische Hegemonie in der Bildsprache des Genres, die buchstäblich zerlegt wird. Denn in Frannies Reise geht es nicht um das Streben nach Wohlbefinden, eine erlösende moralische Erkenntnis oder die Wiedereingliederung in den patriarchalischen Diskurs. Es ist eine Reise in ihr eigenes Inneres, wenn auch, wie Gillet bemerkt, «durch die Tötungsfelder des phallozentrischen Imaginären» (ebd.).

IN THE CUT endet zwar mit der Rückkehr Frannies zu ihrer Wohnung und dem gefesselten Malloy, also mit der Möglichkeit einer Beziehung in Frannies Zukunft. Die Tür aber, hinter der wir uns auf den Weg zum weiblichen Imaginären begeben haben, schließt sich wieder. Frannie erscheint unversehrt, wirkt aber in einem tranceartigen Zustand, ihre Arme und Beine sind mit Blut verklebt, ihre rot verschmierte Haut vermischt sich mit dem tiefen Purpurton ihres Kleides... ist es vielleicht ein Traum? So wie Ada in THE PIANO und Isabel von PORTRAIT OF A LADY schwebt auch Frannie am Ende in einem fluktuierenden Zustand, was uns zum nächsten Kapitel über die Kostümbildnerin Janet Patterson führt.

# «Sie ist genial.»
# Janet Pattersons ikonische Kostüme im Campion-Kosmos

«Wenn man jemandem so Einzigartigem wie Janet begegnet, vergisst man dieses erste Mal nie. Ihr herrliches Lächeln, ihre Herzlichkeit, ihre Stärke. Sie war groß, hatte schwarzes Haar und tiefbraune Augen, die alles sahen. Sie war mutig, herausfordernd, nachdenklich und unermüdlich. Janet hatte ein geniales Gespür für die Geschichte, den Charakter und ihre(n) Regisseur:innen. Vor allem aber war sie eine Visionärin. Sie war extrem und kühn in ihrer Bescheidenheit, subtil und witzig. Ihre Vision ging zum Kern des Werks und erhob die Welt, ohne sie zu vermenschlichen» (Campion 2016). Jane Campion erinnerte in einem Nachruf in *The Sidney Morning Herald* 2016 an ihre verstorbene Freundin und Kostümbildnerin Janet Patterson und an den Beginn ihrer Freundschaft in den 1980er-Jahren, als Janet Patterson, die Produzentin Jan Chapman und sie für das australische Fernsehen zusammenarbeiteten und zu einem unzertrennlichen Trio wurden. Schon damals zu Beginn ihrer Arbeit als Kostümbildnerin blieb Janet Patterson lieber im Hintergrund und zog es vor, ihre Kostüme für sie sprechen zu lassen.

Es gibt tatsächlich kaum Fotos von ihr, Interviews gab sie auch nur selten. In einem ihrer letzten Interviews (McElheny 2010) verriet sie – auf die Frage, welche ihre Lieblingsmodedesigner:innen seien –, sich mit der Mode des Dekonstruktivismus sehr verbunden zu fühlen, mit dem japanischen Trio Rei Kawakubo, Issey Miyake und Yohji Yamamoto und einigen belgischen Designern, Dries van Noten bewundere sie besonders. Ein Statement, das für eine Spezialistin des 19. Jahrhunderts zumindest überrascht: Wie passt die präzise Rekonstruktion von Wespentaillen und in Volants und Spitzen umhüllte Körper mit der radikalen Formsprache der dekonstruktivistischen Mode der 1980er-Jahre zusammen? Wie lässt sich diese eigenwillige Inspiration hinter den akkurat rekonstruierten historischen Sanduhr-Silhouetten Pattersons aufspüren?

# Dekonstruktivismus in der Mode

Tatsächlich, als in den 1980er-Jahren Rei Kawakubo für Comme des Garçons, Issey Miyake und Yohji Yamamoto ihre Kollektionen in der westlichen Welt präsentierten, unterschieden sich ihre Körperkonzepte kompromisslos von dem Körperideal und den Kleidungskonventionen des Westens. Sie strebten an, die europäische Körperästhetik zu dekonstruieren, mit ihrer Bildsprache forderten sie konventionelle Vorstellungen von Schönheit heraus und beeinflussten maßgeblich eine Neufassung der Mode als Kunstform (vgl. Vinken 1993: 119–141). Bis dahin waren die Grundlagen der Haute Couture in Europa und Amerika unangefochten geblieben, in der japanischen Konstruktion fehlten auf einmal die stark sexualisierten Passformen, Ausgewogenheit, Verarbeitung, unsichtbare Schneiderei und komplementäre Farben und Muster, die mit westlichen Vorstellungen bis dahin verbunden waren. Stattdessen brachte die Mode aus der östlichen Welt Unvollkommenheit, Vergänglichkeit, Strenge und Rauheit zum Ausdruck. Die deformierten, wie geschwollen wirkenden, mit schrägen Volumen und dissonanten Asymmetrien gezeichneten Körper von Yamamoto und Kawakubo waren ein Schock für viele, aber eine Offenbarung für junge, visionäre belgische Designer, die damals noch am Rande der internationalen Modeszene arbeiteten. Unter den neuen Impulsen und dem Glauben, dass es andere, weniger konventionelle Wege als die des etablierten Modesystems geben würde, verließ die revolutionäre Gruppe der Antwerp Six ihren Standort Antwerpen und ging nach London, auf der Suche nach einer Bühne, die für den Ausdruck ihrer Modephilosophie empfänglich war.

So begann eine neue Welle, die die Grundlagen der westlichen Mode und die Paradigmen, die von der Haute Couture etabliert und bereits von den japanischen Designer:innen erschüttert wurden, noch radikaler infrage stellten. Ganz besonders ein Designer der belgischen Schule sollte in jenen Jahren, die von dem japanischen Trio initiierte Poetik der Dekonstruktion noch weiterführen: Martin Margiela. Margiela fand seine eigene Stimme durch eine eigenwillige Ästhetik. Er maximierte die Dekonstruktion und Zerlegung, die von Kawakubo, Miyake und Yamamoto initiiert wurden, und machte diesen Prozess zu einer Form der Reflexion; er entfernte Elemente wie Ärmel oder Kragen von ihrem gewohnten Ort und brachte sie in ganz ungewöhnliche Kontexte. Es ging in der jeweiligen Kreation nicht nur um das Endergebnis, sondern auch um den gesamten Designprozess und die verschiedenen Produktionsschritte. Die Kreide, die den Stoff markierte, selbst die Heftstiche wurden in dem Kleidungsstück sichtbar, wodurch das Unfertige, das Zufällige hervorgehoben wurde. Die Erinnerung an ein bestimmtes Kleidungsstück aus der

Vergangenheit spielte eine aktive Rolle im Designprozess, es wurde wiederverwendet und erhielt ein neues Leben, beispielsweise wenn Farbe auf den Stoff aufgetragen oder wenn es in Verbindung mit einem neuen Element gebracht wurde. Die Tabi-Stiefel, seit über 20 Jahren eines der kultigsten Stücke aus dem Maison Martin Margiela und in verschiedenen Variationen hergestellt, sind von den japanischen Tabi inspiriert – knöchellange Socken, die mit einer Trennung zwischen dem großen Zeh und den anderen Zehen geformt sind (Hughes 2023).

Der Aspekt der Vergänglichkeit, der in den frühen Arbeiten von Yamamoto und Kawakubo durch die dekonstruierte Struktur der Kleidungsstücke – Asymmetrien, Risse, ausgefranste Kanten, Knoten und unebene Säume – zum Ausdruck kam, wurde bei Margiela noch extremer unterstrichen.

Auch in seinen Fashionshows kehrte er den konventionalisierten Inszenierungsformen des etablierten Modesystems den Rücken. Im Herbst 1989 inszenierte Martin Margiela auf einem heruntergekommenen Spielplatz am Stadtrand von Paris eine Show, so wie die Modewelt sie noch nie gesehen hatte: Die erste Reihe war voll mit Kindern aus dem Viertel, der Laufsteg war uneben, die Models stolperten darauf. Die Bühne für die Kollektion, deren Entwürfe aus weißen kittelähnlichen Gürtelmänteln und extrem weiten Hosen bestand, die alle ausgefranst und unfertig aussahen, war ein Ödland mit Graffiti-Wänden und kaputter Kulisse (vgl. Samson 2018: 57).

In Margielas Kreationen und seinen Präsentationen trafen sich Dekonstruktivismus und Vergänglichkeit, surrealistische Motive und Secondhand-Elemente. Getreu der Doktrin der Anonymität ließ Margiela für seine Shows oft nicht-professionelle Models laufen, deren Gesichter mit Masken, Schleiern oder bedruckten Streifen bedeckt waren: Die prägenden Ikonen der Fashion Shows wurden ihrer Verführungskraft beraubt. Ihre anonymisierten Körper erschienen in den überbordenden Konstrukten, die sie umschlossen, wie in Käfigen eingesperrt. Wie Barbara Vinken betont, demontiert Margiela die Inszenierung fetischisierter Weiblichkeit, indem er seine Models als Schneiderpuppen, gesichtslose Puppenkörper auftreten lässt (Vinken 2012: 123–141). Er greift Leitmotive im surrealistischen Kosmos auf, den weiblichen Körper als Projektionsort erotischer Fantasien und Geheimnisse, das Begehren des fleischlichen Körpers und zugleich seine Abwesenheit.

Margiela selbst entschied sich von Beginn an, sein Gesicht nicht öffentlich zu zeigen. Die wenigen Bilder, die heute im Netz von ihm zirkulieren, sind Schnappschüsse aus den 1980er- und 1990er-Jahren. Immer versuchte er, dem Rampenlicht zu entkommen, gesichtslos zu bleiben. Heute sind es seine Kreationen, die für ihn sprechen. Auch die späteren Interviews mit Vertreter:innen des Maison Margiela, das er 2009 verließ, sind in der ersten Person Plural formuliert worden, wie das berühmte Motto «We Margiela», das auch Gegenstand eines Dokumentarfilms ist (Meijer 2017).

Margiela hat mit seinen revolutionären Mode-Konzepten und nicht mit der Inszenierung seiner Person die Mode des späten 20. Jahrhunderts geprägt und bahnbrechend erneuert.

## Martin Margiela: Janet Pattersons Seelenverwandter?

Es gibt offenbar eine unausgesprochene Seelenverwandtschaft zwischen Janet Patterson und Martin Margiela: Bei ihren Filmkostümen ging es ihr nie um modehistorische Genauigkeit, sie lieferte stets in Stille das maßgeschneiderte Konzept zu der jeweiligen Inszenierung. Nicht zufällig war sie bei der Zusammenarbeit mit Jane Campion sehr oft auch für das Produktionsdesign verantwortlich. Janet Patterson schöpfte aus Konventionen und materieller Kultur, hinterfragte deren Prinzipien, um bei der Kreation von Körperbildern und Innenräumen komplexe Modelle von Individualität, Handlungsoptionen, Zeit und Raum zu entwerfen. Ihre Kostüme inkorporierten umfassende Recherchen über Epochen und deren Diskurse über Geschlechterbilder und Geschlechterverhältnisse, und über die Strategien der Mode, die, im Einklang mit dem jeweiligen kulturellen Diskurs, Körper konstruierten. Sie konnte jedes Mal die Filmfiguren in einen zwar präzis rekonstruierten modehistorischen Kontext einbetten, die kostümierten Körper aber mit subtilen Verweisen auf komplexere Zeichensysteme ausstatten – nach eigener, origineller Kunstfertigkeit.

Wie bei Martin Margiela, Schweigen war bei ihr die Regel, ihre Kostüme sollten für sie sprechen. Wie Margiela hat sie sich stets geweigert, zu einer Ikone des Filmkostüms zu werden, und nun sind es ihre Kreationen für den Campion-Kosmos, die einen ikonischen Status erreicht haben, ihre Person(a) verschwindet buchstäblich dahinter.

Sie hat nur selten über ihre Konzepte, Ideen und Inspirationen offen gesprochen. Als fester Bestandteil des Campion-Universums lassen sich vielleicht ihre Kostüme in ihrer Komplexität begreifen, bleiben aber trotzdem enigmatisch.

In einem kurzen Interview von 1993 gewährte Janet Patterson Einblicke in das Konzept ihrer Arbeit für THE PIANO: In jener Zeit waren die sogenannten Heritage-Filme äußerst publikumswirksam, Kostümfilme – beispielsweise die opulenten Literaturverfilmungen, die James Ivory in den 1980er-Jahren realisierte –, die durch die Romantisierung modischer Konventionen und Fetischisierung bestimmter Kleidungsstücke geprägt waren. Patterson näherte

sich der Figur Ada aus einer ganz anderen Perspektive. «Jane und ich waren der Meinung, dass der romantisch angehauchte Look vieler Historienfilme für THE PIANO völlig unpassend wäre. [...] Ada war keine auffällige Frau, sondern eine ruhige, dunkle Kraft» (Bruzzi, 1993: 6–10). Ada wird tatsächlich in ihrem Erscheinungsbild mit einer dunklen, mysteriösen Ausstrahlung ausgestattet: Nicht zufällig ist sie in verschiedenen Kontexten und von Jane Campion selbst mit einer Gothic-Heldin verglichen worden (Abb. 31). In der düsteren Welt der Gothic-Romane besitzen die Kleider der Heroinnen unheimliche Eigenschaften, sie können Unbehagen, Angst, sogar Schrecken hervorrufen. Sie stellen eine fließende, flüchtige Grenze zwischen äußerlicher Gewalt und innerer Integri-tät, können aber auch die heimlichen Verbindungen der Protagonistinnen mit «anderen» Diskurswelten offenbaren, in Zwischenräumen, dort wo sie sich der patriarchalischen Indoktrinierung entziehen. Als Zeichen sozialer Zugehörigkeit stehen ihre «anständigen» Kleider – als äußerliche Hüllen – zunächst für eine metonymische Identitätsstabilität, können dennoch zum Gefängnis werden. Sie machen die Trägerinnen zu einem sozial lesbaren Wesen und doch plötzlich verwandeln sie sich und besitzen eine unerwartete Kraft, die ihr integres Selbst auflöst und sogar Grenzüberschreitungen an ihrem Körper zelebriert.

Die Romane der Schwestern Brontë und besonders deren wiederkehrendes Element der Gothic Novels sind wiederholt als eine zentrale Inspirationsquelle für Jane Campions Werk betrachtet worden: Innerhalb einer klaustrophobischen Sze-nerie wird die Hauptfigur, typischerweise eine junge Frau, deren Mutter gestorben ist, in ein Geheimnis involviert, bei dem eine Macht ausstrahlende männliche Figur eine zentrale Rolle spielt. Die Heroine fühlt sich bedroht und zugleich zu dem Mann hingezogen. Sie folgt Spuren: plötzlich auftauchende Blutflecke, mysteriöse Geräusche; sie dringt in die Tiefen eines labyrinthischen Raums ein und entdeckt einen geheimen Ort, der Assoziationen mit dem Tod hervorruft.

Nach welchen Konzepten hat Janet Patterson Ada gestaltet, wie hat sie die «Haut» einer Gothic-Heroine auf Holly Hunter zurechtgeschneidert, sie in eine viktorianische Frau verwandelt, die in einem System starrer Idealvorstellungen gefangen und doch kein «Engel im Hause» ist? Welche Rolle spielen die Kleider bei einer unverheirateten Frau, die eine Tochter hat, stumm ist und scheinbar ihr Verhalten nicht unter rationaler Kontrolle hält?

In dem bereits erwähnten Interview mit Marli Feldvoss sagt Campion, dass «Ada für mich zu einem Mythos geworden war» (Feldvoss 1993 in Wright Wexman: 100), eine einzigartige Figur, die sich weder in traditionelle noch in unkonventionelle Erzählungen einfügen lässt. Im Interview weist noch Campion darauf hin, wie Hunters Verkörperung der Rolle wesentlich dazu beiträgt, dass Ada zu einer bodenständigen Figur wird und der Geschichte einen gewissen «Realismus» verleiht. In der Tat, als Feldvoss Campions angeblich ursprüngliche Idee erwähnt, eine Schauspielerin vom Typ «Frida Kahlo» für die Rolle der Ada zu besetzen, kommentiert die Regisseurin, dass Holly Hunters Aussehen und Leistung absolut widersprüchlich zu dieser ursprünglichen Idee war. «Ich machte eine scharfe Wendung, als ich Holly Hunter kennenlernte, und daraufhin entschied ich mich für eine ganz andere Art der «kleinen» Kraft für Ada, die ich an ihr mochte» (ebd.).

Interessant ist allerdings auch, was Campion in einem rezenten Interview zu der Wahl von Holly Hunter für die Rolle Adas offenbart hat: «Casting ist immer eine Herausforderung, aufregend und beängstigend. Zu Adas Figur wurde ich von meiner Freundin Janet Patterson inspiriert, der Kostümbildnerin, die kürzlich verstorben ist. Sie war sehr groß und stark, aber auch freundlich und sanft und klar im Denken – und stur, wissen Sie?! Es war schwer für mich, von Janet zu Holly zu wechseln, die nur 1,70 m groß ist. Holly hat sich irgendwie in den Kopf gesetzt, dass diese Rolle für sie bestimmt ist. Was ich nicht wusste, als ich sie zum ersten Mal traf, ist, dass sie wirklich sehr, sehr gut Klavier spielen kann» (Smith 2018). Holly Hunter, die bis dahin willensstarke, redegewandte und moderne Frauen verkörpert hatte, wie die Polizistin, die in Raising Arizona (1987) ein Baby entführt, die energische Produzentin von Broadcast News (1987) oder die Feuerwehrfrau in Always (1989), verwandelt sich in eine kleine, blasse, viktorianische Dame, mit fettigem, streng gescheiteltem Haar, die eine subtile Kraft aus ihrem zerbrechlichen Körper ausstrahlt, ganz anders als Campions ursprüngliche Vision einer großen Frau mit einer starken, dunklen Schönheit wie, vielleicht, Frida Kahlo und ihre Freundin und Kostümbildnerin Janet Patterson. In Adas Körperinszenierungen fließen letztlich beide Frauencharaktere ein, ihre Kleider sind Ausdruck einer Figur mit einem äußerst komplexen Innenleben. Die Kostümbildnerin hat in Adas Gestaltung eine Vielzahl von Wesen zum Ausdruck gebracht, die niemals stabil und niemals vollständig wirken: Dank Janet Patterson umschließen Adas Kleider – kongenial zu Campions Konzept einer Gothic-Heroine – eine rätselhaft «dunkle» Persönlichkeit.

# Viktorianische Mode

Zu Beginn wird Ada mit all den archetypischen (mode)historischen Zeichen der viktorianischen Ära um 1860 inszeniert, einer Zeit, in der sich die weiblichen Kleidungsstile mit der Verfestigung der patriarchalischen Ordnung rapide änderten: Die Taille, die um 1800 noch bis direkt unter dem Busen lag, fiel bald wieder auf die schmalste Stelle des Oberkörpers; die Hammelkeulenärmel der 1830er-Jahre wichen nach und nach der früheren eng anliegenden Form um den Oberarm, sie waren nun um die Ellbogen gebauscht und fielen dann halb offen um das Handgelenk. Bereits in der Regency-Periode zwischen 1811 und 1820 dehnten sich die noch eng anliegenden Röcke aus Musselin mit der Unterstützung von Petticoats allmählich aus. Die wieder eingeführten Korsetts modellierten erneut eine fragile Silhouette, die durch eine schmale Taille geprägt war.

Als um 1860 die Krinoline mit ihrer komplexen Struktur die Notwendigkeit zahlreicher schwerer Unterröcke überflüssig machte, verwandelten sich Frauen buchstäblich in Käfigvögel, die in Stahlreifen eingeschlossen waren. Und so erscheint Ada in ihrem ersten Auftritt eindeutig als viktorianische Frau dieser Dekade, die Krinoline oszilliert um ihre Silhouette herum, die Farbe ihres Kleides ist Schwarz, die Haare sind streng in der Mitte gescheitelt, mit einem geflochtenen Knoten am Oberkopf.

Zweifellos hatte die Krinoline die spezifische Symbolfunktion, weibliche Unterwerfung zu zementieren, erinnerte Männer an ihre eigene überlegene Mobilität und Frauen an die Zurückhaltung und Fragilität, die ihrem Geschlecht angeblich innewohnte. Die viktorianische Frau um 1860: ein scheinbar entkörperlichtes, unnahbares Wesen?

Der Modehistoriker James Laver schreibt: «Um 1860 wurden die Röcke so weit, dass es für zwei Frauen nicht möglich war, zusammen einen Raum zu betreten oder auf demselben Sofa zu sitzen. Eine Frau war jetzt ein majestätisches Schiff, das stolz voraussegelte, während ein kleiner Tender – ihre männliche Eskorte – hinterher segelte.» Er sah allerdings die Krinoline durchaus mit einer Verführungskraft ausgestattet: «Von einer Seite zur anderen geworfen, war die Krinoline ständig in Bewegung, glich sie viel eher einem Fesselballon als dem Iglu der Eskimos, mit dem sie lediglich die Form gemeinsam hatte. Sie

**32** THE PIANO

schwang einmal nach dieser, dann wieder nach jener Seite, richtete sich ein wenig auf, schwang vor und wieder zurück. Jeder Druck auf die eine Seite der Stahlreifen teilte sich durch deren Elastizität der anderen mit, was eine Art Aufwärtsschießen des Rockes zur Folge hatte» (Laver 1968: 179).

Die Ambivalenz der Krinoline, die hinter einem voluminösen Glockenrock den Körper aus Fleisch und Blut kaum ahnen lassen sollte und doch sexuelle (Männer-) Fantasien anregte, thematisierte auch Janet Patterson: «Wenn eine Frau einen Reifrock trägt, werden die Gesten durch ihre Arme und ihren Oberkörper ausdrucksvoller, und die Anmut ihres Gangs wird durch all diesen wogenden, oszillierenden Stoff verstärkt» (Bruzzi/Colbert ebd.). Wie Stella Bruzzi beobachtet, entwickelt Patterson in THE PIANO, kongenial zu Jane Campions Vision, die Krinoline als ein vielschichtiges Konstrukt: Einerseits emphatisiert sie, was sie verbergen soll und fetischisiert den weiblichen Körper gerade durch ihre restriktive Funktion; andererseits wird in einer feministischen Interpretation die übliche Bedeutung der Krinoline verschoben und schließlich auf den Kopf gestellt: Sie wird bei der Protagonistin zum Medium ihres sexuellen Erwachens (Bruzzi 1995: 265) (Abb. 32).

Die Krinoline wird mit gegensätzlicher Bedeutung aufgeladen und auch Ada wird als stets doppeldeutig inszeniert: Ist sie in ihrem Schweigen gefangen oder von der Tyrannei der Sprache befreit? Ist sie in ihren restriktiven Kleidern eingesperrt oder entkommt sie dadurch dem Fetischismus des männlichen Blicks? In diesem Zwiespalt umhüllt, wirkt Ada kontrolliert und hysterisch, konsequent und wechselhaft, fügsam und rebellisch: eine ständige Simulantin und eine sich ständig verändernde Frau zugleich, die der Gnade ihrer Umgebung ausgeliefert ist und sich schließlich von den Hüllen ihres düsteren, selbstzerstörerischen Selbst

**33** The Piano

befreit. Zumindest scheint es so, als in der letzten Szene eine «neugeborene» Ada, die ein hellgraues Blumenkleid trägt, sprechen lernt, während ein dichter, schwarzer Schleier ihr Gesicht verhüllt; sie spricht Phoneme leise aus und bewegt sich in kleinen Schritten auf einer Veranda (Abb. 33). Plötzlich nähert sich ihr George Baines, der ihren Schleier hebt und sie küsst. So wird auf den ersten Blick ein traditionelles Happy End evoziert: Der Bräutigam küsst die Braut. Wenn da doch nicht eine Dissonanz wäre: Der Schleier ist schwarz, ein Verweis auf den Tod, der von Anfang an in den Fäden ihrer Kleidung eingenäht war, als Ada als frische Braut am Strand in Neuseeland ankommt und die düstere Ausstrahlung einer Witwe besitzt.

Vielleicht sucht aber Janet Patterson hier die Nähe zu ihrem Seelenverwandten Martin Margiela und zu seinen maskierten, «unheimlichen» Models/Mannequins (vgl. Sigrid Schade 2010: 113–126). Und vielleicht lässt sich hier eine weitere intertextuelle Verbindung herstellen: Waren die Kreationen der Modedesignerin Elsa Schiaparelli, die sich von dem Surrealismus inspirieren ließ, nicht stets Memento mori, Erinnerung an die Vergänglichkeit? Die Surrealisten hatten obsessiv nach den Geheimnissen des Weiblichen gesucht, die Auseinandersetzung mit weiblicher Sexualität war eine Metapher für ihr Spiel mit Schein, Illusion, Künstlichkeit und Maskerade. Als Modedesignerin entwirft Schiaparelli mit Witz und Ironie in ihren Kreationen Weiblichkeit als inszenierte Täuschung. Hinter ihrem Umgang mit der Damenmode verbirgt sich eine Reflexion über die weibliche Kleidung, die als kulturelle Sprache in den Leib eingeschrieben ist. In ihrer ikonischen Kreation «Tear Dress» von 1937 lässt sie Gewaltfantasien und harmonische Schnitte miteinander kollidieren. Das lange eng geschnittene Kleid mit dem dazugehörenden Kopfschleier, heute in elfenbeiner Farbe, ursprünglich aus hellblauem Seiden-

**34** Elsa Schiaparellis *The Tears Dress*

**35** THE PIANO

Crêpe, erweckt mit einem Trompe-l'œil-Effekt – von Salvator Dalí entworfen – den Eindruck, als seien Stofffetzen abgerissen und herabhängend. Soll dieser Druck an einen gehäuteten menschlichen Körper mit daran hängenden Fleischstücken erinnern? Ist dieses Kleid nicht doch ein körperloser, stummer Zeuge einer latenten Gewalt, die uns Betrachtenden subtil suggeriert wird? Um uns noch mehr zu verwirren und die Grenzen zwischen Illusion und Realität intensiver zu verwischen, wurden dreidimensionale Tränen auf den Schleier genäht (Abb. 34).

Die Bildsprache der Gewalt konterkariert die erotische Eleganz des Kleides, es ist eine Fantasie über die Sichtbarkeit des zerfetzten Fleisches, eine Illusion, die zur Schau gestellt und zugleich negiert wird. Die letzte Sequenz von THE PIANO weist ebenso auf eine dunkle Fantasie hin, eine Halluzination, einen Traum, einen Zustand zwischen Leben und Tod: Im letzten Bild schwebt Ada über ihrem Klavier im tiefen Meer, ihr Reifrock umhüllt ihren Körper wie ein großer, schwarzer Schleier, wie ein Leichentuch (Abb. 35).

# THE PORTRAIT OF A LADY:
# Schleier zwischen Enthüllung und Verhüllung

Der Schleier ist bei Janet Patterson nie ein rein modisches Element, er kann sich in einen freischwebenden Signifikanten verwandeln, losgelöst von der etablierten Bedeutung im Zeichensystem der viktorianischen Mode. Accessoires wie Hauben, Sonnenschirme, Handschuhe werden in Pattersons Kreationen vielgestaltig verortet und umgedeutet. Der Schleier taucht tatsächlich mehrmals auch im Kosmos von THE PORTRAIT OF A LADY auf und entfaltet seine eigene Bedeutung im Kontext der Narration. Ein Schleier hat mehrere aufgeladene Bedeutungen, fast alle widersprüchlich und zweideutig mit ihren gegensätzlichen Assoziationen von Unschuld und Verführung, Braut und Kurtisane, Enthüllung und Verhüllung. Ein Schleier hat auch eine liturgische Bedeutung, indem er eine Person symbolisch von Gott und anderen Menschen trennt oder heilige Gegenstände vor der Öffentlichkeit abschirmt.

In der Mode des 19. Jahrhunderts hatte ein Schleier grundsätzlich die Funktion, die Damen der Oberschicht von Staub und anderen Unannehmlichkeiten auf der Straße zu schützen. In der Filmgeschichte stellt der Schleier ein zentrales Element weiblicher Maskerade dar, wie Mary Ann Doane formuliert, der Schleier bringt «widersprüchliche Wünsche zum Ausdruck, den Wunsch, [eine Frau] näher zu bringen und den Wunsch, sie auf Distanz zu halten» (Doane: 105–141).

36 THE PORTRAIT OF A LADY

Es scheint, dass Patterson aus dem Zeichenrepertoire weiblicher Inszenierung schöpft, um die (selbst)zerstörerische Kälte, in der Isabel (Nicole Kidman) nach ihrer Heirat mit Osmond (John Malkovich) gefangen ist, hervorzuheben. Ihr netzartiger schwarzer Schleier, der auf jene Ambivalenz von Verhüllen und Verbergen verweist, soll ihr Unglück in einer lieblosen Ehe bei dem Besuch ihres schwerkranken Cousins (Martin Donovan) «verschleiern» und doch kann Ralph dahinter schauen. Und der gleiche Schleier, auf den das fast blendende römische Licht bei der Begegnung Isabels mit ihrem Verehrer Goodwood (Viggo Mortensen) fällt und ihn auf Distanz halten soll, kann nicht verhindern, dass er ihre verhüllte «glatt polierte Oberfläche» durchdringt, und ihr – wie Isabel ihre Empfindung zum Ausdruck bringt – «viel zu nahe kommt» (Abb. 36).

## Madame Merle und Isabel: Selbstverschleierung und Selbstzerrissenheit

Elaborierte Hüte mit raffinierten Schleifenapplikationen schmücken oft das Gesicht der Madame Merle. In einer Szene, in der sie mit Osmond den grausamen Plan hinter Isabels Rücken schmiedet, erscheint sie von schwarzer Spitze umhüllt, der schwarze Schleier ist über die hochfrisierten Haare zurückgeschlagen, die Ohrringe aus roter Koralle funkeln dazwischen wie blutige kleine hängende Schwerter an ihren Ohren. Es ist ein subtiler Verweis auf die Dietrich/Carmen aus THE DEVIL IS A WOMAN: Die Haltung, die Spitzen, die Pose, verströmen Kälte und dunkle Erotik, zugleich enthüllen sie Madame Merles Ausgeliefertsein an Osmond. Seine Finger streicheln aufdringlich die sinnlichen Spitzen, taktil und obsessiv zeugen die Nahaufnahmen seiner Hände von sadistischem Begehren, während Madame Merle für einen kurzen Augenblick die Theatralik ihrer Verführungskunst zu genießen scheint (Abb. 37).

37 THE PORTRAIT OF A LADY

Madame Merle hält stets an ihrer Maskerade der Weiblichkeit fest: Jede Facette ihrer Persönlichkeit ist eine hochraffinierte Inszenierung, bis zu dem Punkt, an dem ihre Performance selbst zu einer Art Kritik an den quälenden Käfigen wird, die Frauen wie sie und Isabel in rivalisierende und doppelbödige Beziehungen sperren, die um denselben bösartigen Mann, sogar um dieselbe Tochter oder Tochterersatz kämpfen. Als Madame Merle auf Isabels Frage «Was haben Sie mit meinem Leben zu schaffen», mit «So gut wie alles» antwortet, lässt sie endlich Isabel hinter ihre Maske schauen: Ihr wie immer exquisiter Schleier ist dieses Mal komplett transparent.

Bei der visuellen Umsetzung von James Roman war Janet Patterson sowohl die Produktions- als auch die Kostümdesignerin. Mit ihrer außergewöhnlichen Arbeit wird das nahezu festgefrorene Porträt der verheirateten Isabel Archer in Innenräume eingebettet, die von einer Welt im Wandel, von verlorenen Hoffnungen jener Epoche und von universeller Sklaverei erzählt. Mit den Settings Janet Pattersons erweckt Jane Campion im symbiotischen Austausch mit dem Kameramann Stuart Dryburg ein narratives Universum zum Leben, in dem Geld der fast ausschließliche Motor seiner Dynamik ist, während Menschen in ihren existenziellen Lebensräumen einer totalen «Kommodifizierung» unterzogen werden. In diesem Sinne kommt der wiederkehrenden Aufmerksamkeit auf Details eine entscheidende Rolle zu: Es geht nicht nur um die detailgetreue Rekonstruktion großbürgerlicher, erstickender Interieurs, darunter Teeservices, Kissen, Kandelaber, sondern um ein bewusstes Nachdenken über die Entstehung von Objekten als ultimativer Daseinszweck in der Endphase eines epochalen Wandels.

Mit einer besonderen Sensibilität wird die Verdinglichung der Beziehungen zwischen den verschiedenen Charakteren visualisiert, von denen viele versuchen, sich räuberisch die Existenz eines anderen anzueignen. Noch extremer: Sie versuchen, andere in ihr eigenes Objekt zu verwandeln, Kontrolle über sie zu erlangen. Osmond über seine ihm völlig ergebene Tochter Pansy, Madame Merle über Isabel, neidisch auf ihr Geld und ihre Jugend, Osmond über Isabel: Als verheiratete Frau mit dem hellen Teint einer Porzellanpuppe scheint sie immer am Rande des Zerbrechens zu stehen, als ob das unheilvolle Gefühl ihrer bevorstehenden Vernichtung sie stets durchdringen würde. Ihre Silhouette wird nun durch die eng anliegenden Roben betont, die 1870–80 die immensen Krinolinen der vorherigen Dekaden verdrängten.

Es war Charles Frederick Worth, der Begründer der französischen Haute Couture, der um 1867 die Krinoline eliminierte und zur Tournüre überleitete, einem halbkreisförmigen Gestell aus Stahl-, Fischbeinstäben oder auch aus Rosshaarpolster um das Gesäß gebunden, der eine kleine Schleppe beigefügt war. Königinnen, Kurtisanen und Damen der feinen Gesellschaft: Worth kleidete alle individuell ein, auch Isabel könnte durchaus zu den festen Kundinnen Worths zählen. In den düsteren Ballsälen ihres römischen Palastes tritt Isabel in exklusiven, tief ausgeschnittenen, opulent verzierten Kleidern aus schweren Brokat- und Seidenstoffen auf, kostbare Schmuckstücke gepaart mit kunstvoll frisierten Haartrachten betonen stets ihren repräsentativen Reichtum als Gastgeberin. In der Nacktheit von Schultern und Hals reflektiert sich nun ihre Verletzlichkeit, sie ist in ihrer weiblichen gesellschaftlichen Rolle eingesperrt: hochdekorativ, zerbrechlich, Besitz des Ehemannes.

Bis zur letzten Szene vor ihrer Hochzeit kontrastieren die kaum zu bändigenden roten Locken Isabels mit ihrer schlichten Kleidung der späten viktorianischen Zeit: Als unverheiratete junge Frau trägt sie lange, schwarze Röcke, die mit ihren hinteren, schlangenähnlichen Verzierungen ständig schwingen. Und dennoch scheint Isabel, trotz Tournüre und Korsett, eine gewisse Mobilität zu genießen, sie widersetzt sich regelrecht den Zwängen des modischen Diktats, ihr lebhaftes Innenleben spiegelt sich auch in ihren rebellischen Locken. Sie verschwinden aber nach ihrer Heirat abrupt, durch schwere, dunkle Zöpfe ersetzt, und kehren erst zurück, als Isabel Osmonds Autorität missachtet und zu ihrem sterbenden Cousin nach England reist (vgl. Cooper 2008: 6). Ihr Erscheinungsbild suggeriert die Brüche und Widersprüche in ihrem sich wandelnden Leben, es behält jedoch stets eine Ambivalenz in Bezug auf die persönliche Kontrolle über die Gestaltung ihres Selbst: Kleidung und Frisur legen zunächst ihre Persönlichkeit fest, später erscheint ihr Selbstsein unter dem Einfluss Osmonds komplett neu konfiguriert, schließlich spiegelt sich in ihrem Äußeren ein zerrissenes Wesen.

Als ungestüme junge Frau will Isabel Liebe, sie will aber auch frei sein, sie will Glück, Leidenschaft, Kultiviertheit und Unabhängigkeit, aber in Campions Augen scheint sie auch ein unbewusstes Verlangen nach einer gefährlicheren Frucht zu hegen. Sicherlich sind es die patriarchalischen Vorstellungen über die Rolle der Frau in der Gesellschaft, die sie in einer Reihe von Unglücken verwickeln und von modernen jungen Frauen, die ihre intimen Wünsche in der Eröffnungsszene hemmungslos offenbaren, unterscheiden. Es wäre aber falsch zu ignorieren, wie Isabel zu einer Verursacherin ihres eigenen Leidens wird. Sie lehnt erst die Verehrer ab, die sie einsperren wollen, und begibt sich in die Hände des sadistischsten von allen, dessen emotionale Nähe ihr verweigert bleibt. Sie scheint sich an dem erotischen Schrecken seltener Intimität, nicht nur auf sexueller Ebene, sondern auch als Banalität einer beiläufigen Berührung oder als zerstörerische Kraft eines Vorwurfs ihres Ehemannes, nahezu zu berauschen.

Noch tragischer: Ihren einzigen Akt friedlicher, einvernehmlicher Intimität findet sie am Ende in Gesellschaft ihres Cousins Ralph, der so krank ist und im Sterben liegt, dass jede amouröse Annäherung unserer Heldin ihm nur noch mehr Schmerzen verursacht.

In James Roman spielt das Leiden seiner Protagonistin eine zentrale Rolle, um die Sympathie der Lesenden zu gewinnen und zu modulieren. Campion und die Drehbuchautorin Laura Jones, die nach AN ANGEL AT MY TABLE erneut eine kongeniale Zusammenarbeit verbindet, wehren sich gegen dieses Kalkül, bei ihnen hört das Leiden auf, ein narrativer Mechanismus zu sein, und wird im Film zum Gegenstand einer Untersuchung. Aus diesem Grund gewinnt die Figur der Madame Merle, von der wunderbaren Barbara Hershey verkörpert, noch mehr an Bedeutung als im Originaltext. Merle schlägt einen Weg der Amoralität und des Missbrauchs ein, aber sie tut dies offenen Auges. Sie scheint sich bewusst zu sein, dass die Erforschung des weiblichen Leidens im Mittelpunkt dieses Spiels steht und beschließt, sich nicht dagegen zu wehren. Sie zieht es vor, eine aktive Mitspielerin dieser Perversitäten zu werden, und so ist ihre Tragödie sogar viel schmerzhafter als die von Isabel.

Letztendlich ist die Geschichte der Protagonistin von PORTRAIT OF A LADY vor allem durch den notwendigen Verlust der Unschuld gekennzeichnet. Man beachte, wie ihre filmische Erzählung im selben Garten beginnt und endet. Zuerst in der goldenen Verheißung des Sommers und dann in der eisigen Kargheit des Winters. Wie viele Protagonistinnen Jane Campions beendet Isabel ihre Reise, nachdem sie den Einfluss fremder Mächte auf ihre Person zurückgewiesen hat, und am Ende steht sie allein da, hochgeschlossen in einem düsteren Trauerkleid, und wir schauen mit ihr in einen Kosmos unendlicher, furchteinflößender Möglichkeiten.

PORTRAIT OF A LADY stieß sowohl bei den meisten Kritiker:innen als auch dem breiten Publikum auf Gleichgültigkeit, sogar Ablehnung und verwandelte die vielversprechende Regisseurin von THE PIANO in eine Außenseiterin der Filmindustrie. Von da an war jeder ihrer Filme eine Herausforderung in Bezug auf Finanzierung und Vertrieb, aber sie gab nie auf, und ihre darauffolgenden beiden Filme, HOLY SMOKE und IN THE CUT, die noch stärker polarisierten als PORTRAIT OF A LADY, sind ein provokanter Beweis dafür.

## Isabel: Gefangen im floralen Universum

Janet Patterson hat in PORTRAIT OF A LADY aus den Zeichen eines Kultursystems geschöpft, um die erstickend «weibliche» florale Welt zu charakterisieren, die die junge Isabel umgibt und der sie hochambivalent gegenübersteht, denn sie wird wiederholt von sinnlichen Ausbruchvisionen heimgesucht: Die raffinierte Farbdramaturgie übersetzt die Formen ihrer Ambivalenzen, Blassrosa und Purpur sowie Rosenrot verweisen in mehreren Schlüsselszenen auf die Weiblichkeitsvorstellung, die Isabel grundsätzlich ablehnt und von der sie doch durchdrungen ist.

In den vielgestaltigen historischen Kostümen erinnert Patterson an den Übergang zu einer aufwendigeren, stärker polychromen Kleidungsära als die der Jahrhundertmitte, die auf die Einführung der Nähmaschine und die Entwicklung von Anilinfarben zurückgeht. Leuchtende Farben von chemischer Intensität sind in der Tat typisch für die 1870er-Jahre: In einer bedeutsamen Schlafzimmerszene trägt Isabel eine malvenfarbene Bluse, die wild violett wirkt im Kontrast zu den zarten Rosatönen, die in dem Zimmer in Tapeten, Vorhängen und Bettdecken dominieren, sogar die Tagesdecken sind mit rosafarbenen Blumen bedeckt. Ihr Kleid scheint ihren innerlichen Widerstand zu dieser «romantischen» Welt nach außen zu kehren.

Isabel empfängt Goodwood in diesem «floralen» Londoner Zimmer und nachdem sie ihn wieder abgewiesen hat, streichelt er beim Abschied zart und flüchtig ihre Wange. Sofort spüren wir ihren inneren Aufruhr nach dieser Berührung: Ihre Sehnsucht nach einem Ausweg aus der eigenen Umklammerung führt sie – und uns – an den Ort ihres Begehrens. Durch diese Art umhüllende Oberfläche finden wir Zugang zu Isabels innerer Befindlichkeit, zu den versteckten Falten ihrer inneren Landschaft, und auch die Musik von Wojciech Kilar mit ergreifenden symphonischen Flügen führt uns in Isabels Fantasie ein (Abb. 38–39). Die Fran-

**38–39** THE PORTRAIT OF A LADY

sen ihres Betthimmels streicheln ihr Gesicht, dann liegt sie auf dem Bett und stellt sich vor, dass die zwei Männer, die ihr den Hof machen – Warburton (Richard E. Grant) und Goodwood –, sie auf dem Bett küssen und streicheln, während ihr Cousin Ralph, bester Freund und Vertrauter, seitlich liegend, auf sie schaut. Lässt sich in diesem Traum nicht auch Isabels Widerstand lesen, sich in dem Begehren des Anderen zu spiegeln? Kurz davor haben wir gesehen, wie Goodwood durch eine laute Straße mit trinkenden Männern und bedrohlichen Hahnenkämpfen zu ihr läuft: ein Bild, das etwa die Rohheit des männlichen Begehrens suggeriert? Bei ihrem Gespräch mit Goodwood schlägt Isabel eine Tür zu, in dem ein Korsett hängt. Solche Details finden sich auch in THE PIANO, es geht um eine eindeutige Distanzierung von der geleckten Kleiderästhetik üblicher Kostümfilme und um einen direkten Blick in die obskuren Zonen eines ambivalenten Kleidungsstücks im Alltagsleben viktorianischer Frauen (vgl. Steele 2003).

Nicht zufällig dringt in die floralen, «feminin» zärtlichen Rosatöne des Schlafzimmers die sexuelle Lust Isabels ein: Ihre Liebesfantasie bringt nicht nur ans Licht, dass sie beide Männer begehrt, sondern auch, dass ihre Weigerung zu heiraten, was erotisch Anregendes für sie hat (Bentley 1997: 176).

## Dominanz und Unterwerfung

Das Korsett ist tatsächlich untrennbar verbunden mit den schillernden Vorstellungen von Sexualität in der viktorianischen Epoche: Seine umfassende Modellierung komprimierte den Oberkörper und betonte die Taille bis ins Extreme. Ein viktorianisches Korsett erzeugte daher eine erhebliche körperliche Zurückhaltung, die Stäbe, die auf seinen ausgeklügelt gekrümmten Platten platziert waren, konnten dann wie nie zuvor die Brust, den Brustkorb, das Becken und insbesondere die Taille zusammendrücken und sie in eine ganz andere Konfiguration bringen. Trotz des Ablegens der überdimensionierten Röcke blieb die weibliche Silhouette um 1880 streng korsettiert und die Wespentaille, durch Kaskaden von Volants, Spitzen und Rüschen betont, zeichnete als Blickfang die weibliche Silhouette nach. An die Theatralik dieses Kleidungsstücks, das das Bild eines trägen, von plötzlicher Ohnmacht befallenen und zu Müßiggang verdammten Geschöpfes modellierte, knüpft das sogenannte «Victoriana»-Genre an. Cora Kaplan (2007) bietet in einer umfassenden Studie einen Überblick darüber, wie das viktorianische Zeitalter heute immer noch fasziniert und wie das Interesse für diese Epoche sowohl innerhalb als auch außerhalb des literarischen Bereichs immer mehr zugenommen und in der Filmindustrie schließlich Einzug gehalten hat. Aus ihrer Sicht hat sich das Film-(Sub-)Genre Victoriana das stereotypisierte

Weiblichkeitsbild angeeignet, das seit den 1970er-Jahren in einer Mischung aus vielfältigen Referenzen und modischen Zitaten ein Verständnis des 19. Jahrhunderts dem Kinopublikum der Gegenwart erschlossen hat. Mit kritischem Blick auf das Victoriana Genre verweist Stella Bruzzi, bei der Betrachtung der Rolle, die Korsetts in Jane Campions Filmen spielen, auf die Unterscheidung zwischen Kostümfilmen feministischer Regisseurinnen, die historische Kleidung lediglich als Zeichen für eine bestimmte historische Ära verwenden und solche die sich «auf den fetischistischen Wert von Geschichte und historischer Kleidung konzentrieren» und «lieber *auf* die Kleidung als *durch* die Kleidung schauen» (Bruzzi 2002: 246).

So ist davon auszugehen, dass sich Janet Patterson mit ihren Konzepten und Entwürfen der verschiedenen Korsettmodelle in PORTRAIT OF A LADY von den modehistorischen Stereotypen des Victoriana Genres distanziert und Isabels Silhouette nach dem dramaturgischen Konzept Jane Campions und Laura Jones' gestaltet hat. In erster Instanz dient die eng geschnürte Silhouette Isabels nach ihrer Heirat als Spiegelbild ihrer allmählichen emotionalen und sexuellen Reifung und zugleich ihrer bitteren Desillusionierung: Der Verlust ihrer Handlungsfähigkeit und Kontrolle über ihr eigenes Selbst wird offenbar in ihrer streng korsettierten Figur visualisiert. Sie wirkt wie resigniert und an den häuslichen Raum physisch gebunden. Vielmehr als die masochistische Haltung Isabels, die in ihrem Körperbild interpretiert worden ist, macht ihre perfekt modellierte Sanduhr-Silhouette den Zwiespalt ihrer Wünsche und Fantasien und die Widersprüchlichkeit ihres Begehrens greifbar.

Denn was ist das Korsett? Eine materielle Manifestation patriarchalischer Kontrolle, ein ewiges Symbol weiblicher Erotik und Selbstdarstellung oder etwas ganz anderes? Über die «Bedeutung» des Korsetts kann keine endgültige Schlussfolgerung gezogen werden; es ist ein ideologisch komplexes Kleidungsstück mit unzähligen Nuancen. Obwohl das Korsett und die Varianten dieses Konstruktes bereits Jahrhunderte vor der viktorianischen Ära ein grundlegender Bestandteil der westlichen Mode war, insbesondere der Damenmode, prägten die verschiedenen industriellen Innovationen des 19. Jahrhunderts mit jedem Jahrzehnt strukturelle Veränderungen in dessen Gestaltung. Seitdem ist über das Korsett vielfach debattiert worden, über seinen Platz in der Gesellschaft und seine physischen und psychischen Einflüsse auf Frauen. Letztendlich weist das Korsett «auf die Dichotomie zwischen Macht und Zurückhaltung, die ideologisch auf den weiblichen Körper ausgeübt wurde. Deshalb steht es zwischen Eleganz und Unterdrückung, Ermächtigung und Viktimisierung» (vgl. Erkal 2017: 118).

So ist auf den ersten Blick auffällig, dass sich die verheiratete Isabel schließlich dem Diktat der Mode und ihres Mannes unterwirft, dennoch spiegelt sich in ihrer im Korsett eingeschlossenen Silhouette nicht nur ihre widersprüchliche

Lust, sondern auch die der Frauen jener Zeit, die letztlich im Dunkel geblieben ist. Die kühne Behauptung der Modeforscherin und Designerin Christine Bayles Kortsch, dass «in der viktorianischen und frühen edwardianischen Periode die Taille die primäre erogene Zone des weiblichen Torsos war» (2009: 203), bietet einen Deutungsschlüssel für ein besonderes Bild aus einem Traum Isabels, das später als Plakat verwendet wurde, um den Film zu promoten. Auf einem kopflosen weiblichen Torso in einem weißen, bis zum Hals zugeknöpften Kleid ist eine männliche Hand zu sehen, die über die Taille greift, bereit, in die Knöpfe einzudringen, sich den Körper anzueignen (Abb. 40). Ist es ein Verweis auf die patriarchalische Norm jener Zeit, nach der die Hände des Ehemanns in der Lage sein sollten, die extrem schmale Taille der Ehefrau zu umspannen? Oder spiegeln sich darin die heimlichen Sehnsüchte Isabels, die Angst und Lust zugleich in ihr erweckten? «Mein Ziel war es, die Situationen körperlich zu machen, die sexuellen Elemente zu entwickeln, die (im Roman) nur angedeutet waren, Isabel einige Fantasien zu geben», betonte Campion im Interview (Ciment, 1999: 178).

Die hochambivalente Erotik des Korsetts hat Janet Patterson in einer zentralen Ballszene des Films scharfsinnig und zugleich sinnlich gestaltet: In den opulenten Interieurs sind im Dämmerschein des Kerzenlichts viele junge Frauen nach der Mode jener Dekade in luxuriösen Abendkleidern ausstaffiert, Brokate, Satins und Lamé schimmern in dem Ballsaal in Ombre-Tönen, eine Fülle von antiken Spitzen, Seidenblüten und Saatperlen schmücken die exquisiten Roben. Die enge Schnürung des Korsetts, das in jener Zeit den weiblichen Körper bis tief zur Hüfte auf allen Seiten eng umschloss und ihn anfällig für Ohnmacht machte, wird nicht verheimlicht, sondern im Gegenteil nahezu schockierend sichtbar: Junge Frauen werden von Malheuren befallen und aus dem Ballsaal wegtransportiert. Janet Patterson und Janet Campion kreieren in den Körperbildern dieser Szene intime Zonen, deren Einblicken wir uns nicht entziehen können: Die Gesichter drücken zwar Benommenheit aus, die tiefen Dekolletés offenbaren aber auch eine physisch spürbare, obskure Aufregung. Die Dissonanzen in den Frauenkörpern werden in einem klassischen Topos des Genres, einer Ballszene, zum ersten Mal in einem Kostümfilm beunruhigend sichtbar. Die Widersprüche der Artikulation weiblichen Begehrens innerhalb patriarchalischer Strukturen schimmern in den halbentblößten, gelösten Körpern und in den aufgeschnürten Korsetts durch.

## Sonnenschirme und Blumenkleider

Es ist eine bedeutsame Szene im Film, die wie eine Halluzination inszeniert wird: In ihrem hellen Blumenkleid geht Isabel in den Katakomben Ravennas auf die Suche ihres vergessenen Sonnenschirms und plötzlich taucht Osmond auf. Wie bei Adas Ankunft in Neuseeland wird ein modisches Accessoire in seiner Bedeutung augenscheinlich verschoben. In THE PIANO wird Adas Sonnenschirm, der in der Regel ihren sozialen Status signalisiert und sie zugleich modehistorisch «einfriert», auf dem einsamen Strand zum bedeutungsentleerten Schutzschild. Osmonds verwandelt den Sonnenschirm Isabels in ein mysteriöses Objekt, das in seinen Händen eine hypnotische Kraft entfaltet: Er macht ihn auf, dreht ihn hin und her, verdreht buchstäblich seine Funktion. Unter dem geöffneten Schirm küsst Osmond Isabel und zieht sie in einen Sog destruktiver Erotik, die sie später auf Reisen weiterhin verwirrt und ihre Fantasien besetzt. Die Gedankenkontrolle, die Osmond als eine Form von Machtmissbrauch auf Isabel ausübt, wird mit dem Umfunktionieren des alltäglichen Gegenstandes besiegelt: Diese Verschiebung reißt einen dunklen, unbekannten, sexuellen Raum auf, in den Isabel tief stürzt.

Als am Ende des Films Isabel alleine vor der geschlossenen Tür steht, schwankend zwischen Abwägen und Entscheiden, überlässt sie es uns, für sie zu wählen. Wie Ada McGrath, die am Ende von THE PIANO gleichzeitig lebt und stirbt, existiert Isabel Archer an beiden Orten, frei, aber mittellos, oder sozial geschützt, aber ungeliebt. Wunsch oder Pflicht, Campion lässt uns in einer unlösbaren Ungewissheit.

Isabel, Ada und später Frannie in IN THE CUT wandern durch einen metaphysischen Zwischenraum und dabei wird ihr Kleid zur fließenden Hülle, die diesen Zustand des Übergangs betont: Es ist ein evokatives Blumenkleid jenseits von Zeit und Raum, das Ada, Isabel und Frannie in jenem bestimmten Momentum umhüllt. Sie werden durch einen unsichtbaren Faden miteinander verbunden, denn alle drei bewegen sich zwischen Traum und Albtraum, Dunkelheit und Licht, Leben und Tod. Isabel trägt ein Blumenkleid in den Katakomben Ravennas, als Osmond sie verführt, und bleibt in einem Zwiespalt zwischen Unschuld und Selbstzerstörungslust eingeschlossen; Ada trägt ein Blumenkleid, als sie mit George Baines in Wellington scheinbar in einer glücklichen Realität lebt und doch parallel über ihren Tod in tiefem Meer halluziniert. Für IN THE CUT war für die Kostüme nicht Janet Patterson zuständig, vermutlich zu jenem Zeitpunkt erkrankt, sondern Beatrix Aruna Pasztor. Vielleicht inspiriert durch die eigenwillige dramaturgische Gestaltung Janet Pattersons von Ada und Isabel, gestaltet sie auch Frannie mit einem Blumenkleid, als sie in die «Unterwelt» absteigt, in die dunkle Bar, in der sie auf den Mann, den sie begehrt und zugleich des Mordes verdächtigt, trifft.

Das Blumenkleid der drei Heroinnen repräsentiert, jenseits der modischstilistischen Einbettung in drei unterschiedlichen Epochen, eine strahlende, wiederkehrende Rüstung, die mit ihrer Helligkeit und Vitalität gegen die bösen Kräfte der Finsternis eingesetzt wird, in bester Gothic-Tradition.

## HOLY SMOKE: Girl Power

Janet Patterson hat Ada und Isabel als viktorianische Frauen und Grenzgängerinnen ihrer Zeit eingekleidet; 1998 hat sie eine neue Frauenfigur in Jane Campions Universum gestaltet, ebenso auf der Suche nach Autonomie in einer patriarchalischen Umgebung, dieses Mal aber in der Gegenwart.

Mit ihrer Schwester als Co-Autorin hat Campion in HOLY SMOKE Machtverhältnisse zwischen Mann und Frau in der westlichen Kultur des 20. Jahrhunderts mit Ironie und einer Freude zur Pastiche hinterfragt, und Janet Patterson hat für jenen Geschlechterkampf Körperbilder zwischen Parodie und kunstfertigem Zitat kreiert.

Ruth (Kate Winslet) ist eine junge Frau der 1990er-Jahre, eine Vertreterin der Generation X, ihre Einstellung: frei und ohne Bindungen zu leben. Sie hat in Indien ein spirituelles Erwachen erlebt und sich einer Sekte angeschlossen, ist aber auf den Widerstand ihrer spießigen Familie gestoßen, die in ihrem kleinbürgerlichen roten Backsteinhaus in den Suburbien Sydneys lebt und in Ruths Verwandlung eine Bedrohung sieht. Alle zusammen beschließen, Ruth von einem «Deprogrammierer» behandeln zu lassen, der sie dazu bringen soll, sich ein für allemal emotional von ihrem Guru Baba zu trennen. «Sie wissen nichts über Religion – Punkt. Das Wichtigste für sie ist, die Hypothek zu bezahlen, jedes Wochenende schön zu grillen und eine Routine im Leben zu haben», erklärte Jane Campion im Interview (Feinsten 1999).

Ein Besuch ihrer Mutter in Indien zwingt Ruth tatsächlich, nach Hause zurückzukehren. Sie geht zurück in dem Glauben, dass ihr Vater schwer krank ist: In ihrem makellosen Sari, der ihr neu geborenes Selbst in Indien markierte, fährt sie ein verbeultes Auto mit voller Geschwindigkeit durch die australischen Wüste und singt dabei ganz wild Alanis Morissettes «You Oughta Know». Diese

41–42 Holy Smoke

rabiate Ruth ist eine frisch vermählte Braut, die das Zeichen ihrer «reinen» Liebe für den Guru Baba trägt und zugleich eine rebellische 19-Jährige, durchdrungen von unbändiger Energie, mit braungebrannter Haut und sonnengeküssten Haaren, zwischen Verletzbarkeit und Aggressivität (Abb. 41–42).

Nun muss sie feststellen, dass ihre Familie sie betrogen hat: Ruth versucht mit ihrer gesamten Wut, sich gegen ihre «Behandlung» zu wehren, vergeblich. Ihre Familienmitglieder umkreisen sie und führen sie, sobald sie den Kampf aufgibt, zu P. J., der mit dunkler Sonnenbrille und schwarzem Hemd mit verschränkten Armen aus der Ferne die Szene beobachtet. Er hat keine Zweifel, dass er die junge Frau während einer ausgedehnten Deprogrammierungssitzung in einer abgelegenen Hütte, – von Janet Patterson als «eine organische, eher klein strukturierte Hütte, die aus Stein, Eisen, Glas und Fliegengitter gebaut ist» (ebd.) beschrieben, schließlich «bereinigen» wird.

Nun steckt Ruth mit P. J. in der klaustrophobischen Wüstenhütte fest. Er nimmt ihr die Schuhe und den Sari weg, hängt ihn an einen Baum, als ob er ihr neu geborenes Selbst auseinandernehmen wollte. «Du wirst mich nicht brechen.» Ruth ist durchaus bereit, mit P. J. auf intellektueller und spiritueller Ebene zu kämpfen. Denn sie ist jung, selbstbewusst und fordert ihn mit ihrer strahlenden, statuenhaften, prallen Fülle heraus, als ob sie noch ihren Sari anhätte, ihre unsichtbare Rüstung, die sie unangreifbar macht. Die Hütte wird zur Bühne

**43** Holy Smoke

einer buchstäblich körperlichen Kollision und Ort der allmählichen Demaskierung der phantasmatischen Hypermaskulinität P.J.s: «Gebügelte Jeans, Cowboystiefel ... ist das eine Uniform für Individualität? Ich will einen jungen Mann», provoziert ihn Ruth schamlos.

Mit seinem Cowboy-Dresscode und dem schwarz gefärbtem Porno-Schnurrbart, wirkt P.J. wie aus den 1970er-Jahren entsprungen, als eine «militarisierte» Version und düstere Parodie des von Virilität sprühenden Magnum-Stars Tom Selleck (Abb. 43). Ruth durchschaut seine Maskerade der Männlichkeit sofort und nimmt sie Stück für Stück auseinander: Sie offenbart sich als ein äußerst fragiles Konstrukt. Schließlich erlangt Ruth die totale Kontrolle über P.J., denn sie weiß, dass sein Begehren auf Jugendlichkeit, Schönheit und weibliche Passivität gerichtet ist, und zieht ihn wahrhaftig aus: Sie steckt P.J. in ein rotes Kleid, malt seine Lippen rot an, bürstet und schmückt seine schwarz gefärbten Haare. Sein fetischistischer Blick wird auf den Kopf gestellt, der Drag macht ihn zum objektivierten Körper-Spektakel. Als er sie aus Rache mit ihrer eigenen Grausamkeit konfrontiert, ist Ruth tief bestürzt und ergreift die Flucht. Sie ist auf einmal identitätslos, ruth-less. Ihren Sari, der ihr neu geborenes Selbst noch vor der «Behandlung» zusammenhielt, hat sie selbst verbrannt, nun kann sie sich nur mit Fetzen bedecken, so wie sie sich selbst fühlt, in Fragmenten zersplittert, vorne eine Schürze, ein Handtuch am Po, an den Füßen Dostojewski Bücher mit Plastiktüten festgemacht, und fliehen (Abb. 44).

Nach einem letzten, physischen Kampf mit P.J., der als gebrochener Mann mit zerrissenem rotem Kleid und einem einzigen Cowboystiefel versucht, sie mit Gewalt aufzuhalten, gelingt es Ruth, zurück in Indien, ihr Selbst neu zu konfigurieren.

**44** Holy Smoke

Auch hier haben Janet Patterson und Jane Campion symbiotisch beeindruckende Körperbilder kreiert: Die Regisseurin untersucht die Verflechtung zwischen weiblicher Sexualität und Spiritualität als möglichen Weg zu weiblicher Ermächtigung, dabei greift sie auf Erzählweisen und «weibliche» Genres zurück (Missbrauchserzählungen, Melodrama, Liebesduelle und Geschlechterkampf) und integriert sie in ihrer eigenwilligen Erzählform. Janet Patterson arbeitet mit Verweisen auf die zeitgenössische Körperästhetik und kunstfertigen Modezitaten: In ihrem weißen Sari konterkariert Kate Winslet als Ruth die Verlogenheit ihrer Familie in ihrer kleinbürgerlichen Maskerade von vulgären Outfits und schlecht sitzenden Frisuren. Der Sari ist aber auch ihr Kampfoutfit als zorniges, unbestechliches Riot Grrrl; als er verbrannt ist, setzt Ruth ihren Sex-Appeal berechnend ein und wird in ihren tief ausgeschnitten Blusen und Wickelröcken zu einer Repräsentantin der zeitgenössischen «Girl Power»: Die Zeichen der «postfeministischen» Dekade verdichten sich nahezu emblematisch auf Ruths fülligem und Jugendlichkeit ausstrahlendem Körper, schwankend zwischen Rebellion und Anpassung an die weibliche Norm.

## Girls on the Front

Anfang der 1990er-Jahre traf sich eine Gruppe von jungen Musikerinnen in Washington, um den offensichtlichen Sexismus der männlich dominierten Punkszene anzuprangern. Frauen wurden in der Regel bei Konzerten belästigt und angegriffen und als Künstlerinnen nicht ernst genommen. Die Punkrock-Idee «alles ist möglich» schien nur für männliche Punkbands zu gelten. Die Frauen beschlossen, einen «Girl Riot» dagegen zu starten: Die Riot Grrrl-Bewegung war geboren, die Wut war schon in dem Namen eingeschrieben.

Die Band Bikini Kill verkörperte den Geist der Bewegung: Mit ihren krachenden Gitarren und prügelndem Schlagzeug schrien sie nicht nur über den Frust, den sie als Frauen in der Gesellschaft empfanden, sondern zelebrierten auch ihre Unabhängigkeit und ihr Selbstbewusstsein. Sie traten gegen die herrschenden sozialen Erwartungen auf, inszenierten furchtlos ihre Weiblichkeit, trugen Minirock mit Netzstrümpfen und Sportschuhen gepaart, ihre Lippen waren knallrot geschminkt, sie parodierten gängige aufreizende Weiblichkeitsposen. Bikini Kills bekannteste Hymne «Rebel Girl» kann als Ode an die weibliche Solidarität in Erinnerung bleiben: «When she talks, I hear the revolution / In her hips, there's revolution / When she walks, the revolution's coming / In her kiss, I taste the revolution!»

Die Bewegung war für ihre Zeit revolutionär, aber sie war sicherlich politisch nicht makellos. Die meisten Riot Grrrls waren berüchtigt dafür, farbige Frauen in ihren Kampagnen auszuschließen, ein typisches Riot Girl war jung, bürgerlich und vor allem weiß. Die mediale Aufmerksamkeit richtete sich eher auf ihre Performances und viel weniger auf ihre feministische Botschaft: Die offene Thematisierung in ihren Songs von Inzest und Gewalt in der weißen Mittelschicht wurde banalisiert und auch ihre Musik wurde medial diskreditiert (vgl. Leonard 1997: 230–56). Als um 1996 Bikini Kill für tot erklärt wurden, trat Alanis Morissette aufs Parkett, als neue Verkörperung eines «angry girl». Mit «You oughta know» sang sie ihrem Ex-Liebhaber, dass sie «nicht verschwinden wird» und skizziert ihre Rache fürs Verlassenwerden wegen einer älteren Frau. Morissettes Erfolg ebnete den Weg für andere «wütende» junge Frauen: Tracy Bonham erlangte 1996 mit ihrem Song «Mother Mother» Berühmtheit. Der Song, der als poppige, unbeschwerte Melodie beginnt, endet mit der Wut einer Mittzwanzigerin, deren Leben nicht wie geplant verläuft. Auch Meredith Brooks prägte die Dekade mit ihrem Song «Bitch», den die Newsweek als «eine postfeministische Feier der Launenhaftigkeit» (ebd.) bezeichnete. Mit Texten wie «I'm a bitch / I'm a tease / I'm a goddess on my knees», sagte Brooks gegenüber Newsweek, sie wolle die negative Bedeutung von Wörtern wie «bitch» auslöschen, indem sie «es neu okkupiert» (ebd.). Und dann traten die Spice Girls in Erscheinung, eine weitere weibliche Sensation jenes Jahrzehnts. Obwohl sie nicht so wütend waren wie Morissette, brachten sie einen (post)feministischen Aspekt in ihren Auftritt, indem sie bei ihren Konzerten «Girl Power» in Hotpants und glitzernden Tops sangen. Es sind letztlich die gleichen (körper)ästhetischen Ambivalenzen, in denen die weiße, bürgerliche Ruth gefangen ist, wenn sie von

**45** HOLY SMOKE

ihrer spirituellen Hülle beraubt, ihre brennende Nacktheit als «Bitch» einsetzt (vgl. ebd. 230–256).

Es ist vielleicht kein Zufall, dass Jane Campion, als Antwort auf die Kritiken zu ihrem weißen Feminismus, die Antagonistin Ruths, P.J.s Partnerin Carol, mit der afroamerikanischen Schauspielerin Pam Gier besetzt hat. Und Janet Patterson hat für Carol das passende Körperkonzept kreiert, das sie zu einem provokativen, ironischen und konträrem Spiegelbild Ruths macht. In ihrem Cameo-Auftritt nähert sich Pam Gier als Carol langsam P.J. an, der ahnungslos duscht. Plötzlich steht sie vor ihm, in einem lindgrünen Zweiteiler – einer eleganten Capri-Hose mit lässiger Tunika kombiniert – in silbernen High-Heels-Sandaletten in der australischen Wüste stöckelnd, ihre langen, silbern lackierten Fingernägel schwingend: ein schillernder Fremdkörper, die mit der weißen, bornierten Welt der Barrons nahezu gewaltsam kollidiert (Abb. 45).

Auf ihrem Körper lässt Janet Patterson mehrere Versatzstücke von ikonischen Filmheroinnen mit raffinierten Modezitaten aufeinandertreffen: Die einstige Protagonistin des Sex-Exploitation B-Genre, die in den 1970ern als schwarze Actionheldin mit knappen Bikinis, Knarre und überbordendem Sex-Appeal ausgestattet wurde, letztlich als (Hetero-)Männerfantasie mit modischen Exzessen sexualisierte schwarze «Badass» konstruiert, wird hier mit einem powervollen, ladyliken Outfit inszeniert. Ist es vielleicht nicht sogar auch eine ironische Anspielung an das kultige Etuikleid mit passender Jacke der blonden Melanie Daniels in Hitchcocks THE BIRDS? Melanie alias Tippi Hedren diente dem Regisseur mit ihrer selbstgefälligen Sinnlichkeit als ambivalente Handlungsträgerin, schwankend zwischen Macht und Ohnmacht.

Anfänglich stolziert sie herausfordernd in Bodega Bay in ihrem pastellgrünen Kleid auf modischen Stöckelschuhen, die ihre Beine geradezu fetischtisch betonen. Am Ende, nachdem die Vögel sie attackiert haben, hat sich die offensive Verführerin in ein ohnmächtiges, hilfloses Geschöpf verwandelt, die hochgesteckte Frisur ist zerzaust, die schönen Beine mit Blut verschmiert, das schicke Kleid zerfetzt: Wie bei allen Hitchcock-Heroinnen wird die hypnotische Wirkung, die sie anfänglich besitzen, letzten Endes durch die Macht des Regisseurs auf brutale Weise neutralisiert.

Der Epilog von HOLY SMOKE bezüglich der Kostüme bestätigt – im krassen Gegensatz zu Hitchcock – bei beiden Heroinnen mit feiner Ironie das subtile Fortbestehen ihrer «Girlie-Power»: Sowohl Ruth als auch Carol scheinen sich als inzwischen verantwortungsvolle Frauen untergeordnet zu haben, Ruth lebt in Indien mit ihrer Mutter, hat einen Freund und akzeptiert sogar seine Eifersucht, Carol hat als schwarze Frau mit P.J., einem weißen Mann, eine Familie gegründet. Dennoch scheint gerade in ihrem jeweiligen Outfit ein nicht komplett angepasstes (Körper-)Bild durch. Ruth ist in hippie-ähnlichen, fluktuierenden Stoffen umhüllt und Carol als Mutter und Ehefrau trägt ein T-Shirt mit der Aufschrift «Girl». Wie bei anderen Protagonistinnen Campions bleibt auch bei Ruth und Carol ein unbeugsamer Rest, der sich der gesellschaftlichen Ordnung entzieht und in ihren Körpertexturen subtil transportiert wird.

## BRIGHT STAR:
## Fanny als Alter Ego von Janet Patterson?

BRIGHT STARS ist die letzte Zusammenarbeit zwischen Campion und Patterson, ihre letzte, kreative, intime Begegnung über Stoffe, die sie im Laufe von fast 20 Jahren kongenial über die Schauspielerkörper «drapiert» haben. Lässt sich bei diesem Film sagen, dass Jane Campion die Darstellung intensiv körperlicher Erfahrung verlässt und eine Art Metaphysik der Liebe darstellt? Wohl kaum: Die Protagonist:innen begegnen sich letztlich am Ort des Begehrens, das in den Falten der historischen Kleider, die sie in subtilen Nuancen umhüllen, versteckt ist.

Mit BRIGHT STAR geht die Kostümbildnerin – nach dem Exkurs in HOLY SMOKE durch die Mode und Looks der 1990er-Jahre – wieder einige Schritte in die Modegeschichte zurück, zur Regency Zeit, vor der viktorianischen Ära, was bedeutet: keine eng geschnürte Taille, kein gepolsterter Po, keine voluminösen Krinolinen, sondern locker fallende Kleider mit der Taille direkt unter der Brust, leichte und durchsichtige Stoffe, wie Musselin, Batist, Leinen und Seide, die in kühnen Farbkombinationen und raffiniert schrägen Schnitten die Silhouette der Protagonistin definieren. Gleich am Anfang wird Fanny Brawne (Abbie Cornish) als «die gut genähte kleine Miss Brawne, in all ihren Details» John Keats (Ben Whishaw) vorgestellt: Es ist ausgerechnet Keats bester Freund Mr. Brown (Paul Schneider), der Fanny, über die er spottet, bei seinem Freund einführt: Er sieht in ihr eine Sklavin von «Volant und Kreuzstich», aus seiner Sicht ein frivoles Hobby im Kontrapunkt zu der «ernsthafteren» Tätigkeit eines Dichters. Doch während die Dichterfreunde gegen Schreibblockaden ankämpfen und wenig Respekt, geschweige denn Einkommen, für ihre Arbeit erhalten, produziert Fanny konsequent und leise in der Einsamkeit ihres Zimmers originelle und äußerst kreative Kleidungsstücke. Der Kostümbildnerin ging es vielmehr um die dramaturgische Bedeutung von Texturen und weniger um die historische Authentizität von Schnitten und Farben, denn sie lassen uns in ihre eigene Sinnlichkeit eintauchen, jenseits einer exakten modehistorischen Rekonstruktion. Campion hat oft gesagt, dass Janet Patterson einen «organischen» Ansatz in ihre Arbeit einbringt und Kleidung kreiert, die zu den Schauspieler:innen passt, anstatt sie nur korrekt modisch zu kleiden. Während Keats der Welt durch Poesie einen Sinn gibt, ist Fannys Medium «die Sprache» der Mode, um ihr In-der-Welt-Sein einen fassbaren Ausdruck zu geben.

Das allererste Bild des Films ist eine Nahaufnahme von Fannys Nadel, eine Nadel, die vorsichtig durch ein Stück Stoff geschoben, geschlungen und festgezogen wird und sich als Teil eines immer komplizierteren Designs entwickelt (Abb. 46). Der extremen Nahaufnahme der Nadel wird eine Totale von Fanny gegenübergestellt, die an einem Fenster näht, in der stillen Enge ihres von einem

**46** Bright Star

**47** BRIGHT STAR

blassblauen Licht durchfluteten Zimmers (Abb. 47). Fannys kontemplatives Nähen kommt als künstlerischer Ausdrucksform eine einzigartige Bedeutung zu. Während des gesamten Films beruft sich Campion auf ihr Nähen als Metapher für eine innere Subjektivität, die eine Parallele zu Keats' Poesie darstellt. Es ist aber ohnehin auch eine Form vergessener weiblicher Kunst und Geschichte. Von den Innenräumen wird unser Blick nach draußen gelenkt, in die öffentliche Welt der Frauen: endlose Wäscheleinen mit im Wind flatternden Laken, Tieren in den Höfen und schlammigen Straßen.

Wir Zuschauende können uns in die Gegenstände, Räume, Stoffe gleich hineinfühlen – in Bücher, Briefe, Kleider, gepflegte Innenräume und ländliche Landschaften. Und so wie Fanny mit ihrer Nadel eine Art kreative Waffe einsetzt, dringt sie mit der gleichen Beharrlichkeit in die Geheimnisse von Keats Welt ein: Ihre Begegnung hat die profane Konkretheit der alltäglichen Kleider, die auf den schlammigen Straßen dreckig werden, und zugleich die transzendierende Leichtigkeit von Fannys eigenwilligen Kreationen. Ihre selbst entworfenen und selbst genähten Kleider lassen sie in der eintönigen Umgebung stets leuchten: Mit ihrem roten Regency-Hut mit gelben Federn und in dem überdimensionierten, dreischichtigen Pilzkragen – dem einzigen in Hampstead, wie sie selbstbewusst erklärt – ist sie in der Welt des bürgerlichen Regency eine auffällige, nahezu verstörende Erscheinung (Abb. 48). Sie ist ein Gefühlsbündel und versucht trotzig und stark, sich darin abzuheben. Und sie tut es auf die einzige Weise, die sie kann: durch selbstgeschneiderte Kleidung, durch die knalligen Farben und die provokativen Schnitte, die schrillen Hauben exzessiv mit Federn und Schleifen geschmückt.

**48** Bright Star

Janet Patterson hat ihre Verbundenheit zur japanischen Mode mehrmals erwähnt: Die Recency Mode wird bei ihr ein fröhliches Experimentierfeld, bei dem sie lustvoll modeanachronistische Brüche mit ironischen Verweisen auf Rei Kawakubos Kreationen aufeinandertreffen lässt, besonders auf die ikonische «Bad Taste Kollektion» von 2008. «There is a value in bad taste» (Mower 2008), hatte die Modedesignerin in ihrem gewohnten lakonischen Stil zu jener Kollektion deklariert. Und davor schreckt auch Fanny bei ihren wilden Kombinationen von Spitzen, Rüschen und Tüll, von modischen Entgrenzungen, die sie unbekümmert an ihrer Silhouette zelebriert, nicht zurück. Ein «exzessiver» weißer Kragen schmückt einen sattroten, mit leicht militärischem Touch inspirierten Spencer, den sie über einem weißen Rock mit asymmetrischen Falten trägt (Abb. 49). Es ist wohl die gleiche Asymmetrie, die Rei Kawakubos als ewige Rebellin in der konventionalisierten westlichen Modewelt prägt, und Fanny mit der gleichen Entschlossenheit vorführt.

**49** Bright Star

**50** Bright Star

Fannys Gespür für Mode rückt immer wieder ins Zentrum, aber Keats ist ein charmanter Gesprächspartner und setzt gekonnt die Sprache als Verführungskunst ein (Abb. 50). Er lockt sie zu einem Spaziergang zum Teich: «Ich habe all diese Teile erforscht, die mehr sind als deine Wimpern.» Und er führt mit ironischer, leichter Art Fanny in die Freuden seines Berufs ein. «Ich bin nicht schlau mit Poesie», gesteht sie ihm. «Nun, ich anscheinend auch nicht», antwortet er mit entwaffnender Ehrlichkeit. Indem sie Poesie so betrachtet wie sie das Nähen empfindet, als ihr leidenschaftliches, greifbares Handwerk, gesteht Fanny, dass sie Schwierigkeiten hat, «sie herauszuarbeiten» und bittet ihn um Poesie-Unterricht, um sein Handwerk zu begreifen. Seine Antwort: «Das poetische ‹Handwerk› ist ein Kadaver, eine Täuschung. Wenn Poesie nicht so natürlich vorkommt wie Blätter an einem Baum, dann sollte sie besser gar nicht vorkommen. [...] Ein Gedicht muss durch die Sinne verstanden werden. Der Sinn des Eintauchens in den See besteht nicht darin, sofort zum Ufer zu schwimmen; es ist im See zu sein, um das Gefühl von Wasser zu genießen.»

Der umfangreiche Einsatz von Außenschauplätzen und Elementen wie Sonnenlicht, Schmetterlinge, Blumen und Sommerbrise verwandeln den Film nahezu in ein auf Zelluloid festgehaltenes Gedicht des Kameramanns Greig Fraser. Dazu tragen allerdings weitere Kollaborateur:innen Campions bei: Ein so erhabener Moment wie der, der auf den ersten Kuss der Liebenden folgt, als Fanny sich in ihrem Zimmer einschließt, sich auf ihr Bett legt und leise seufzt, während sie von der Erinnerung an den ersten Kuss eingelullt wird, ist nur dank der zarten Bewegung der durchsichtigen Vorhänge sichtbar, die das Zimmerfenster schmücken. Der genaue Zeitpunkt dieses Moments wird durch den Schnitt von Alexandre de Franceschi definiert, der in dem Film Vorstellungen von zeitlicher Kohärenz mit Rhythmen ersetzt, die vom Fluss der Emotionen bestimmt und nicht von der narrativen Logik diktiert werden. Aber auch hier hat Janet Patterson Texturen und modische Linien der Zeit erzeugt und sie in

**51** BRIGHT STAR

eine visuelle Dramaturgie übersetzt, die hauptsächlich auf der Verwendung von Farbe basiert, um emotionale Reaktionen hervorzurufen (Abb. 51).

John Keats ist definitiv nicht der Protagonist des Films. Wären da nicht seine Gedichte und die zwischen ihm und Fanny ausgetauschten Briefe, von denen viele immer noch existieren und als wesentlicher Teil seiner Arbeit wissenschaftlich untersucht werden, könnte die Figur durchaus fiktiv sein. Das Zentrum des Films ist zweifellos Fanny: Von Abbie Cornish mit kraftvoller emotionaler Klarheit und einer faszinierend modernen Präsenz gespielt, repräsentiert Fanny die Perspektive von uns Zuschauenden und es sind ihre Emotionen, die die formale Konstruktion des Films bestimmen.

## Doppelgängerinnen

Fanny hat wie Ada in Flora auch eine Doppelgängerin, ihre kleine Schwester Toots (Edie Martin). Sie ist ihr Sprachrohr in Miniatur und zugleich ihr jüngeres Alter Ego. In ihren Kleidern ist Fannys Hand zu spüren, sie können durchaus aus Resten von ihren eigenwilligen Kreationen bestehen. Toots ist zweifellos mit Flora verwandt, die in THE PIANO wie eine miniaturisierte Version Adas gestaltet wird. «Die enge Beziehung zwischen Mutter und Tochter wird sofort durch Farbe und Kleidung hergestellt», sagte Jane Patterson im Interview. «Flora, eine Miniatur ihrer Mutter» (ebd.) (Abb. 52). Flora ist aber viel mehr als Adas Verlängerung, sie ist ihre Stimme. Als sie bei Stewart den Wunsch ihrer Mutter, das Piano mit

**52** The Piano

allen anderen Gepäckstücken mitzunehmen, artikuliert, weigert er sich. Ada verblasst, machtlos eingeschlossen in ihrem Schweigen, und Flora rebelliert wütend gegen Stewarts Entscheidung: Ihre Wut ist die Wut ihrer Mutter. Sie wird aber später ihre Mutter an ihren Stiefvater verraten, nachdem sie Ada und Baines heimlich bei ihren Liebesspielen beobachtet hat, weil sie sich selbst von ihrer Mutter verraten fühlt. Es ist das brutale Ende ihrer Dyade und die Geburt von Floras eigenständigem Selbst.

Die voyeuristische Rolle von Toots, die Fanny stets begleitet und von der Verliebtheit ihrer großen Schwester erstrahlt, ist eine Familienpflicht und gleich-

**53** Bright Star

zeitig eine verspielte Hommage ans Kinovergnügen: Als sie Fanny und John in der Rolle der Anstandsdame über die Schulter ansieht, während sie von einem Kuss im Wald zurückschlendern, necken die beiden Liebenden sie mit einem beschwingten «Freeze»-Spiel (Abb. 53).

Fanny und Toots sind durch ein durchlässiges Band verwoben. Wie Flora und Ada bilden auch sie eine Dyade, die dazu prädestiniert ist, schmerzhaft getrennt zu werden, ein Schmerz, den Janet Patterson in einem inzwischen ikonischen Kleid in Lavendelfarbe intensiv fühlbar macht: In der Szene tollt Toots auf einem Lavendelfeld herum und Fanny verschmilzt buchstäblich mit den Blüten, verloren in dem schwindelerregenden Gefühl der Liebe. Und doch versteckt sich in jeder Falte des nach Leben schreienden Kleides ein dunkles Licht: Die schreckliche Traurigkeit, die sich wie ein Leichentuch über jeden leuchtenden Stoff legt, ist nahezu physisch zu spüren, und trotzdem durchdringt ihn stets eine Art Euphorie, eine Ekstase des Verlustes.

Vielleicht wollte Jane Campion mit BRIGHT STAR und seiner kreativen, kühnen, faszinierenden Protagonistin ihre Freundin und ihre überragende Arbeit huldigen: Wie Janet Patterson selbst gestanden hat, stellte das Einkleiden von Fanny für sie eine außergewöhnliche Herausforderung dar, «weil sie auch durch ihre Kleider mit ihrer eigenen Identität und Kreativität spielte» (Caranicas 2009). Vier Jahre nach BRIGHT STAR nimmt Jane Campion mit der Miniserie TOP OF THE LAKE eine ganz neue Herausforderung an, die auch durch eine neue Zusammenarbeit mit zwei anderen Kostümbildnerinnen begleitet wird.

# TOP OF THE LAKE
## Gothic-Landschaften

Die Serie TOP OF THE LAKE (2013) und deren Fortsetzung, TOP OF THE LAKE: CHINA GIRL (2017), in Zusammenarbeit mit der BBC entstanden, markiert die Rückkehr Jane Campions zum Fernsehen nach AN ANGEL AT MY TABLE. Sie kooperiert für das Drehbuch erneut mit Gerard Lee, mit dem sie SWEETIE geschrieben hatte, und den Regisseuren Garth Davis für die erste und Ariel Kleiman für die zweite Staffel. Die Serie spielt in der ersten Staffel in der fiktiven Kleinstadt Laketop in der Nähe von Queenstown in Neuseeland und wurde für die zweite Staffel in Sydney, Australien, verortet.

Das internationale Publikum wird nach der fantastischen Reise in die «neuseeländische» Mittelerde der THE LORD OF THE RING-TRILOGIE in ein ganz anderes Neuseeland versetzt. Für Autorinnen wie Deb Verhoeven, Annabel Cooper und Tessa Dwyer sind Australien und Neuseeland wichtige geografische und biografische Bezugspunkte in Campions Werk. Cooper behauptet, dass in der Zeit, die Campion außerhalb Neuseelands verbracht hat, sie eine Art filmisches Auge entwickelt hat, das Neuseeland aus der Perspektive einer Ausgewanderten beobachtet: Sie schaut auf ihr Herkunftsland, wie «verführt von seiner Vergangenheit, während ihre Darstellung von Australien oft modern, dystopisch und urban ist (vgl. Cooper 2009: 280).

Die weiten neuseeländischen Landschaften in der ersten Staffel von TOP OF THE LAKE sind allerdings alles andere als idyllisch, sie werden zu einem komplexen figurativen Raum voller Ambivalenzen: Die kleine, fiktive Stadt Toplake erscheint von majestätischen Bergen umgeben, die aber zugleich bedrohlich wirken; die dichten und verschlungenen Wälder sind zunächst ein Blickfang, verbergen jedoch Dinge und erschweren die Suche danach; die Gipfel erlauben einen atemberaubenden Blick von oben, rufen aber auch ein Gefühl von Schwindel hervor; die weiten grasbewachsenen Flächen bieten Raum für Siedlungen, lösen aber zugleich das Gefühl von Isolation und Verlassenheit aus. Die vorherrschenden Farben sind leuchtendes Grün und Blau, dennoch herrschen oft Nebel und Feuchtigkeit, die einen frösteln lassen. So wirkt auch der See, der in der Landschaft hervorsticht: grau, kalt, düster. Dort beginnt auch die Geschichte.

Der See als Handlungs-, Imaginations- oder allegorischer Raum ist fest verankert im kollektiven Gedächtnis: Eingebunden in unterschiedlichste kulturelle Traditionszusammenhänge kann er einen Ort der Kontemplation, der Besessenheit, des Geheimnisses, des Todes repräsentieren, insbesondere des Selbstmordes von Frauen, der besonders im 19. Jahrhundert männliche Fantasien anregte. Die Besessenheit vom weiblichen Selbstmord im viktorianischen England gipfelte in dem wiederkehrenden Bild der ertrunkenen Frau: Zahlreiche Künstler sahen das Wasser als «Quelle» der Frau, aus der sie, wie Venus, gekommen war und zu der sie, wie Ophelia aus Shakespeares *Hamlet* – dazu bestimmt – zurückkehrte. In den zahlreichen Porträts, die im 19. Jahrhundert der «Kult um Ophelia» hervorbrachte, ist die Faszination für John Everett Millais Ophelia-Gemälde von 1851 ungebrochen geblieben: Ihr arkanes, von üppigen Blumen umgebenes Antlitz im Moment des Todes, ihr rotes fließendes Haar und ihr kunstvoll besticktes Kleid, das vom Wasser getragen wird, sind stets eine Quelle seltsamer Verführung gewesen. «Bildliche Darstellungen von Tod und weiblicher Schönheit wirken ästhetisch anziehend und abstoßend zugleich» (Bronfen 1994: S. 9). Eingefroren in seiner Schönheit stellt das Bild der «schönen Leiche» ein Phantasma der Unsterblichkeit dar, auf sie projiziert die westlich-patriarchale Kultur Ängste, die sie damit zu bannen hofft.

Campion spielt schon gleich am Anfang mit solchen Verweisen, verwendet eine bekannte Ikonografie und Anspielungen auf diese Art von Reminiszenzen, lässt aber ihre weiblichen Figuren alternative Wege gehen. Die Bilder lösen sich von der für den Thriller typischen Spezifität und führen uns zu einer «anderen» Wahrnehmung, jenseits der gewohnten Genrekonventionen, zu einem rezeptiven psychischen Zustand, der durch das Eintauchen in seine eigene Zeitlichkeit entsteht.

Im Mittelpunkt beider Staffeln steht die in Sydney lebende Detektivin Robin Griffin (Elizabeth Moss): In der ersten Staffel ist sie zeitweilig in ihrer neuseeländischen Heimat, um sich um ihre todkranke Mutter zu kümmern, in der zweiten kehrt sie nach Sydney zurück. Robins Bewegung folgt erneut einer geografischen und emotionalen Route, die auch eine Art intime Landkarte nachzeichnet: Sie agiert in beiden Staffeln als Ermittlerin, die jedes Mal die Landschaft durchstreift und dabei sich selbst und ihre Vergangenheit erforscht. Die neuseeländische Landschaft mit ihren archaischen Naturschönheiten wird zu einem hypnotischen Erzählraum, der das Geheimnis der Erzählung aus dem Außen ins Innere der Protagonistin führt: Haut, Körper, Selbstsuche, Materialität von Oberflächen, Zeit, die vergeht und vergangen ist, Zeit, die wieder gefunden werden muss: Die Bausteine einer inneren Biografie werden nach und nach miteinander verwoben.

# Spiegelungen

Hinter der ruhigen Wasseroberfläche verbirgt sich sicher etwas: Um dahinter zu schauen, muss man ins Unbekannte eintauchen. Unbehagen, Unsicherheit und dunkle Vorahnung scheinen in der Landschaft allgegenwärtig zu sein, in dem Nebel, in den die Orte oft gehüllt sind, spiegelt sich Campions eigenes Verständnis von Neuseeland. In einem Interview mit Marli Feldvoss beschreibt Campion «ihre Heimat wie von klaustrophobischem «Busch» und dichten und dunklen Wäldern bedeckt, die die Siedler niederbrannten, [...] um nicht klaustrophobisch zu werden [...] Undurchdringlich, als würde man unter Wasser schwimmen. Es ist eine geheimnisvolle, schöne und märchenhafte Welt, aber sie kann auch beunruhigend und albtraumhaft sein», fügte sie hinzu (Feldvoss 1993 zitiert in: Wright Wexman 1999: 97).

In das Wasser des Sees einzutauchen bedeutet, in den Film einzutauchen, sein Fluidum entspricht dem unberechenbaren Fluss der Bilder. Dies erklärt auch das ambivalente Verhältnis der Figuren zu dem See, das zwischen Anziehung und Ablehnung changiert: Spiegelt sich darin auch die Hassliebe der Regisseurin gegenüber der erzählten Geschichte, ja vielleicht sogar der anziehenden und zugleich abweisenden Haltung zu den Schauplätzen der Serie, zurück zur Heimat und zu den eigenen Widersprüchen?

Top of the Lake spielt tatsächlich am Wakatipu-See, dem drittgrößten See Neuseelands, der durch einen ungewöhnlichen Anstieg und Fall des Wasserspiegels geprägt ist. Eine alte Maori-Legende besagt, dass in dem See ein Taniwha, ein Dämon, schläft. Wenn der Taniwha einatmet, sinkt der Wasserspiegel, und wenn der Taniwha ausatmet, steigt der Wasserspiegel. Jane Campion schreckt nicht davor zurück, in den See einzutauchen und dem Dämon zu begegnen: Nur wenn man den (Ab)grund erkennt, kann man die Oberfläche (zer)stören, um das Verborgene zu enthüllen, das Unsichtbare offen zu legen. Die Regisseurin umgeht die Fallen des Seriengenres, indem sie die Konventionen des Thrillers aushöhlt: Sie schafft einen besonderen Zugang zur Welt von Toplake und lässt uns im See wie im Film versinken.

Es ist ein junges Mädchen, das uns in das Geheimnis des Sees buchstäblich einführt. Sie verlässt – vermutlich wie jeden Tag – mit dem Schulrucksack ihr Haus auf dem Fahrrad: Die Gesichtszüge der jungen, zarten Schauspielerin Jacqueline Joe verweisen auf ihre asiatische Herkunft und verleihen ihr eine physiognomische «Fremdheit», sie erscheint in der verschneiten, menschenleeren Landschaft äußerst zerbrechlich. Sie fährt an Pferden und Schafen vorbei, es sind aber keine bukolischen Bilder. In einer langen Totalen wird sie zu einem Punkt in der kahlen Landschaft, es herrscht eine unbehagliche Stille: Sie ist ein alleingelassenes Kind, die Natur ist indifferent. Die Kamera nähert sich ihr, als sie das Fahrrad in einem Busch abstellt, ihren weißen Anorak auszieht und mit ihrer Schuluniform langsam

in den See geht; sie steht fast bis zu den Schultern im Wasser, die Hände zu Fäusten geballt, wie ein Baby im Mutterleib (Abb. 54). Wird hier Seewasser als Fruchtwasser evoziert? Oder ist es der Verweis auf die Geburt eines transkulturellen, utopischen Körpers, der aus dem Gefängnis der neuseeländischen Geschichte ausbricht?

Eine Schulbegleiterin, die mit dem Schulbus gerade vorbeifährt, sieht sie und ruft aufgewühlt: Tui! – Wir wissen nun, wie sie heißt, es ist der Maori-Name einer neuseeländischen Vogelart, der Tuihonigfresser. Tui wird aus dem Wasser geholt und sitzt gleich danach in dem Bus mit einer Decke über den Schultern, schweigend. Wenig später wird sie auf dem Polizeirevier von weißen Polizisten befragt, vergeblich. Sie bleibt weiterhin stumm. So wird Robin, die aus Sydney zu Besuch bei ihrer Mutter in der Stadt ist, wegen ihrer Spezialisierung auf Kindesmissbrauch auf die Polizeiwache von Laketop gerufen. Die Entdeckung, dass die Zwölfjährige schwanger ist und sich weigert – oder nicht in der Lage ist – den Vater zu nennen, wird zum Motor der Serie und treibt Robin dazu, ihre Theorie zu verfolgen, dass Tuis Vater, Matt Mitcham (Peter Mullan), ein gewalttätiger Drogendealer, der die gesamte Stadt unter seiner Herrschaft hält, dafür verantwortlich ist. Wie schon in Sweetie wird das zentrale erzählerische Ereignis – ein vermuteter Inzest – nur angedeutet, nie zeitlich verortet gezeigt oder offen thematisiert. Es bleibt ein verdrängtes Geheimnis, eine verbotene Fantasie, ein unaussprechliches Wort, wie das Geflüster, das Louis in Sweetie wagt und vor sich hinmurmelt, als Kay ihm sagt, sie sieht ihn wie einen Bruder. Jane Campion weigert sich, das Ereignis aus der Erinnerung oder den obskuren Zonen einer «verbotenen» Fantasie herauszulösen, es geht ihr darum, zu zeigen, wie sich das Trauma als (verdrängte) Erinnerung in den Körper eingeschrieben hat: «Das Gedächtnis als ständige Präsenz des Körpers in der Gegenwart» so beschreibt Sue Gillett in ihrer Analyse von Sweetie Campions Herangehensweise (Gillett 1999).

Als Robin, die nicht zufällig den Namen eines europäischen Vogels trägt, auf dem Polizeirevier ankommt, trifft sie zuerst den Polizeichef Al Parker (David Wenham) vor dem Verhörraum, in dem sich Tui, den Kopf auf den Tisch gelegt, stoisch weigert,

**55** Top of the Lake

Fragen zu beantworten (Abb. 55). Mit ihrer Weigerung zu sprechen rückt Tui in die Nähe Adas: Auch ihre Sprachlosigkeit ist ein stiller Protest gegen eine Welt, in der sie ihre eigene Stimme nicht artikulieren kann. In der Glaswand des Verhörraums, die Robin und Tui trennt, treffen in der Spiegelung ihre Gestalten aufeinander. Die transparente Oberfläche verbindet und trennt Tui und Robin zugleich und wird zur Schnittstelle zwischen intersubjektiven «physischen» Räumen: Die zwei Körper spiegeln sich ineinander und es ist wie ein Wiedererkennen. Im Laufe der Geschichte wird die eine abwechselnd zu Tochter, Mutter oder Schwester für die jeweils andere: Es ist, als ob beide bereits bei ihrer ersten Begegnung vor und hinter der Glasscheibe zusammen in die Tiefen des Sees eintauchen, die scheinbar ruhige Oberfläche (zer)stören und die Konfrontation mit dem Taniwha – dem Menschen Al Parker und der patriarchalischen kolonialen Macht, die er verkörpert – nicht scheuen, auch wenn die Gefahr groß ist, dass sie beide zugrunde gehen (vgl. Mayer 2013: 116) (Abb. 56).

**56** Top of the Lake

In ihrem Essay über TOP OF THE LAKE erkennt die Autorin Sophie Mayer in der Serie eine Kritik an dem männlichen kolonialen Blick: Die Miniserie greift aus ihrer Sicht implizit die Kritik an dem als kolonialistisch bewerteten Blick in THE PIANO auf und dekonstruiert nicht nur die westliche Vorstellung von Neuseeland als utopischen Nicht-Ort; sie bietet auch die Vision einer antikolonialen Utopie durch das Sich-Ineinander-Spiegeln der weiblichen Hauptfiguren Robin und Tui (ebd.).

Mit Blick auf den Inszenierungsort Neuseeland kristallisiert Mayer die politische Sprengkraft der Serie aus der Perspektive der postkolonialen Medientheorie heraus und erkennt eine Dekolonisierung der Sehgewohnheiten des Seriengenres Thriller. Denn in TOP OF THE LAKE haben Campion und Lee mit Robin eine weiße Ermittlerin kreiert, die nicht als das übliche weibliche Subjekt in einer westlichen Machtstruktur agiert: «Schließlich vermittelt Robin uns Zuschauenden, was es bedeutet, sich als Pākehā in eine Maori-Perspektive hineinzuversetzen: eine Utopie zu verkörpern, die sich innerhalb einer gewaltsamen Geschichte der Enteignung und einer überlebenden Gegengeschichte befindet und sich dieser bewusst ist» (ebd. 113). Im Gegensatz zu zeitgenössischen Polizeiserien mit einzelnen Detektivinnen als Protagonistinnen, lehnt TOP OF THE LAKE die Autorität der weißen staatlichen Polizei ab und entwirft eine Lösung, die sich den üblichen Erwartungen an die Heldenfiguren, die innerhalb eines rechtlichen Rahmens die legitimierte Ordnung am Ende wieder herstellen, widersetzt.

Auf die Bitte Robins den Namen ihres Vergewaltigers aufzuschreiben, schreibt Tui auf einem Zettel ‹NO ONE›, was ‹niemand› aber auch ‹nicht einer› bedeutet. Jeder ist schuldig, es wird uns gleich am Anfang verraten. Mit diesem grundlegenden Kunstgriff suggeriert uns Campion, dass die Form des Thrillers aufgelöst und wie eine leere Box mit anderen neuen Spezifitäten gefüllt werden kann. Es geht ihr letztendlich um etwas anderes: Schon bei der ersten Begegnung zwischen Robin und Tui kündigt sich die Widerstandskraft an, die sie aus ihrer Beziehung und aus dem Kontext der Indigenität – hier als kulturelle Form der Selbstbestimmung verstanden – schöpfen und die schließlich zu der Vision einer antipatriarchalischen Utopie führt. Oder zumindest zu einer vorübergehenden Erlösung. Doch um dorthin zu gelangen, muss Campion Robin, Tui und uns Zuschauenden erst durch die Hölle führen (ebd.).

# Paradise

Paradoxerweise erscheint schon in der ersten Episode das Paradies zum Greifen nahe: Die reiche Bunny (Genevieve Lemon) hat bei dem Immobilienmakler Bob Platt (Darren Gilshenan) ein Grundstück mit dem Namen Paradise gekauft und es in eine Frauenkommune verwandelt, die von einer Art spirituellen Anführerin namens GJ (Holly Hunter) geleitet wird. Der Verkauf von Paradise führt zu einem unmittelbaren Konflikt mit Matt Mitchum über die Frage des Landbesitzes. Als er erfährt, dass Paradise verkauft wurde, macht er sich mit seinen Söhnen, die stets als seine Handlanger fungieren, in einem radikalen Akt von Selbstjustiz des Mords an Bob schuldig.

Matts unbändige Wut rührt daher, dass Paradise die Begräbnisstätte seiner Mutter ist, und als solche für ihn ein heiliger Ort ist, den er durch die neuen Bewohnerinnen, die darauf kampieren, vom Verderben bedroht sieht. Als Matt in Paradise eindringt, den Frauen vorwirft, dass sie mit ihrem Menstruationsblut sein Land verschmutzen und sie daraufhin antworten, dass sie keine Menstruationen mehr bekommen, beschimpft Matt sie als «unfuckable» – aus patriarchaler Sicht sind die Paradise-Bewohnerinnen Frauen, die ihren reproduktiven Lebenszyklus hinter sich haben, nicht mehr zur Fortpflanzung fähig und deshalb körperlos, unsichtbar, wertlos sind. Und doch existieren sie: Mit der Besetzung von Paradise widersetzen sie sich dem Diktat der Unsichtbarkeit alternder weiblicher Körper. Mithilfe von etwa einem Dutzend Schiffscontainern, einer Lichterkette und einem Generator haben die Frauen ihr Heiligtum in dem verlassenen Paradise errichtet. Es gibt Massagen, Meditations- und Frisurensitzungen, Unterstützungsgespräche und Nacktschwimmen. Sie alle sind und haben ein(en) Körper, das ist die Lehre ihrer Anti-Guru GJ: «Geht einfach mit dem Körper.» Sie treibt die traumatisierten Frauen mit rätselhaften Aphorismen an und verheimlicht dabei nicht, dass sie ihren Verstand geringschätzt. 20 Jahre nach ihrer Darstellung Adas in The Piano verkörpert Holly Hunter GJ mit der gleichen faszinierenden Mischung aus Rätselhaftigkeit und dunklem Humor, sie lässt sich nicht entschlüsseln (Abb. 57).

**57** Top of the Lake

Die Frauen, die GJ ins Paradise gefolgt sind, sind genesende Süchtige der verschiedensten Art. Zu ihnen gehören die geschiedene Bunny, die Männer dafür bezahlt, sieben Minuten Sex mit ihr zu haben, oder Anita aus Syracuse, New York, die ihren Kummer darüber überwindet, dass sie ihren besten Freund, einen gewalttätig gewordenen Schimpansen, einschläfern lassen musste. Alle setzen sich mit ihren Verletzungen und Schmerzen auseinander und nehmen sich in Paradise jene Freiheit, die gegen die in Toplake herrschende Macht verstößt. Die Paradise-Gemeinschaft ist nach Sophie Mayer eine «temporäre autonome Zone, um den Begriff von Hakim Bey (1991 [1985]) zu verwenden», die sich sowohl der Kontrolle der weißen staatlichen Behörden als auch der außergerichtlichen Selbstjustiz von Matt und seinen schwer bewaffneten Söhnen entzieht. So bietet sie einen Modellort, der sich patriarchaler Gewalt, aber auch kolonialer Herrschaft und Umweltzerstörung widersetzt. Stellt aber Paradise nicht auch eine foucaultsche Heterotopie dar, wo GJ ihre Anhängerinnen an die Macht des Körpers ständig erinnert? Foucault sieht den menschlichen Körper als «Hauptakteur aller Utopien» (Foucault 2021: 31) und schaut auf seinen Körper wie auf «einen kleinen utopischen Kern, von dem aus ich träume, spreche, vorgehe, mir die Dinge vorstelle, sie an ihrem Platz wahrnehme und sie auch durch die unendliche Macht der Utopien, die ich mir vorstelle, verleugne [...] unsere Körper [...] sie sind leicht zu durchdringen. Sie sind offen und geschlossen. In gewisser Weise sind sie vollkommen sichtbar. [...] Nein, ich brauche wahrhaftig weder Magie noch Zauber, weder Seele noch Tod, um zugleich undurchsichtig und transparent, sichtbar und unsichtbar, Leben und Ding zu sein. Um Utopie zu sein, brauche ich nur Körper zu sein» (ebd. 30).

## Robin: In Wasserlandschaften gefangen

Robin, die nach langer Zeit nach Laketop zurückkehrt und nur aus der Ferne mit ihrem Verlobten und ihrem Leben in Sydney in Verbindung bleibt, findet sich, ob sie es will oder nicht, immer mehr in einem Netz von Beziehungen verstrickt. Anfänglich erscheint sie – ob in dem Haus ihrer Mutter oder in dem Wirrwarr von wilden Büschen in der offenen Landschaft – stets unruhig, rastlos, wie gefangen. Wenn sie beim Joggen von einer unheimlichen Menge von ineinander verschlungenen Bäumen umgeben ist, wird die Erinnerung an Ada wach. Jogginghosen und T-Shirts modellieren zwar Robins energiegeladenen, agilen Körper, im krassen Gegensatz zu den voluminösen Ballonröcken, die Ada im Schlamm versinken lassen, doch verschmelzen beide in unserer Wahrnehmung miteinander. Die Tops mit Spaghettiträgern und die tief ausgeschnittenen

**58** Top of the Lake

T-Shirts entblößen Robins Arme, ihren Hals, ihren blassen Teint und lassen sie in dem dichten, dunklen Wald genauso gefährdet erscheinen wie die gegen Schlamm und Feindlichkeit der fremden Umgebung kämpfende Ada (Abb. 58). Und die engen Jeans, die Robins moderne Silhouette umschmeicheln und nichts verbergen, deuten auf Wehrhaftigkeit und zugleich auf ihre sexuelle Selbstbestimmung, lassen aber in dem feindseligen Umfeld des Polizeireviers und unter den aufdringlichen Blicken der Männer in der Stadt ihre Verwundbarkeit durchscheinen. Es ist aber Robins Hartnäckigkeit des Sehens, ihre Weigerung, von den erschütterndsten Bildern wegzuschauen, und ihr Wille, das Verdrängte ans Licht zu bringen, die schließlich die Kluft zwischen der Verwundbarkeit des Körpers und der patriarchalischen Gewalt in Toplake überwinden. In den eisblauen Augen von Elizabeth Moss spiegelt sich Robins Kompromisslosigkeit: Sie unterwirft sich nicht der patriarchalischen Norm, sie ist unberechenbar, komplex und leidenschaftlich, sie kann sich täuschen und die Täuschung entlarven, sie ist sinnlich, düster, zerbrechlich. Elizabeth Moss bringt Robin mit dem bedingungslosen Einsatz ihres Körpers zum Leuchten.

In der Titelsequenz, die von der Animationsdesignerin Leonie Saviddes realisiert wurde, erscheint ein Bild des titelgebenden Sees, das von einem Gemälde der neuseeländischen Malerin Séraphine Pick inspiriert ist. In ihrer Malerei beschäftigt sie sich mit dem Thema der Identität, wobei ihre Figuren selten eindeutig erkennbar sind: Wiederkehrende Elemente verbergen sie mehr als sie zu offenbaren. Tatsächlich ist es gerade der Akt der Verschleierung, der vielen von Picks Werken zugrunde liegt – durch Verwandlung, Umdrehungen, Tragen von Masken, oder Sonnenbrillen und Hüten entziehen sich ihre Protagonist:innen dem direkten Blick von uns Betrachtenden. In ihren Bildern stört Pick immer wieder die Beziehung zwischen uns Betrachtenden und den imaginären gemalten Welten, die sie erschafft: Diese Welten erscheinen auf den ersten Blick irgendwo vertraut, aber nicht vollständig erkennbar, und mit jeder Sekunde, in der wir versuchen, sie zu entschlüsseln, werden sie unklarer. Wenn wir Glück haben, gibt schließlich die reale Welt ihren Einfluss auf unsere Wahrnehmung auf und wir werden vorübergehend an einen anderen Ort entführt, der ein fesselndes Gemisch aus Fiktion, Erfahrung, Erfindung und Erinnerung ist.

Auch in dem Animationsfilm im Vorspann schauen wir auf eine Landschaft, die auf den ersten Blick vertrauensvoll wirkt, man kann zunächst das Bild in sich aufsaugen, ohne sofort dem Grusel zu erliegen, der doch nach und nach auftaucht. Der Himmel leuchtet düster und der See spiegelt ein kühles Blaugrün wider, das von den steilen umgebenden Bergen ausströmt. Oberfläche und Tiefe, Hervorstechendes und Unsichtbares verschmelzen miteinander: Aus dem See strudelt das Wasser hinunter in die Tiefe, in eisigen Blau- und Grüntönen, die durch die Stop-Motion aufflackern, wenn die Namen der Darsteller:innen eingeblendet werden. Ein Hirschkopf kommt aus der Ferne immer näher, schaut uns direkt an und verschwindet wieder. Dann erscheint ein Fötus, der wächst und leuchtet, bis auch er verschwindet. Eine Vorankündigung von Tuis Schicksal? Ein Hinweis auf Robins Vergangenheit? Der Hirschkopf steht für archaische Männlichkeit und verweist auf den ewigen Kreislauf in einem starren Geschlechtersystem, das von männlichem Jagen und weiblichem Gebären geprägt ist. Auf die Jagdtrophäe folgt ein Bild von Tui, die in dem abstrakten Raum kurz schwebt, mit dem Lächeln der Unschuld: Ist sie eine gegenwärtige Version von Laura Palmer aus Lynchs TWIN PEAKS? Wird sie überleben?

In den Animationsbildern verdichten sich suggestiv bildhaft bereits die zentralen Erzählmotive von TOP OF THE LAKE: der Versuch Robins, aus einer archaischen Welt aus Korruption und Gewalt zu entkommen und das Wiedererleben ihrer Vergangenheit in Tuis Gegenwart. Die Vergewaltigungen von Robin und Tui, die durch eine Generation getrennt sind, wiederholen sich auf unheimliche Weise, allerdings mit wichtigen Unterschieden. Robins Erfahrung als Jugendliche, von einer Bande brutaler Burschen vergewaltigt worden zu sein, hat ihre aufkeimende Romanze mit Johnno (Thomas M. Wright) zerstört, sie seelisch geschädigt und ihre Härte und Kompromisslosigkeit im Berufsleben geprägt. Sie nähert sich Johnno wieder, der auch ein Sohn von Matt Mitchum ist, aber seine gewalttätige Familie verworfen hat, und erlebt mit ihm leidenschaftlichen Sex, doch ihr Verhältnis bleibt weiterhin voll offener Fragen.

Tui und ihre Freunde sind Opfer eines illegalen Unternehmens, das von der Polizei betrieben wird: Sie werden unter Drogen gesetzt und an reiche Geschäftsleute verkauft, die sie ohne Angst vor Konsequenzen vergewaltigen. Tui hat keine Erinnerung, an das Trauma, den sexuellen Übergriff oder ihren Vergewaltiger, über die sie erzählen könnte. Ihr (schwangerer) Körper und ihr paradoxer Mangel an Erinnerungen bringen jedoch die Geschichte voran. Es ist ihr selbstbestimmtes Verschwinden, nach der Befragung bei der Polizei und der erzwungenen Rückkehr zu ihrem Vater, die sie zur Handlungsträgerin der Geschichte machen. Sie verlässt erneut ihr Haus, dieses Mal auf einem Pferd und mit einem Gewehr bewaffnet und flüchtet in die Berge. Und sie hat auch einen Verbündeten: ihren Schulfreund Jamie (Luke Buchanan), der mit einer weißen Mutter und einem abwesenden Maori-Vater mit seiner Verweigerung zu sprechen einen Seelenverwandten Tuis verkörpert.

# Ausnahmezustand

Das im Vorspann angekündigte Zerfließende, Untergetauchte, Verdrängte tritt im Realen wieder in Erscheinung: Jane Campion nimmt uns gleich zu Beginn auf einen verschlungenen Parcours mit, bis zu der Utopie eines neuen Anfangs, die sie am Ende von TOP OF THE LAKE entwirft. Im Laufe dieses Parcours werden wir und die Protagonistinnen mit jenem «Ausnahmezustand» konfrontiert, den Björk in ihrem Lied «Joga – State of Emergency» 1997 besungen hatte: Nicht zufällig setzt die Regisseurin an einem entscheidenden Wendepunkt der Serie Björks Song ein. Das Leben in Toplake, wo der weiße, korrupte, männlich besetzte Staat fernab jeglicher zivilisatorischen Norm handelt, offenbart sich als weit entfernt von jeglicher Form von Normalität, so klingt Björks Song wie eine Kampfansage: In «Joga» besingt sie die Schönheit des Widerstands, der als oppositionelles Handeln dem permanent herrschenden Ausnahmezustand entgegentreten kann.

Das Lied wird am Ende von Episode fünf bei Jamies Beerdigung live gespielt, die Sängerin ist Melissa (Georgi Kay), eine Teenagerin, die sich auch der Sprache verweigert. Ihr Vater, ein reicher Geschäftsmann, hat sie mit dem Hubschrauber nach Paradise eingeflogen, um bei der Mutter Bunny zu wohnen. Melissas dissonante E-Gitarrenakkorde übertönen zuerst die Jagd der von Matt angeheuerten Bürgerwehr, die in den hohen Bergen nach Tui sucht und schließlich die Hütte findet, in der sie sich mit Jamie versteckt hat. Einmal entdeckt, fliehen Tui und Jamie über die Klippen, während Robin und Johnno, die auch nach ihnen suchen, Schreie und Schüsse hören, sie aber nicht lokalisieren können. Sie trennen sich, Robin rennt am Seeufer entlang, Johnno geht den steilen Weg hoch. Die zwei Handlungsebenen, die zunächst nur durch Schnitt und Ton miteinander verbunden sind, werden dann visuell zusammengefügt, mit einer abschließend hochemotionalen Enthüllung. Auf der Flucht vor Matts Männern rutscht Tui in ihrem weißen Anorak aus und fällt von einer steilen Klippe hinunter zum Strand, wo Robin sich gerade befindet und dem Sturz nur zusehen kann. Als Robin die Leiche erreicht, erkennt sie an der tätowierten Hand, dass es nicht Tui, sondern Jamie ist. Es handelt sich hier nicht, um einen einfachen Austausch zwischen zwei marginalisierten Figuren oder um das edle Opfer Jamies, das Tui demütig annimmt. Es geht um die visuelle Umschreibung einer mythischen Heldensage, die zur Kulturgeschichte der Kolonisatoren gehört: Als Robin und Johnno auf dem Kanu, das Jamie geklaut hatte, um Tui heimlich mit Lebensmitteln zu versorgen, den See überqueren und Jamies leblosen Körper seiner Mutter (Mirrah Foulkes) übergeben, sieht Mayer eine eindeutige Referenz auf den Tod von König Arthur, die Jamie in den Helden einer Gegengeschichte verwandelt. Jamies Mutter schleppt mit der ungemeinen Kraft des Schmerzes den Körper ans Ufer, die Gitarrenakkorde von Björks Lied sind aus der Ferne wieder zu hören. Genau in diesem Moment feuert Tui auf der anderen Seite des Sees krachende Schüsse ab, begleitet von fast tierisch klingenden Schmerzensschreien. Robin hört die Schüsse, die in den Bergen widerhallen, sie weiß, dass sie von Tui kommen. Das Echo der Gewehrschüsse vereint sich mit den Noten von Björks spannungsgeladenen Lied, das schließlich in der Dämmerung bei Jamies Beerdigung von Melissa live auf einer Bühne im Paradise gesungen wird. Das ist auch der Moment, in dem Jamies Mutter Simone und die anderen Frauen aus Laketop, die für Matt bei der Herstellung von Drogen arbeiten, gegen ihn aufbegehren und sich mit den Frauen von Paradise zusammenschließen.

# Mütter

Mehrere Müttergenerationen – tot und lebendig – treffen in Top of the Lake aufeinander: die verstorbene Mutter von Matt, die fordernde, schwer kranke Mutter Robins, die gebrochene und mutige Mutter Jamies. Und letztlich ist GJ auch eine Mutter, sie ist aber eine grausame Mutter, denn sie spendet ihren Kindern keinen Trost. Mit ihren langen, eisgrauen Haaren ist sie eine beunruhigende, irritierende Erscheinung, ihre nicht zu entziffernde Strenge wirkt in ihrem eisigen Blick wie gemeißelt, ein Blick, in dem die bittere Erkenntnis durchscheint, dass das «Paradise», nach dem alle ihre Adepten verzweifelt suchen, wohl gar nicht existiert. Ist sie eine Post-Hippie-Inkarnation von «Earth Mother» oder nur die Hüterin eines Geheimnisses? Oder verkörpert sie das Alter Ego der Regisseurin? «Ich bin ein Zombie», sagt GJ, eine Selbstbeschreibung, die den Ausnahmezustand von Björks Song evoziert. Es ist wohl kein Zufall, dass «Joga» bei Jamies Beerdigung in Paradise gespielt wird, als sich eine Art kollektiver weiblicher Widerstand gegen den Patriarchen der Stadt bildet. Der Text spricht in der Tat von emotionalen Landschaften und begreift den «Ausnahmezustand» mehr als einen Prozess der Selbstfindung und des Werdens als einen von Krise und Dringlichkeit geprägten Zustand. Und das ist doch, was sich hinter GJs rätselhaften Sprüchen verbirgt, die immer wieder die Geschichte neu lenken und uns quasi dazu zwingen, die eigene Rolle dabei zu hinterfragen: «Folgt dem Körper. Der Körper hat eine enorme Intelligenz.» Getarnt als New-Age-Maxime, beschreibt der Imperativ, den GJ ausspricht, Campions Anliegen als Geschichtenerzählerin, für die der Körper vor dem Wort Vorrang hat: Es geht um die konstante Aufmerksamkeit auf jegliche Veränderung und Empfindung in unserem Körper und seine Bindung zu allem, was Campion aus anthropologisch-feministischer Sicht als «Natur» betrachtet.

Die Regisseurin hat im Interview erklärt (Lacob 2013), dass die Figur der GJ von dem 2007 verstorbenen indischen Philosophen U. G. Krishnamurti inspiriert ist. Wie GJ durchlebte auch er ein «Unglück», das – nach seiner Aussage – jede Zelle seines Körpers veränderte. Die Ursache von GJs Unglück wird in Top of the Lake nie enthüllt, sie erklärt nur, dass es sie radikal verändert und von der Menschheit getrennt habe. «Er war ein Freund von mir», sagt Campion weiter. «Ich würde nicht sagen, dass er ein Guru war. Wie GJ lehrte er nicht; er hatte nichts zu lehren. Er konnte nichts lehren, was man lernen könnte. Und jeder, der etwas anderes behauptet, ist ein gewöhnlicher Scharlatan und eine Hure. Aber sogar eine Hure würde einen besseren Wert bieten, weil sie wenigstens liefert. All diese heiligen Männer liefern nicht» (ebd.).

Als Erfindung von Campions radikal-anthropologischem Feminismus ist GJ aber vielleicht eine nüchterne und zugleich ironische Version von Björk, eine widersprüchliche Gestalt aus dem kollektiven popkulturellen Imaginären entsprungen, ein Mix aus einer Star Wars-Figur und einem Waschbären, wie Matt GJ spöttisch bezeichnet, vielleicht sogar eine post-humane Kreatur. Bei GJ hat sich nicht nur die Binarität Mann-Frau aufgelöst, hinter ihren schwer zu entziffernden Sprüchen verweist sie auf artenübergreifende Verbindungen, in die wir alle verstrickt sind. Und hat sich nicht auch Björk von Anfang an als die ultimative Andere zwischen Kind, Alien und Tier selbst inszeniert? Als eine der fantasievollsten und ungewöhnlichsten Musikerinnen unserer Gegenwart verfremdet sie musikalisch die westlichen kulturellen Archetypen aus dem Inneren ihres Körpers heraus, fast als ob sie die Anti-Lehre von GJ – Gerard und Jane? – umsetzen würde. Der Kulturwissenschaftler Marek Susdorf hat in Björks multimedial angelegtem Projekt von 2011 *Biophilia* ihre Auseinandersetzung mit menschlichen und nicht-menschlichen Welten erforscht (2011: Susdorf). Björk lässt sich von mikroskopischen Organismen bis hin zu kosmischen Phänomenen inspirieren und versucht nicht, sie diskursiv unterzuordnen. Darin sieht Susdorf eine radikale Neulesung der Beziehungen zu anderen «Subjekten», die Björk mit ihren innovativen musikalischen Techniken und Instrumenten herstellt. Dabei geht es weniger um rationale Distanz, vielmehr um künstlerische Intimität. Durch die Aufhebung der Dichotomien Subjekt/Objekt in ihrer künstlerischen Praxis sieht Susdorf Björk in enger Verbindung mit dem feministischen New Materialismus und den Theorien von Rosi Braidotti und Donna Haraway, deren Fokus auf der «endlosen Vitalität des Lebens als kontinuierliches Werden» (Braidotti) und der Auflösung der Natur/Kultur Dichotomie liegt. Björks *Biophilia* kann als künstlerische Manifestation dieser Theorien gesehen werden, die zur Reflexion und Anerkennung unserer Verbindung mit der nicht-menschlichen Welt anregt (ebd. 117–19).

Vielleicht steht auch GJ für eine radikale Neuordnung der Beziehungen und Hierarchien zwischen Menschen und der «restlichen» Welt. Als Robin erfährt, von Matt Mitcham selbst, dass er ihr leiblicher Vater und ihr Liebhaber Johnno wohl ihr Halbbruder ist, wird sie von jenem Ausnahmezustand brutal erfasst, den sie als Zerstörung ihrer selbst empfindet. Verwirrt und verzweifelt geht sie wieder zu GJ. Sie waren sich schon mal begegnet, als Robin auf der Suche nach Tui im Paradise war und GJ mit nüchterner Teilnahmslosigkeit ihr prophezeit hatte, sie würde tief fallen. Nun, als Robin sagt «alles was ich glaubte zu sein, bin ich nicht», antwortet sie: «Du bist also tief gefallen? Das ist gut. Jetzt stirbst du für dich selbst. Deiner Vorstellung von dir selbst. Alles, was du glaubst zu sein, bist du nicht. Was ist noch übrig? Finde es heraus.» Und Robin: «Wie kann ich mir selbst helfen?» «Warum sollte ich es dir sagen, wenn du nicht zuhörst?» – Robin: «Ich höre zu.» «Nein! Alles, was du hörst, sind deine eigenen verrückten Gedanken, wie ein Fluss aus Scheiße, immer weiter und weiter. Sieh deine Gedanken als das, was sie sind. Hör auf zu helfen. Hör auf zu planen. Gib auf! Es gibt keinen Ausweg. Nicht für andere, nicht für dich. Wir leben hier draußen am Ende der Straße, am Ende der Welt, an einem Ort namens Paradise. Wie läuft es dort? Perfekt? Nein. Du bist wütender als je zuvor. Bist du müde? Dann leg dich hier hin. Sei wie eine Katze. Heile dich selbst. Die enorme Intelligenz des Körpers ist unschlagbar.»

Worte, die hart klingen, wie die einer gefühlskalten Mutter. Tatsächlich sehen sich GJ und Jude, Robins Mutter, mit ihren langen, silbernen Haaren erstaunlich ähnlich, sie stellen Spiegelbilder dar, Verdoppelungen, die auf das Mütterliche und auf das Werden des Körpers verweisen: Der Körper von GJ hat eine radikale Veränderung erlebt, der Körper von Robins Mutter vollzieht durch den Krebs eine unwiderrufliche Transformation. Sie befinden sich in Zwischenzuständen, zeugen von Metamorphosen, die auch die Grenzen zwischen Menschlichem und Tierischem verwischen. Robin soll sich in eine Katze verwandeln und schlafen, fordert GJ, als Widerstand gegen den Ausnahmezustand. Auch Tui verwandelt sich in eine wütende, mörderische Katze, als Matt ihr Baby bedroht. Die Körper Robins und Tuis kommunizieren miteinander in einem Kontinuum jenseits von Raum und Zeit: Als Robin in den kalten See geht wie Tui in der Anfangsszene, wird der See zum Knotenpunkt einer emotionalen Geografie, die den Ort in eine Projektion des Selbst verwandelt, und eine geheimnisvolle Form von Empathie widerspiegelt. Und auch die post-menopausalen Frauen folgen dem Körper, baden in Paradise nackt, auf GJs Aufforderung hin nehmen sie sich die Freiheit, ihren alternden, gezeichneten Körper zu zeigen, gegen die gesellschaftliche Normierung, die ihn unsichtbar will: Sie drücken Bewegung, Widerstand, Sprengen der Grenzen aus. Auch hier entstehen Assoziationen mit Björks Video zu dem Lied «Joga», das «emotionale Landschaften» auf ihrem eigenen Körper inszeniert: Während die Kamera über verschiedene geografische Gletscher- und Gebirgslandschaften hin- und her wandert, erscheinen vulkanische Risse auf der sich öffnenden Erde, und der Kreis schließt sich buchstäblich dort, wo die Kamera in Björks Brust eindringt, um eine weitere geografische Form zu finden – diesmal eine Insel, auf der sich ihr Herz befindet. Der Weg dahin führt nach Island, das gleiche Ziel von GJ, als sie beschließt, Paradise zu verlassen.

## Alternative Familienmodelle

Wenn auch Mutterschaft ein wesentlicher Bestandteil des Frauseins im Toplake-(Mikro-)Kosmos darstellt, sind die traditionellen Familienformen längst zerfallen: Tui lebt in einer Patchworkfamilie ohne Mutter, Jamie lebt mit seiner alleinerziehenden Mutter, die gestrauchelten Teenager der Stadt bilden ihre eigene Ersatzfamilie. Es gibt wohl auch eine ironische Korrespondenz, eine verkehrte Spiegelung zwischen GJ und Matt, die beide die Rolle der Familienoberhäupter jenseits jeglicher Blutsbande erfüllen: GJ als Anführerin der Frauenkommune in Paradise spiegelt ironischerweise Matts Rolle als Leiter einer illegalen Drogenproduktionsfirma wider, deren Mitglieder überwiegend weiblich sind und letztlich auch eine alternative Form von familiärem Geflecht konstituieren, bei der Matt der Versorger ist. Er wird aber nach Jamies Tod als solcher radikal verworfen und schließlich von seiner eigenen Tochter erschossen: eine Parallele mit Al, der sich als Ersatzvater für die Teenager-Clique inszeniert und gegenüber Robin von Anfang an eine hochambivalente Rolle spielt, zwischen paternalistischem Beschützer und aufdringlichem Verehrer. Es ist aber Robin, die ihn als Kopf eines Pädophilen-Rings entlarvt und niederschießt. Bis zum Schluss weigert sich Jane Campion, einen «guten» Vater darzustellen, stattdessen zeigen die letzten Szenen Robin, ihren Freund Johnno, Tui und ihren kleinen Sohn Noah zusammen im Paradise als eine mutige Alternativfamilie: Aus dem DNA-Test resultiert, dass nur Robin und Tui Matts leibliche Kinder sind, Johnno ist nicht Matts Sohn. Sie haben sich in einem der Schiffscontainer im Paradise eingenistet, obwohl die Frauengruppe, die sich dort zusammengefunden hatte, aufgelöst wird, weil GJ beschlossen hat, nach Island zu gehen. Sie lehnt schließlich die Rolle der Anführerin ab und hinterlässt eine Leerstelle: Das Gegengewicht zu einem berüchtigten Anführer wie Matt ist nicht ein neuer Anführer, sondern die Abwesenheit eines solchen.

Die Siedlerinnen, die aus Australien und den USA angereist waren, wollen weiterziehen, sie werden aber durch Tuis und Noahs Anspruch auf einen Ort in der Ansiedlung dort aufgehalten. Es herrscht Aufbruchstimmung, ein Zwischenzustand, in dem sich eine Erlösung abzeichnet, die zugleich auch schon vom Zerfall bedroht ist: Es kann keine Normalität geben, auch wenn Johnno Robin auffordert, so zu tun, als ob sie ein normales Leben führen könnten. Er zeigt sich gegenüber Noah zart und fürsorglich, streichelt Robins Schulter, die Noah in einer Tragetasche hält: eine Patchworkfamilie der anderen Art?

# TOP OF THE LAKE: CHINA GIRL
# Urbane Abgründe

Auch der Beginn der zweiten Staffel zieht uns in die Tiefe, taucht uns direkt, körperlich in eine Wasserlandschaft ein: Ein Koffer unter Wasser schwimmt langsam an die Meeresoberfläche, lange, schwarze Haare quellen heraus und tanzen unheimlich im Wasser (Abb. 59). Die Bilder des schwimmenden Koffers werden von einer Melodie begleitet, die Töne steigen und fallen, ähnlich wie die Bewegung der Wellen. Sogleich sind wir ganz und gar in Campions Universum und wieder erleben wir den erschreckend schönen Moment des Aufstiegs eines Geheimnisses aus obskuren Tiefen. Die Vergangenheit, das Verdrängte wird auftauchen. Somit beginnt auch der nächste Fall der Detektivin Robin Griffin.

In CHINA GIRL nehmen wir wieder teil an Robins Bewegung von einem Ort zum anderen, folgen ihrer Rückkehr von den abgelegenen Lichtungen Neuseelands zur australischen Hauptstadt, haben Erwartungen, Hoffnungen, Fragen: Wie hat sich Robin verändert, was ist aus der mutigen Alternativfamilie geworden, die sich am Ende der ersten Staffel zusammengefunden hatte, und warum hat Robin Neuseeland verlassen?

59 TOP OF THE LAKE – CHINA GIRL

**60** Top of the Lake:
China Girl

Robin wirkt in der ersten Episode von Top of the Lake: China Girl, die in
Sydney spielt, sichtlich gezeichnet, etwa von den traumatischen Ereignissen vier
Jahre zuvor? Ihr Blick ist härter geworden, das Lächeln düster. Mit asymmetrischer
Bobfrisur – hat sie sich selbst wütend die Haare geschnitten? – tritt sie bei einer
Übung mit angehenden Polizist:innen in dunklem Blazer, engen Hosen und hoch-
hackigen Boots wie in einem Kampfanzug auf, reagiert aggressiv auf die Provoka-
tion eines Rekruten und ist danach offenbar bemüht, ihrem Chef Adrian (Clayton
Jacobson) zu erklären, es sei ihr jetzt wichtig, einfach zu arbeiten (Abb. 60). Die
Dresscodes definieren Robin als eingebunden in eine männlich geprägte Struktur,
im Grunde trägt sie eine zeitgenössische Variante des immerwährenden Hosen-
anzugs, der mit diskreter Bluse und dezenten Pumps kombiniert in den 1990er-
Jahren bei dem zunehmenden Einzug von Frauen in die Arbeitswelt eine feminine
Adaption des männlichen Anzugs darzustellen hatte. In der bahnbrechenden Kri-
miserie Prime Suspect, die von 1991 bis 2006 auf dem britischen Fernsehsender
ITV lief, verkörperte Helen Mirren die inzwischen ikonische Inspector Jane Tennison, eine Detektivin, die in eine von Männern dominierte Welt einbricht. Lynda La
Plant, die Schöpferin der Serie, entwickelte die Idee einer Detektivin im Zentrum
eines Fernsehkrimis, nachdem sie festgestellt hatte, dass in Crimewatch, einer zu
jenem Zeitpunkt populären britischen Fernsehsendung, die über ungelöste Verbrechen berichtete, nur männliche Hauptdetektive zu sehen waren. Nicht nur, dass
Tennison alias Mirren mit der Leitung der Ermittlungen in einen Männerclub einbricht, sie ist im Team auch die einzige weibliche Ermittlerin in schickem Kostüm,
die anderen Polizistinnen tragen in der ersten Staffel lediglich Uniformen. Wenn
auch Jane Tennison in elegantem Powerdress auftritt, ist sie Kettenraucherin, kon-
sumiert viel Alkohol, lebt in dysfunktionalen Beziehungen und ist von ihrer Arbeit
besessen, sie ist definitiv eine provokative Mischung aus «femininen» Dresscodes
und «maskulinen» Eigenschaften. 30 Jahre später ist Robin nun eine moderne
Variante von Jane Tennison und wird innerhalb einer ähnlich misogynen Struktur
noch immer ungleich behandelt, schikaniert, ausgegrenzt.

# Abschied von Toplake

Die Rückblende in der zweiten Episode zu Robins und Johnnos Hochzeit einen Monat zuvor bietet einen Schlüssel zu ihrer Rückkehr nach Sydney. Während Robin an ihrem Hochzeitstag in Toplake nachdenklich auf ihr am Fenster hängendes Brautkleid schaut, bekifft sich Johnno bei seinem heimlichen Cannabis-Anbau im Wald mit einem Mädchen mit blonden Zöpfen und Kniestrümpfen. Die Dinge laufen aus dem Ruder, als die Cops ihn auf einer Hängebrücke mit einem Müllsack Gras in jeder Hand festnehmen. Auf dem Polizeirevier erscheint Robin als buchstäblich gebrochene Braut, über dem Brautkleid trägt sie eine Steppjacke, die Blumengirlande in den langen, offenen Haaren wirkt gespenstisch, ihr Gesicht extrem blass: Ist sie schon der Geist einer Braut? Sie stellt sich trotz allem darauf ein, ihr Gelübde durch die Gitterstäbe abzulegen, bis die blonde Frau in der Zelle mit Johnno auftaucht. Eine Anhalterin, gesteht Johnno, aber Robin weiß sofort: Es ist für sie der Moment der Befreiung aus Lügen und Selbsttäuschung.

Robin verlässt sofort das Polizeirevier und zum zweiten Mal Neuseeland, aber vorher lässt sie in einer gespenstischen Zeremonie, ihr Brautkleid – an einem Ast aufgehängt – verbrennen; es ist eine Nicht-Hochzeitsfeier, eine Trauerfeier, auf dem Scheiterhaufen stirbt die frühere Robin – begleitet von bittersüßen Erinnerungen und schmerzhaftem Abschied. Die Worte von GJ: «Stirb jetzt vor dir selbst. Deiner Vorstellung von dir selbst. Alles, was du denkst, dass du bist, bist du nicht. Was ist übrig geblieben? Finde es heraus!» klangen geradezu prophetisch: Robin nimmt Abschied von Neuseeland, von ihrer nun heranwachsenden, traurigen Halbschwester Tui und ihrem kleinen Noah; haben sie als Familie zusammengelebt? Das erfahren wir nicht. Die gesamte Community von Toplake ist zusammengekommen und isst vor den schneebedeckten Bergen die Hochzeitstorte. Die Alternativfamilie, die am Ende der ersten Staffel Trägerin einer Utopie war, ist nun endgültig zerfallen und trotzdem zelebriert die Szene die Intensität der Bindungen, die des Lebens und des Fühlens, innerhalb einer Grenze – der Berge, des Sees, der Gemeinschaft – , die Körper und Dinge, Luft und Wasser – im Sinne von Giuliana Bruno – in Oberflächen verwandelt: «Jede Emotionen hat einen Ort, und umgekehrt können uns die Orte eine Vielzahl von Emotionen vermitteln» (Bruno 2016: 28).

Kann nun Robin mit dem (Wieder-)Verlassen von Toplake und der Rückkehr nach Australien ihre Vergangenheit hinter sich lassen? In Sydney lässt sie doch einen verdrängten Teil ihrer Vergangenheit wieder aufleben: Sie ist zu ihrem kaum gekannten Halbbruder Liam (Kirin J. Callinan) gezogen und hat beschlossen, Kontakt zu ihrer Tochter aufzunehmen, die sie vor 17 Jahren zur Adoption freigegeben hatte. Und die Frauenfeindlichkeit, unter der sie in Laketop gelitten hat, ist ihr zur Polizei von Sydney gefolgt. Sie muss um einen neuen Fall regelrecht kämpfen: In dem an den Strand angeschwommenen Koffer, der die zweite Staffel eröffnet, ist die Leiche einer asiatischen jungen Frau entdeckt worden. Als Robin die Leiche betrachtet, fragt sie leise: «Schätzchen, willst du mir sagen, was du gesehen hast?» Das Schweigen des toten Mädchens – wir sehen ihre Leiche nicht, nur den fragenden Blick Robins – erinnert an ihre Begegnung mit Tui auf dem Polizeirevier in der ersten Staffel. Dass Tui den Namen ihres Vergewaltigers nicht nennt und auf einen Zettel «NO ONE» schreibt, ist eine durchschlagende Anklage an das kollektive Schweigen in Toplake, das den Pädophilen-Ring umgibt und ihn widerstandslos ermöglicht. Das gleiche Schweigen um die Lebensrealität aller unsichtbaren thailändischen Frauen in Sydney offenbart sich in CHINA GIRL bei der Auslöschung der Identität des toten Mädchens und ihre Anonymisierung durch die Bezeichnung «China Girl».

Ist es Zufall, dass mit jener Kennzeichnung der gleichnamige Song David Bowies heraufbeschworen wird? Sein Hit «China Girl» von 1983 ist in unserem popkulturellen Gedächtnis als Video verankert, in dem bei der Darstellung der Liebesgeschichte zwischen Bowie und einer jungen Chinesin Stereotypen des «asiatischen Mädchens» emphatisiert werden: Trotz der parodistischen Elemente, worauf sich Bowie in seinen Statements zu dem Song immer wieder bezogen hat, bleibt die Protagonistin in dem Bild des «fragile sub-first-world colonial subjects» gefangen (Waldrep 2015: 167–189). Vielleicht verweisen die Regisseurin und ihr Co-Autor Lee als westliche Subjekte auf die Ambivalenzen des popkulturellen Bezugssystems, in dem sie sich selbst verstrickt sehen: Der Titel «China Girl» konfrontiert uns tatsächlich mit fetischisierter weiblicher Fremdheit und erinnert zugleich an deren Zerbrechlichkeit.

## Ein gesichtsloses «China Girl»

Die hartnäckige Suche Robins nach der verweigerten Identität von China Girl führt sie in die Tiefen der Sexindustrie und schließlich zu einem Bordell, Silk 41, wo das tote Mädchen unter dem Namen Cinnamon Sexarbeiterin war: Wellenartig kommen die Abgründe eines düsteren urbanen Universums ans Licht, wie der mysteriöse Koffer, der Welle um Welle an der kultigen Bondi Beach wie ein unheimliches Ungeheuer mit langen Tentakeln auftaucht und im Sand liegt. Vielleicht soll der türkisblaue Koffer an das ikonische Bild des schwarzen Klaviers an dem menschenleeren Sandstrand aus THE PIANO erinnern. Und löst diese Erinnerung bei uns nicht für einen Augenblick ein Gefühl der Nostalgie aus? Wir wissen aber zugleich, dass das Wiedereintauchen in das PIANO uns verwehrt bleibt. Das Meerwasser zeigt sich in CHINA GIRL vielleicht auf den ersten Blick hypnotisch, aber offenbart sich bald als abgründig. Fast 30 Jahre nach THE PIANO ist das Meer von Bondi Beach ganz anders als der Ozean, in dem sich Ada unter Wasser von ihrem Piano trennt und uns ihre Wiedergeburt hautnah erleben lässt. TOP OF THE LAKE: CHINA GIRL taucht uns sofort in die Brutalität der Unterwasserwelt ein: Die Eröffnungsszene zeigt, wie der Koffer im Meer landet. Ein Mann und eine Frau, Betreiber eines Bordells, transportieren in der Nacht den schweren Koffer, gehen über einen Friedhof und werfen ihn von einer Klippe ins Wasser. Die Kamera folgt seinem langsamen Versinken in den trüben Tiefen und nimmt uns mit seinem düsteren Geheimnis mit.

Alles ist miteinander verwoben: (Nicht) Zufällig lebt in dem Bordell Silk 41 der 42-jährige Freund von Robins Tochter Mary (Alice Englert) – ein rätselhafter ostdeutscher Ex-Bürger namens Alexander mit Spitznamen Puss (David Dencick). Marys Adoptiveltern Julia und Pike (Nicole Kidman und Ewen Leslie) wissen nichts von seinem Bordellleben, aber sie haben auch viele andere Gründe, den Mann nicht zu mögen. Puss, der Name klingt sanftmütig und insidiös wie seine Stimme und sein fremdartig klingender Akzent, schwärmt beim Abendessen vor Julia vom Feminismus und zitiert Dostojewski, doch sein spöttisches Lächeln mit der auffälligen Zahnlücke und seine schmalen Augen haben etwas herablassend Gemeines. Er weiß ja, dass Julia und Pike ihre eigenen Probleme haben, von denen das Dringendste ist, dass sie sich gerade scheiden lassen, weil Julia sich in ihre Kollegin Isadore – eine Französischlehrerin – verliebt hat. Das gediegene Interieur von bürgerlichen, aufgeklärten Existenzen kollidiert mit der urbanen Unterwelt Sydneys, mit der Abwesenheit von Regeln und Recht und dem Verschwimmen der Grenze von illegalen und legalen Handlungen: Der Zwiespalt zwischen Sehnsucht und Verzicht, Missbrauch und Erlösung erfasst dennoch alle, Upper Class und Unterschicht, Intellektuelle und Polizistin:innen, Privilegierte und Entrechtete.

Bei der Autopsie von Cinnamon stellt sich heraus, dass sie schwanger war – und Jane Campion scheut nicht davor zurück, den winzigen, in Salzwasser konservierten Fötus in der Hand des Pathologen Ray (Geoff Morrell) als tote Materie zu offenbaren. Wenig später wird an Cinnamons Körper ein weiteres Geheimnis enthüllt: Robin eilt in der Nacht zu Ray, er hatte sie informiert, dass die DNA des Fötus nicht mit der des toten Mädchens übereinstimmt. Was könnte das bedeuten? Robin hat mit dieser offenen Frage gerade Rays Wohnung verlassen, als sie plötzlich die Antwort hat und zurückgeht. «Sie war eine Leihmutter», teilt sie ihm mit.

In dieser Szene geht Robin durch einen dunklen Flur, der sie zu Rays Wohnung führt: Ist es ein Gothic-Zitat, das uns durch einen Korridor, den dunklen

Ort schlechthin zahlreicher Krimis, buchstäblich führt? Die Ironie besteht darin, dass die scheinbar unendlichen modernen Korridore anonymer Wohnhäuser gerade durch ihre Leere ein Gefühl des Unbehagens hervorrufen können – das Gefühl des «Korridorschreckens». Vielmehr als ein solches, eher banales Zitat, das TOP OF THE LAKE: CHINA GIRL in die Nähe eines konventionellen Thrillers rücken würde, ist hier der Flur ein Zwischenraum, eine Übergangszone, ein nahtloses Ineinanderfließen von zwei Orten, die sich nicht gegenseitig ausschließen. Robin wandert zuerst durch den finsteren Korridor, um in die beleuchtete Wohnung Rays zu gelangen, nachdem sie ihre Tochter Mary zum ersten Mal getroffen hat. Sie sagt Ray, sie fühle sich nach dem Treffen ganz leer und er antwortet mit einer direkten Berührung ihrer Schultern, sie soll keine Angst haben, die Gefühle werden bald kommen. Der Flur ist ein phantasmatischer (Zwischen-)Ort, der für Robins inneren Aufruhr steht. Die gesamte Sequenz könnte als das Sichtbarwerden von Robins instabilen Seelenzuständen gesehen werden, vielleicht wirkt sie deshalb auf uns so direkt, so beklemmend. Robin ist auf dem Weg zu Ray in einen Zwischenraum getreten, wie bei ihrer ersten Begegnung mit ihrer Tochter hat sie viele Schwellen überschritten, ist sie durch Zerwürfnisse, Verwirrungen, Zweifel gegangen. Schließlich hat sie eine Antwort auf die Frage, die sie bei ihrer Ermittlung weiterbringen wird, zugleich wird sie ihre bis dahin verdrängten mütterlichen Gefühle endlich zulassen. Ihr überraschender Abschiedskuss auf Rays Stirn zeigt: Robins Schutzpanzer löst sich, ihre innere Zuwendung zu Mary ist unabwendbar.

# Mutterkörper

Der Mutterkörper wird in CHINA GIRL zum Minenfeld, denn darauf verhandelt Jane Campion ihre feministische Vision vom Recht des weiblichen Körpers auf Begehren und Autonomie und entfaltet zugleich eine provokative Reflexion über (Leih-)Mutterschaft. In einem Interview in der *New York Times* erwähnt die Regisseurin, dass eine ihrer Inspirationsquellen für die zweite Staffel der Serie ein Fall von Leihmutterschaft in Thailand war, der weltweit das Medieninteresse erregte und die Regierung Thailands dazu veranlasste, die Grenzen für ausländische Paare, die eine Leihmutterschaft in dem Land anstrebten, zu schließen. Bei dem sogenannten «Baby-Gammy-Fall» von 2014 nahm ein australisches heterosexuelles Paar eine Leihmutter in Thailand unter Vertrag. Die Leihmutter brachte Zwillinge zur Welt – einen Jungen und ein Mädchen –, aber das Paar nahm nur die Tochter mit nach Hause, da bei dem Jungen das Downsyndrom und ein angeborener Herzfehler festgestellt wurden. Es wurde später bekannt, dass der Vater ein verurteilter Sexualstraftäter war. Trotz der Versuche der Leihmutter 2016 das inzwischen zweijährige Kind zu sich zurückzuholen, entschied ein Gericht, dass das Mädchen bei ihren für das australische Gesetz leiblichen Eltern bleiben durfte.

In dem Interview bezieht Campion keine Stellung für oder gegen transnationale kommerzielle Leihmutterschaft, sie sagt, sie sei von der Neugierde getrieben, die Komplexität des Phänomens zu erforschen und verschiedene Perspektiven aufzuzeigen (Vineyard 2017).

Sie erklärt noch, dass die neue Staffel auf umfangreichen Recherchen basiert, die in einer Reihe von Bordellen im südöstlichen Vorort Mascot in Sydney durchgeführt wurden. «Silk 41», der fiktive Mittelpunkt eines Großteils der Handlung, fungiert als rot beleuchtete Nachbildung der realen Etablissements, die Campion nach eigenen Angaben besucht hat. Der Sexhandel ist in Australien legal, dennoch gibt es eine hohe Zahl von nicht lizenzierten Bordellen und eine aktuelle Studie zeigt, dass fast die Hälfte der in Bordellen arbeitenden Personen Migrantinnen sind, die mit einem falschen Studentenvisum in das Land einreisen (Ellis-Petersen, 2017). Kommerzielle Leihmutterschaft ist in Australien offiziell illegal, nicht zufällig lässt Campion in CHINA GIRL die Arrangements im Milieu der Prostitution stattfinden: Der (Körper-)Wert der jungen Migrantinnen zahlt sich nicht nur in der legalen Prostitution aus, sondern auch in der illegalen kommerziellen (Leih-)Mutterschaft.

Bereits im Vorspann werden wir mit der Frage der (Leih-)Mutterschaft geradezu schockartig konfrontiert: Das brachiale Eindringen einer Nadel in eine Eizelle und ihre anschließende Entwicklung zu einem Fötus wird im animierten Intro explizit vorgeführt. Leihmutterschaft als gewaltsamer Eingriff in die körperliche Integrität? Campion selbst hat die Serie als «ovarian» bezeichnet und noch dazu erklärt: ‹Ich wollte tief in den Uterus einer Frau vordringen und die Geschichte wirklich von diesem Standpunkt aus erzählen, von der Schöpfung bis zur Aneignung» (Vineyard ebd.).

Welche (Körper-)Bilder findet die Regisseurin für die physische, flüchtige Natur der Mutterschaft, für die Transformation im Inneren des weiblichen Körpers? Und ist es ihr gelungen, die dazugehörigen Gefühle von Angst und Sehnsucht, Intimität und deren Verlust, Gewalt und Romantik von innen heraus sichtbar zu machen?

Mit dem kontroversen Thema der Leihmutterschaft spricht sie ohnehin zentrale feministische Fragen an, wie körperliche Autonomie, Verletzlichkeit, soziale Ungleichheit und weibliche Rechte. Mutterschaft und Mutterkörper sind grundsätzlich reguliert und reglementiert, dennoch stellt Campion die Frage, was bedeutet Mutterschaft, wenn wir sie nicht (nur) als eine feste biologische oder gar soziale Identität begreifen, sondern eng verwoben mit individuellen ver-

**61** Top of the Lake – China Girl

körperten Existenzen: Die Entscheidungen und Ereignisse, die sie prägen, haben sich nicht nur ins Bewusstsein und Gedächtnis, sondern auch ins Fleisch, in das Körpersein, in die somatische Realität eingeschrieben. So hat jede weibliche Figur in China Girl eine eigene Mutterschaftsgeschichte: Robin bewegt sich von einer traumatischen zu einer zeitverschobenen, hochambivalenten Mutterschaft, denn sie nimmt in Sydney Kontakt mit ihrer Tochter Mary auf, die sie gleich nach der Geburt zur Adoption frei gegeben hatte. Ihre Mutter als Katholikin hätte eine Abtreibung nie erlaubt.

Für Julia, Marys Adoptivmutter, wird Mutterschaft bei der Kollision mit der heranwachsenden Tochter, die sie als Mutter radikal ablehnt, zu einem schmerzhaften, äußerst mühsamen Kraftakt (Abb. 61).

Mutterschaft als Phantasma erfasst die vielen kinderlosen heterosexuellen Paare, die heimlich Leihmütter kontaktieren und – trotz des offiziellen Verbots – gegen Bezahlung beauftragen. Die Folge: Irgendwo in der Stadt wachsen im Bauch von aus Thailand stammenden Leihmüttern die mit Spermien der Ehemänner befruchteten Eizellen der Ehefrauen heran. Ob sie tatsächlich Studentinnen sind oder sie den auftraggebenden Eltern einen falschen Namen gegeben haben, das scheint die Paare nicht zu kümmern.

Die Spur von Cinnamons Leihmutterschaft führt Robin zu dem wohlhabenden, weißen Ehepaar Felicity und Mike, die auch den Weg zur Leihmutterschaft gesucht haben. Eine beklemmende Szene verwirrt uns: Wir befinden uns auf einmal in heruntergekommenen, verlassenen Räumen – wohl ein Krankenhaus? Eine blonde, elegante Frau irrt darin herum, bis sie auf dem Boden ein verstörend aussehendes Baby entdeckt, das in ihren Armen zusammenzuckt und stirbt.

Dann erfahren wir es. Es ist Felicitys Albtraum gewesen: Desorientiert, barfuß, im Nachthemd wacht sie in der Realität des Straßenverkehrs Sydneys auf, sie sucht nach ihrem Baby. Doch es bleibt ein phantasmatisches Baby, das mit dem Verschwinden der Leihmutter für immer verloren ist. Der Albtraum Felicitys offenbart ihren qualvollen Seelenzustand zwischen Verlustangst und Schuldgefühlen. Und ist es auch nicht der Albtraum des kaufkräftigen, globalen Nordens, der durch transnationale Geschäfte mit Wunschkindern den globalen Süden – metonymisch das verlassene Krankenhaus im Traum – ungeniert ausbeutet?

## Fiktive Mutterschaft und leibliche Mütter

Von der Bühne des Unbewussten Felicitys zur Fiktion des Mutterwerdens von Robins Polizeipartnerin Miranda (Gwendoline Christie): Sie verrät Robin, dass sie mit ihrem Chef Adrian liiert ist und ein Baby erwartet, unter ihrer Uniform sind tatsächlich die Konturen eines sich entwickelnden Mutterkörpers zu sehen. Als aber das Geschäft mit den thailändischen Leihmüttern immer größere, unerwartete Dimensionen offenbart, enthüllt Miranda, dass auch sie eine Leihmutter in Anspruch genommen hat und unter ihrer Kleidung eine bloße Attrappe trägt.

Obsessive Sehnsucht und Scham, ökonomische Not und seelisches Leiden: Jane Campion führt uns in die Tiefe eines ethischen und politischen Dilemmas, bei dem es keinen einfachen Ausweg gibt. Hinter dem geheimen Netzwerk der thailändischen Prostituierten, die ihre Gebärmutter an Australier:innen mit Kinderwunsch vermieten, steckt ein anderes, komplexeres Netzwerk, das die Serie ans Licht bringt: das der medizinischen, rechtlichen und emotionalen Arrangements, in die die (Leih-)Mutterschaft eingebettet ist. Die Vielfalt von Mutterschaftsbildern, die Campion erschafft, sind auch hochgradig widersprüchlich, alle Akteur:innen schwanken zwischen Verletzlichkeit und Grausamkeit.

Als Julia erfährt, dass Pyke ein Treffen zwischen Mary und Robin organisiert hat, ist sie sehr irritiert. Robin sei kaputt, könne Mary nichts geben, ist ihre harte Meinung. Isadora, die ihr in der Szene dabei gerade den Rücken massiert – ist sie ihre Liebhaberin oder ihre Therapeutin? –, erwidert, es sei legitim von Mary ihre leibliche Mutter kennenlernen zu wollen und appelliert an den Mythos der leiblichen Mutter. Auch hier konfrontiert uns Campion mit dem fleischlich-emotionalen Band zwischen Mutter und Kind und mit der Frage: Was ist Mutterliebe?

Die Komplexität dieser Frage hat die Regisseurin bereits in der ersten Staffel in dem Verhältnis zwischen Robin und ihrer fordernden, schwer kranken Mutter Jude konfiguriert: Auffällig ist, dass körperliche Berührungen zwischen ihnen selten sind. Während Jude Robin mit ihren hohen Erwartungen emotional bedrängt, vernachlässigt Robin die Mutter bei ihrer immer obsessiver werdenden Suche nach Tui und schließlich ist sie nicht anwesend, als Jude stirbt. In der zweiten Staffel wird sie selbst mit den Ambivalenzen von Muttergefühlen konfrontiert und vor der Begegnung mit Mary von «mütterlichen» Halluzinationen und Albträumen geplagt. Ihre abgewehrte Sehnsucht nach Mutterschaft entlädt sich in (selbst)destruktiven Fantasien; nach ihrer ersten Begegnung mit Mary wird Robin von viszeralen mütterlichen Gefühlen verzehrt.

Marys Adoptivmutter Julia ist gegenüber der sie ablehnenden Tochter ganz devot, sogar rückhaltlos unterwürfig, auf der anderen Seite gibt sie sich als spröde Feministin, Anhängerin von Germaine Greer, neigt zu Wutausbrüchen und offenbart sich in ihrem überwältigenden Bedürfnis nach der Liebe ihrer Tochter als äußerst egoistisch. Sie kann aber auch vor ihren Schülerinnen als verständnisvolle, charismatische Lehrerin auftreten.

Wenn Julia alias Nicole Kidman mit ihren grauen Locken und kleinen Altersflecken im Gesicht auf den ersten Blick in die Nähe von GJ rückt, ist sie in Wahrheit eine viel zu selbstverliebte «Vorstadtkönigin» – wie Campion sie selbst beschreibt – um der androgynen, enigmatischen GJ auch nur äußerlich zu ähneln (Worthy 2017). Im Gegensatz zu GJs strohiger Mähne sind Julias Haare stilvoll frisiert, sie strahlt stets eine selbstbewusste Eleganz aus, ihre den Körper umspielenden Blusen und der geschmackvolle Schmuck verweisen auf den diskreten Chic einer Intellektuellen, vermischt mit subtilen Stereotypen von weißem Lesbo-Feminismus. Julia hat vielmehr einiges mit Robins Mutter Jude gemeinsam, die ebenfalls als egozentrische Frau stets auf ihre eigenen Bedürfnisse achtet: Als Kind der Flower-Power-Kultur fand sie als junge, bindungslose Hippiebraut in Matt Mitcham einen temporären Weggefährten, im festen Glauben, wie die dogmatische Feministin Julia, an das Heilversprechen der totalen individuellen Freiheit. Die unsanfte, radikale GJ ist eher ein umgedrehtes Spiegelbild von Jude und Julia: Aus ihren rätselhaften Sprüchen, die manchmal einleuchtend, manchmal ernüchternd klingen, schimmert stets die vibrierende Aufforderung durch, in der Gemeinschaft von Paradise einen Ort der Utopie zu erkennen, das eigene Ich zu vernichten und das selbstsüchtige Mütterliche zu verwerfen.

Eine einsichtige, direkte und durchaus körperliche Mutterrolle wird in China Girl von einer anderen grauhaarigen Figur übernommen, Ray, dem Pathologen, mit dem Robin am Fall des China Girls arbeitet. Ray nennt die Detektivin liebevoll Robbie, nimmt sie in die Arme, wenn er spürt, dass sie es braucht, spendet ihr Trost und bietet ihr einen Platz zum Schlafen an, wenn sie am Tiefpunkt angekommen ist (Abb. 62). Und dass er an ihr riechen kann, dass sie kürzlich Sex hatte, lässt eine körperliche Intimität zu Tage treten, die die Grenze zwischen dem Menschlich-Mütterlichen und dem Animalischen verwischt. Der schwule Post-Hippie Ray verkörpert das Beschützende, Warmherzige, Tröstliche eines

**62** TOP OF THE LAKE – CHINA GIRL

sexuell fließenden Mutterkörpers: Jane Campion sprengt in seiner Figur die Grenzen des geschlechtsstarren Mütterlichen und verschränkt das Thema der Mutterschaft und der modernen Reproduktionsmedizin mit dem Verlust der leibkörperlichen Dimension in der digitalisierten Kultur der Gegenwart.

Alle Leibkörper werden vor und auf dem Bildschirm stets verhandelbar: Die Besucher des Bordells werden über eine Videokamera kontrolliert und zugelassen, die Sexarbeiterinnen ständig überwacht; eine Gruppe von Computer-Nerds veröffentlicht in einem Café die digitalen Profile der Sexarbeiterinnen auf Bewertungsportalen und tauscht sich über deren Sexleistungen aus. Auf die misogynen jungen Männer ist allerdings kaum Wut gerichtet, vielmehr wird die Verletzlichkeit und Hilflosigkeit ihres «Offline-Körpers», der eins mit dem «Online-Körper» geworden ist, gnadenlos offenbart. Sie penetrieren physisch die Frauen im Bordell, bewerten vor dem Bildschirm jegliche Form der sexuellen Praktiken, die sie mit ihnen ausprobieren, trotzdem haben sie mit dem realen Fleisch keinen Kontakt: Vor dem Computer hört jegliche Form von Empathie auf. Die zu Abbildungen reduzierten Frauen lassen sich kühl und funktionell auf dem Bildschirm bewerten: Bei der vollendeten Verschmelzung zwischen Medium und Körper entsteht dann die Verwirrung zwischen realer und imaginierter Sexualität, Masturbation und echter sexueller Interaktion, *role-playing game* und wirklichem Leben.

Campion hat klare Vorstellungen von dem sexuellen Verhalten des durchschnittlichen westlichen Mannes und den Ursprüngen männlicher sexualisierter Gewalt: Jeder Bordellbesucher und jeder Nerd, der sich durch Pornoseiten klickt, beteiligt sich an der Ausbeutung und macht sich daran schuldig.

# Ambivalenz der Bildschirme

Und so wird nicht zufällig die Rache, die sich Puss für die auftraggebenden Paare ausgedacht hat, per Video übermittelt: Allen Paaren, die die Leihmütter in Anspruch genommen haben, wird eine DVD zugespielt, in der Puss vor dem Hintergrund eines als asiatisch inszenierten Landes, das an Thailand erinnert, in die Kamera spricht: Er prangert die wirtschaftlichen Ungleichheiten und die Ausbeutung der Leihmütter durch die Paare mit Kinderwunsch an und schließlich teilt er mit, dass «ihre Babys weggeflogen» sind. Und es ist tatsächlich keine leere Drohung: Er hat in jenem Moment alle schwangeren Leihmütter aus Silk 41 mit nach Thailand genommen, das war sein Plan von Anfang an. So werden auf dem Bildschirm die Grenzen zwischen Schuld und Verantwortung, Recht und Legalität verwischt: Der Blick der verzweifelten Paare auf die Videoansprache von Puss ähnelt dem ungerührten Blick der jungen Typen, die sich im Internet-café durch ihre sexuellen Wünsche klicken. Offenbar stellt Campion die Frage, ob ein Unterschied zwischen Elendsprostitution und Elendsleihmutterschaft besteht, ohne eine eindeutige Antwort zu geben oder eine moralische Position einzunehmen. Schmerz und Leiden lässt sie allerdings in den Körpern aller Beteiligten zum Ausdruck kommen, die, im gleichen System eingeschlossen, zu Täter:innen und Opfern zugleich werden.

Das fiktive Thailand, das als Hintergrund für Puss Videoanklage dient, steht für einen symbolischen Raum zwischen Wirklichkeit und Fiktion, vielleicht sogar für einen Raum, aus dem Realitätsfragmente hervortreten, die nach einer subjektiven Wahrnehmung verlangen. Spricht der niederträchtige Bordellchef Puss in dem Video doch nicht eine Wahrheit an? Ist der inszenierte Hintergrund aus Plastik nicht ein Raum, der einer westlichen Projektion entspricht und zugleich die Verletzung eines (Raum-)Körpers darstellt? Der Bildschirm wird somit zum Vermittler zwischen sozialen Ungleichen, zwischen dem (pseudo) revolutionären Zuhälter und den aufgeklärten Paaren mit unerfülltem Kinderwunsch, die schließlich Adrian als Polizeichef anflehen, etwas zu unternehmen. Er kann aber nicht handeln, denn rechtlich gesehen gehören die Babys den Leihmüttern. Sie alle haben ihre Kinder verloren.

Ein Verlust, der auf all die Widersprüche verweist, die sich in der Figur Mirandas als weiße Auftraggeberin einer Leihmutter verdichten: Als Polizistin in Uniform steht sie für das Gesetz, das sie selbst gebrochen hat; sie kann lügen, aber auch ehrlich sein, sie kann eine Fülle von gegensätzlichen Gefühlen ausdrücken, Begehren, Untreue, Aggressionen und dabei ihre Asymmetrie – nicht nur physisch – zu Robin offenbaren. Gwendoline Christie ist mehr als 30 cm größer als Elizabeth Moss, verleiht ihrer Rolle Schwung und

Elan und füllt Miranda – neben ihren Albernheiten – auch mit überraschender Leidenschaft aus.

Sie lässt ihre labile Gefühlswelt im Gegensatz zu Robin stets hemmungslos an die Oberfläche kommen, ihr gelingt es sogar Robin aus ihrem Schutzpanzer zu locken. Robin ist am Anfang darin eingeschlossen und zeigt nach Außen moralische Strenge, Abweisung gegenüber Miranda, Härte zu ihrem gesamten Umfeld. Dennoch bricht durch ihre unterdrückten Gesten, impulsiven Reaktionen, exzessiven Explosionen und schließlich ihre vielen Tränen angesichts ihres Leidens immer wieder ihre innere Realität durch und wird für die Außenwelt sichtbar. Elizabeth Moss lässt uns jederzeit die Spuren der Gewalt nachempfinden, die Robin in sich trägt und überall erkennt, wenn sie die Gefährdung Marys sieht.

Und am Ende überrascht uns Campion wieder. Der gnadenlose Blick auf den Bildschirm wird umgedreht und unsere Perspektive auf den Kopf gestellt: Der Bildschirm ist in der Schlusssequenz nicht mehr Medium der Verleugnung des Fleisches, sondern hat sich in einen Ort der Bewegung und Begegnung verwandelt (vgl. Bruno ebd.), einen Ort, der den Körper durch Emotionen – physisch und geistig, taktil und räumlich – in Bewegung setzt, das Ungleichgewicht zwischen Zeit und Erinnerung verwischt, auf dem sich Gegenwart und Vergangenheit durchkreuzen. Robin schaut sich alte digitalisierte Videos ihrer dreijährigen Tochter an und kommt in Berührung mit einer Vergangenheit, die sie verpasst hat. Es geht aber nicht um die Romantisierung der von Robin zugelassenen Müttergefühle, nur um das Nicht-Zurückschrecken, Zärtlichkeit endlich zuzulassen.

CHINA GIRL schwelgt in diesem Zwiespalt zwischen tiefem Unbehagen und emotionaler Erregung. Und wie schon am Ende der ersten Staffel erleben wir keine saubere Auflösung, die auch einen Abschluss für die Figuren oder die Geschichte darstellen könnte. Miranda liegt im Koma und das Geheimnis über den Tod von Cinnamon wird nur nebenbei enthüllt: Die Katharsis der Gerechtigkeit, die auch den Reiz jedes Krimis darstellt, wird uns letztendlich verweigert.

# «Er ist unser Meister»:
# Jane Campion trifft auf David Lynch

Nicht selten ist TOP OF THE LAKE mit TWIN PEAKS verglichen worden, auch der prominente Filmkritiker Jonathan Rosenbaum hat TOP OF THE LAKE als «eine feministische Antwort auf TWIN PEAKS» bezeichnet (Rosenbaum 2022). Einen Schlüssel zu dieser Interpretation bietet die Szene, in der Robin die tote Cinnamon fragt, ob sie ihr sagt, was sie gesehen hat: In jenem Moment bleibt die Leiche für uns unsichtbar. Erst später auf dem Tisch des Pathologen wird uns Cinnamons aufgequollener Körper, entstellt bis zur Unkenntlichkeit und verwest, gezeigt. Eine verstörende Enthüllung, die im krassen Kontrast zur «schönen Leiche» von Laura Palmer steht, wenn wir weiterhin der Parallele mit TWIN PEAKS – und der These Rosenbaums – folgen. Die tote Laura (Sheryl Lee) wird an ein Flussufer gespült und mit dem inzwischen ins popkulturelle Gedächtnis eingegangenen Satz von Pete Martell (Jack Nance), der sie entdeckt, eingeführt: «Sie ist tot. In Plastik eingewickelt.» Aus der Plastikhülle tritt Lauras bleiches Gesicht heraus, mit tiefblauen Lippen und kleinen Sandkörnern um die Stirn herum, die nahezu wie Perlen leuchten. Ihr Antlitz trägt keine Wunde, keine Blutspuren, kein Zeichen von Gewalt, es ist von einer Halskrause aus halbtransparenter Plane umrahmt, die an die hauchdünnen Falten eines Couture-Ballkleides erinnern. Die Plastikhülle bildet eine Art Schleier, der enthüllt und verbirgt zugleich, und stellt Laura in eine lange Reihe von verstorbenen Gothic-Heldinnen, weiblichen Opfern und mit dem Tod bestraften Femmes fatales, die als bildschöne geisterhafte Andere von jeglicher Spur ihres gewaltsamen Todes unberührt erscheinen (Bronfen 1994 ebd.). Repräsentiert Cinnamons geschundener Körper einen feministischen Gegenentwurf zu Lauras «schöner Leiche»?

Kathleen A. McHugh greift auch den Vergleich mit TWIN PEAKS auf, sie betrachtet in der ersten Staffel von TOP OF THE LAKE das Foto von Tui am Ende des Vorspanns als ein radikales Gegenbild zu Laura Palmers Foto, das den Abspann der ersten zwei Staffeln von TWIN PEAKS immer wieder schließt: als blonde, strahlende, tragische Abschlussball-Königin, die nicht sterben hätte müssen. «Tui – schreibt McHugh – ist nicht blond, ist nicht weiß, und – triumphierenderweise – sie wird nicht sterben» (McHugh, 2015). Jedes Klischee von tradierter Weiblichkeit aus dem Bildreservoir des Genres Krimidrama wird in TOP OF THE LAKE aufgegriffen und zugleich widerlegt, hinter vielen Zitaten stecken parodistische Verweise, emblematisch dazu die ironische Auflösung von Lynch-Referenzen in einer Schlüsselszene. Robin hält einen Van voller Frauen an, die für Matt arbeiten und fragt sie, wohin sie fahren. «Buchclub», lügen sie schamlos. «Oh ... was lest ihr?», fragt sie. Es herrscht Schweigen, dann sagt jemand: «Blue Velvet.» Robin bleibt hartnäckig. «Ich wusste nicht, dass es ein Buch ist. Wer hat es geschrieben?» Eine Frau knurrt: «Das ist uns egal.» Es ist eine maliziöse Hommage Campions an Lynch, die aber auch selbstironische Anspielungen enthält. Sie verweisen wohl auf die Kontroverse zum Drehbuch von THE PIANO, die in den frühen 2000er-Jahren entstand: Obwohl es sich um ein Original-Drehbuch handelt, ist THE PIANO von dem wenig bekannten Roman *The Story of a New Zealand River* von Jane Mander inspiriert, zum ersten Mal 1920 erschienen, was

2000 in der australischen Tageszeitung *Canberra Times* enthüllt wurde. In einem Schreiben an den *New Zealand Herald* erklärte Campion daraufhin, dass sie zwar von dem Buch gewusst habe, ihr Drehbuch zu THE PIANO aber ein Originalwerk sei (Gower, 2000). Jenseits der Originalität ihrer Drehbücher – sowohl Campion als auch Lynch haben auch eigenwillige Literaturverfilmungen realisiert – erscheinen ihre Bilderwelten auf seltsame Weise miteinander verwoben. Bereits in SWEETIE hatten einige Kritiker:innen auf die Verbindungen zwischen Lynch und Campion hingewiesen. Jonathan Rosenbaum schreibt dazu: «[Campion und Lynch] sind beide figurative Maler:innen und Filmemacher:innen, die seltsame Kamerawinkel, malerische Kompositionen und kräftige Farben bevorzugen; sie teilen auch einen gewissen schwarzen Humor und eine morbide, poetische Faszination für das Abartige. Campion hat darüber hinaus zugegeben, dass sie sich mit Lynch als Filmemacher verwandt fühlt, vor allem mit dessen Wunsch, mentale Zustände zu erforschen» (ebd.). Aber darüberhinaus äußert sich Rosenbaum durchaus skeptisch zu der Nähe zwischen beiden Filmeacher:innen, denn in Lynch sieht er – wenig schmeichelhaft – einen Primitivling und in Campion eine überragende Inszenatorin (ebd.).

Es ist vielleicht ein gewagtes Unterfangen, Campion und Lynch als Seelenverwandte zu beschreiben, es lohnt sich aber, es zu versuchen. Die Spuren dazu bieten tatsächlich die Filmuniversen ihrer Serien: Ihre kompromisslosen Visionen sind in Filmtexturen übersetzt worden – Licht, Musik, Inszenierung, Kamerabewegung, Körperbilder, Genrehybridisierung – dank der Mitwirkung virtuoser Künstler:innen aus den verschiedenen Filmgewerken, die immer wieder neue Labyrinthe des Sehens, des Denkens und des Fühlens mitkreiert haben. In TOP OF THE LAKE hat Kameramann Adam Arkapaw mit seinen gespenstigen blaugrauen Farben allen Schauplätzen der Miniserie einen Hauch von Verzweiflung und Ungewissheit verliehen. Die Szenenbildnerin Fiona Crombie hat beginnend mit Matt Mitchams hüttenartigem Haus, in dem sich unter dem Badezimmer ein Drogenlabor befindet, bis hin zu Parkers schicker Villa, symbolträchtige Schauplätze realisiert: Beide beschwören in zwei Varianten moderne Schlösser der Gothic-Novels herauf, Orte des Dämonischen und Unheimlichen, an denen die Heldin mit dem Tod konfrontiert wird. Die Musik von Mark Bradshaw erzeugt mit ihrer hypnotischen Grundstimmung durch klagende Gitarren- und Klavierklänge ein Gefühl der Melancholie und des Grauens. Und die Kostüme als bedeutsames erzählerisches Medium kreieren den besonderen Strang der tranceartigen Vertrautheit, der Campions Gesamtwerk auszeichnet. Mit den Kostümen von Amanda Neale in der ersten und von Emily Serresin in der zweiten Staffel entfaltet sich die Mode IN TOP OF THE LAKE als Gestaltung von (Körper-)Oberflächen, die Innenwelten enthüllt: Das Zeichensystem von Kleidung, Körperhaltungen und Posen entspricht dem, was von Eve Sedgwick als die

Logik der Oberfläche in der Gothic Novel identifiziert worden ist. Für Sedgwick haben die meisten Kritiker gotische Texte missverstanden, indem sie zu eifrig nach verborgenen Tiefen suchten, obwohl der Sinn sehr oft an der Oberfläche liegt, ausgedrückt in einem dichten Repertoire von Masken, Schleiern und Verkleidungen (Sedgwick zitiert in Spooner ebd. 106). Trotz seiner «Maske» tadelloser Anzüge wirkt Al Parker stets undurchschaubar verdächtig, in der abgewetzten Lederjacke und Hippie-Jeans kommt Matts Brutalität unmittelbar zum Vorschein, die offensiven Tops Robins enthüllen ihre seelische Fragilität, beim weißen Anorak Tuis ist die Kapuze mit Pelzkragen eine doppelbödige Tarnung, denn der Tausch mit dem Kapuzenpulli Jamies führt ihn in den Tod. In der Community der Laketop-Jugendlichen ist der Kapuzenpulli ein Zeichen ihrer sozialen Ausgrenzung und zugleich ein gemeinschaftsstiftendes Symbol, das ihnen auch Halt gibt und ein Versteck anbietet. Der Kapuzenpulli kann sie allerdings nicht vor dem Horror schützen, der als freundlicher Gesetzeshüter im Anzug maskiert ist.

Versuchen wir also, uns in die Texturen und Kleidungsstücke einzufühlen, in ihre Falten und Farben zu versinken, um deren Sinn und Struktur zu ergründen. Nach dem Prozess des Bildsehens und Bildfühlens stellen wir vielleicht fest, dass das scheinbar zufällige Zusammenspiel von Stoffen, Materialien und Haut Sinngerüste bereithält. Sie suggerieren womöglich eine Verbindung zwischen dem lynchesken und dem campionesken Kosmos, die auf den ersten Blick als gegensätzlich erscheinen. Es sind gerade die Kostüme, die sich in beiden Serien als Bindeglied zwischen Zeit und Raum erkennen lassen. Wir sind fasziniert von dem, was die Figuren tragen, vielleicht auch, weil wir durch ihre Kleidung mit dem Kurzschluss von Zeit und Raum konfrontiert werden. Denken wir nur an den ikonischen Look, den Patricia Norris in den 1990er-Jahren für TWIN PEAKS kreiert hat, wie die Lederjacke des Außenseiters James Hurley oder die exklusiven Twin-sets von Audrey Horn im Stil der 1950er-Jahre: Sie schienen schon damals für den nostalgiesüchtigen Geschmack unserer Gegenwart modelliert zu sein. Nach dem Tod Norris 2015, stellte sich Nancy Steiner der Herausforderung, die Erinnerung an die Vergangenheit in die Texturen der dritten Staffel einzuweben und zugleich darin die Gegenwart sich entfalten zu lassen.

Was die Figuren in beiden Serien tragen, ist also mehr als nur ein Modestück, es ist ein Hinweis auf die Bewegung des Seins in der Zeit. Die verborgene Verknüpfung zwischen beiden Bilderwelten geht über die Intertextualität hinaus, um in einen Raum vorzudringen, den wir nach Giuliana Bruno «Intertexturalität» nennen können (ebd.). Der fluktuierende rote Vorhang, der in der Welt von TWIN PEAKS zugleich trennt, verbirgt und abgrenzt, kann als die verbindende Scheidewand gesehen werden, die uns zu einem möglichen Zugang in beide Welten führt.

# Höhepunkt der Kostümsymbolik: Rote (Stöckel-)Schuhe

Dass rote hochhackige Schuhe schon immer ein obsessives Motiv im TWIN PEAKS-Universum darstellen, ist unbestritten. Rote Schuhe tauchen aber auch in der letzten Episode von TOP OF THE LAKE auf. Nach dem Aufwachen neben ihrem Baby zieht Tui schnell rote hochhackige Sandalen an, um sich ihren Freunden endlich wieder anzuschließen: Signalisieren sie in ihrer Materialität Tuis Erwachen aus ihrem (realen) Albtraum oder stehen sie für einen radikalen Gegenentwurf zu jenen roten High Heels, die im Lynch-Kosmos als Zeichen fetischisierter Weiblichkeit gelten? An dem grazilen, kindlichen Körper Tuis wirken die roten Schuhe in der Nahaufnahme wie ein perverses sexuelles Signal, als ob sie unsere visuelle Lust nicht anregen, sondern zurückdrängen sollen.

In TWIN PEAKS gibt es Momente, in denen bestimmte Kleidungsstücke in den Vordergrund rücken und die Kostüme sich von ihrer üblichen erzählerischen Funktion loslösen, um ihr eigenes Spektakel zu entfalten (vgl. Spooner 2016: 112). Somit fungieren sie als das, was Stella Bruzzi «ikonische Kleidung» bezeichnet hat: spektakuläre Interventionen, die in den Szenen, in denen sie auftauchen, sich gegenüber der Figur, die sie schmücken, durchsetzen» (Bruzzi 1997: 17). Wenn David Lynch und Mark Frost einerseits vorgeworfen werden kann, die Schaulust-Dynamik des Hollywood-Kinos zu bedienen, verweisen andererseits solche ikonischen Kleider und Accessoires auf unterschiedliche Formen von visueller Lust. Denn tatsächlich zieht die Kleidung Aufmerksamkeit auf ihre Materialität, nimmt aber paradoxerweise zugleich auch eine körpertranszendierende Dimension an. Um Todd McGowan wiederzugeben: Er erwähnt als Beispiel für dieses Paradoxon die Szene in ERASERHEAD, in der eine Frau aus dem trivialen Heizkörper des Schlafzimmers des Protagonisten auftaucht und auf einer winzigen Bühne singt und tanzt: «Das materielle Objekt hat in gewissem Sinne die Fantasie geboren» (McGowan 2007: 8).

Rote Schuhe synthetisieren vielfältige und mehrdeutige kulturelle Codes. Bei der Kombination von Farbe und Schuhwerk treffen Ästhetik, materielle Kultur und Farbsymbolik aufeinander. Die Farbe Rot steht in westlichen und nichtwestlichen Traditionen für Leben und Fruchtbarkeit, wird aber auch mit Gefahr, Krieg und Tod in Verbindung gebracht. Rot ist die Farbe menschlicher Extreme, starker Emotionen und religiöser Erfahrungen. Ein roter Schuh evoziert das kulturelle Gefühl von Leidenschaft, das sowohl durch erotisches Verlangen als auch durch zwanghaften Trieb, spirituelle Erhebung und Leiden geprägt ist. Die Form von Schuhen weckt Assoziationen rund um den Körper, Identität und Sexualität. Schuhe reproduzieren den Abdruck des Fußes der Tragenden und ihre hohle Form kann auf ein Gefäß der Identität, einen Ersatz für das Selbst hinweisen (vgl. Davidson 2006: 272–88).

In den Bilderwelten unserer beiden Filmemacher:innen können wir vielschichtige Verweise auf Schuhe in Märchen entdecken, denn beide Serien lassen sich auch als Schauermärchen verstehen, in denen Mythen und Schreckbilder gewaltsam aufeinandertreffen. Sofort fällt uns das Andersen-Märchen *Die roten Schuhe* ein, in dem die junge, bitterarme und von einer frommen, reichen Frau adoptierte Karen, sich eigenwillig für Schuhe in der Farbe der Leidenschaft entscheidet und dafür bestraft wird. Sie kann ihre Füße in den «unangemessenen» roten Schuhen nicht mehr kontrollieren, bis sie amputiert werden müssen, was einer Kastration gleicht: Karen wird offenbar «entsexualisiert». Das Märchen wurde 1948 verfilmt, (THE RED SHOES, Regie: Michael Powell, Emeric Pressburger), die Protagonistin (Moira Shearer) ist ein aufstrebender Ballett-Star, der schließlich für seine Gier nach Ruhm ebenfalls mit der Fußamputation bestraft wird. Das Thema der Amputation weist auffallende Parallelen mit THE PIANO auf, während die roten Schuhe an die magischen Rubinpantoffeln von Dorothy alias Judy Garland in THE WIZARD OF OZ (1939, Regie: Victor Fleming) erinnern, dessen wichtiger Einfluss auf sein Werk Lynch offen zugegeben hat. Von dem Geist des WIZARD OF OZ ist das Imaginäre der Protagonistin Lula (Laura Dern) in Lynchs WILD AT HEART obsessiv durchdrungen: In dem Film – einem in albtraumhaften Bruchstücken zersplitterten Schauermärchen – sind Lula und ihr Freund Saylor (Nicholas Cage) auf der Flucht vor Lulas «böser» Mutter (Diane Ladd). Sie vergleicht ihre Odyssee mit einer Reise entlang der Yellow Brick Road, dem magischen Weg in dem Land von Oz. Und in ihrer Fantasie nimmt die Mutter die Gestalt der bösen Hexe an, die jede ihrer Bewegungen in einer Kristallkugel beobachtet. Wie Dorothy mit ihren Zauberrubinpantoffeln schlägt auch Lula ihre roten High Heels aneinander, um der Schande des sexuellen Übergriffs durch Bobby Peru (Willem Dafoe) zu entfliehen: Die Schuhe führen sie und Saylor zu einer Reise durch die Finsternis.

In der ersten Episode von TWIN PEAKS geht Audrey (Sherylin Fenn) in einer inzwischen kultigen Szene zu ihrem Schulspind und tauscht ihre schwarz-weißen Sattelschuhe gegen rote Schuhe mit Absätzen aus. Die auf ihren Füßen verweilenden Nahaufnahmen können als fetischisierende Inszenierung interpretiert werden, in der Audrey als Ganzes durch ihre Schuhe ersetzt wird; allerdings kann diese Szene auch betonen, dass Audrey die Kontrolle über ihr eigenes Bild besitzt. Die Autorin Angela K. Bayout interpretiert die Szene noch anders, dass «diese Nahaufnahme auf die schwarz-weißen, flachen Schuhe und die roten Pumps für die zentralen Themen» der Serie steht: Dualität, Gegensätze, Doppelbödigkeit. Sie erinnert an die konventionelle Noir-Dualität der unschuldigen Frau und der Femme fatale, die Audrey personifiziert» (Bayout 2013: 20–29).

**63** Top of the Lake – China Girl

Die Vielfalt der Referenzen an hochhackigen Schuhen, die als ambivalentes Objekt zwischen Fantasie und Realität changieren, führt uns wieder zu Campions Kosmos: Elisabeth Bronfen hat in Bezug auf In the Cut geschrieben, dass «es Campion nie um eine realistische Darstellung von weiblichen Fantasien ging, sondern um Schauermärchen» (Bronfen, 2004), was sie in die Nähe von Lynch rückt. Bereits in In the Cut hatte Campion den Cinderella-Mythos des verlorenen Glas-Pantöffelchens evoziert und zugleich radikal dekonstruiert, als Molloy den Schuh, den Frannie beim Ausrutschen auf dem Blut der zerstückelten Pauline verliert, ihr anzieht: Der «Märchenprinz» ist in Frannies Vorstellungen auch schon immer der Killer gewesen. In Top of the Lake: China Girl greift Campion dieses Motiv wieder auf: Pike zieht Robin im Krankenhaus ihre Schlappen an, nachdem sie von Puss am Strand attackiert und in die Nase . gebissen wurde. Sie sind mit Sand und Blut verschmutzt und in einer brachialen Welt männlicher Gewalt verankert, sie stehen also für die Vernichtung jeglicher romantischen Fantasie. Ein Mann schaut der Szene zu und sagt lächelnd «Oh ja Cinderella», aber der Blick in Robins blutiges Gesicht vernichtet sofort seine positive Projektion. Das Grauen häuslicher Gewalt taucht auf einmal wie in einer grotesken Parodie auf, das Romantisierende des Märchens zerbricht bei dem Sichtbarwerden eines verborgenen Alltags (Abb. 63).

Im Campion-Kosmos sind die Cinderella-Glaspantoffel wie in einer Gothic-Novel mit Blut verschmiert, oder von hyperrealen, waffenähnlichen Prada-Stilettos ersetzt: Als Ding-Symbol und Aneignung eines den Eliten vorbehaltenen Luxus-Objekts sind hochhackige Prada-Schuhe ein zentrales Element bei der gepflegten, hochmodischen Erscheinung Lindas, einer Vertreterin der Scarlet

Alliance, Australiens nationaler Vereinigung von Sexarbeiterinnen, die Robin und Miranda im Laufe ihrer Ermittlungen befragen. Im Interview mit *The Guardian* hat Campion von ihren Kontakten mit der Vereinigung und von ihren Recherchen bei der Vorbereitung der Serie, zusammen mit der Crew, im Milieu der Sexarbeit in Sydney berichtet (Campion, 2017). Die Momente der Metafiktion – in den Szenen, die in echten Bordellen gedreht wurden – unterstreichen Campions Absicht, nicht nur ihre umfangreichen Recherchen zu nutzen, sondern auch die Stimmen marginalisierter Gruppierungen, die meist ignoriert werden, anzuerkennen.

Sind also die schwarzen Prada-Stilettos, die Linda offensiv als selbstbewusste Geschäftsfrau trägt, das Gegenstück zu den roten, auf den ersten Blick fetischisierenden High Heels im Lynch-Kosmos? Stilettos im Film sind ohnehin klischeebeladene Zeichen, nicht zuletzt mit der verbreiteten Vorstellung des phallischen, waffenfähigen Absatzes verbunden – denke man nur an den Mord an Sam in Single White Female (1992, Regie: Barbet Schroeder) oder Catwomans Hinweis in The Dark Knight Rises (2012, Regie: Christopher Nolan), dass «Stiletto» vom italienischen Wort für «Dolch» abgeleitet ist. Hochhackige Schuhe sind gewiss hochgradig symbolisch für das Wechselspiel zwischen affirmativer Weiblichkeit und feministischer Haltung, zwischen Ermächtigung und deren Fehlen. Und sie stellen ein zentrales Element bei der Verwischung von eindeutigen Geschlechtergrenzen dar. Camille Paglia sieht in einem berühmten Foto von Helmut Newton, einem notorischen High Heels-Fetischisten, dessen unbestreitbare Ambiguität: In *Shoe*, einem Bild, das 1983 in Monte Carlo aufgenommen wurde, verdichten sich in dem modischen Schuh Sexualität, Verletzlichkeit und dynamische Aggression. «Die gekrümmte Fußhaltung wirkt irritierend. Ist das eine Domina, die bereit ist, ihr sich ergebendes Opfer zu zertrampeln? Oder ist es ein Strichmädchen, das trotzig ihr Revier verteidigt? Oder eine Drag Queen, die verächtlich in eine Gasse pinkelt?» (Paglia, 2013).

In Twin Peaks The Return tauchen rote Stöckelschuhe immer wieder auf, besonders auffällig wirken sie bei einer mysteriösen französischen Lady, mit der FBI-Chef Gordon Cole alias Lynch selbst verabredet ist: Sie trägt ein rotes, eng anliegendes Kleid, führt korallenrote Lippen und selbstverständlich Louboutin High Heels vor. «Très chic», sagt Gordon entzückt, als die stumme Lady ihm die unverkennbar roten Sohlen demonstrativ zeigt. Steckt dahinter eine Art Selbstironie auf (hetero)männliche Vorstellungen stereotypisierter Weiblichkeit, die Lynch oft vorgeworfen wurde? Die stumme Lady könnte tatsächlich die Parodie einer Französin, dem amerikanischen heteromännlichen Imaginären entsprungen, sein. Oder ist es sogar eine selbstreferenzielle Parodie? Tatsächlich hat Lynch 2007 mit Louboutin kooperiert und dessen Schuhkollektion namens «Fetisch» fotografiert. Man könnte annehmen, dass er in seinen Fotos das Konzept des Schuhdesigners, «ein Schuh soll eine Erweiterung der Frau sein», wörtlich genommen hat: In den Fotos erscheinen alle Models in äußerst passiven Posen, die Spitzenschuhe mit hohen Absätzen lassen ihre Füße wie gefesselt wirken, der hintere Fuß ist angewinkelt, die Zehen müssen im 90-Grad-Winkel zum Boden stehen. Man könnte darin sogar eine Reminiszenz an Hitchcocks THE BIRDS entdecken, in dem Tippi Hedren die exquisite Kunstfertigkeit von High Heels demonstriert und zugleich auf die ständige Verletzlichkeit einer Frau verweist, die nicht rennen kann und jeder Form von Angriffen ausgesetzt ist.

Die Journalistinnen Charlotte Casiraghi und Rhiannon Harries, die über die Louboutin-Ausstellung mit Lynchs Fotos für *The Independent* berichteten, räumten ein, dass das Projekt umstritten sein könnte. «Es ist – und war schon immer – umstritten, ob das Tragen von Domina-Kleidung eine authentische, ermächtigende Handlung für eine Frau ist», heißt es in ihrem Text. Und angesichts der euphorischen Reaktionen der weiblichen Gäste kommen sie zu dem Schluss, dass es bei solchen Objekten weniger um (geschlechtspolitische) Ethik, sondern vielmehr um schillernde Ästhetik geht (Casiraghi und Harries, 2007). Luxuriöse Designerschuhe scheinen also eine unwiderstehliche Ausstrahlung zu besitzen, trotz ihrer atemberaubenden Preise und der Objektivierung der Beine. Gegen ihre Verführung in CHINA GIRL ist auch Miranda nicht immun, die sich Lindas Prada-Stilettos mit einem gewissen Neid am Bildschirm anschaut – was letztlich bei ihrer Körpergröße einen paradoxalen Wunsch ausdrückt. Robin reagiert auf Mirandas Begeisterung zurückhaltend, dennoch trägt sie wenig später bei ihrem ersten Treffen mit Marys Eltern einen Minirock mit hochhackigen Schuhen gepaart, vielleicht sogar Prada-Heels?

Sowohl in TWIN PEAKS als in TOP OF THE LAKE entziehen sich High Heels einer eindeutigen Bedeutungsbildung und, wer weiß, vielleicht haben sie sogar auch – augenzwinkernd – als Product-Placement gedient.

Wir merken nun, in der jeweiligen Erzählwelt eröffnen High Heels eine komplexe, doppelbödige Dimension. Sie nehmen paradoxerweise die Form eines materiellen und immateriellen Kulturgutes und eines hedonistischen Luxus-Objektes an, werden zugleich zur Projektionsfläche vielfältiger, sogar gegensätzlicher Fantasien. «Wenn eine Frau in einen Stöckelschuh schlüpft, ist es immer, als schlüpfe sie in eine Rolle», hat die Modehistorikerin Linda O'Keefe geschrieben (ebd. 14). Das Widersprüchliche der hochhackigen Schuhe verweist auf das Thema des Doppels, das im Campion-Kosmos – so wie bei Lynch – stets wiederkehrt: Kleidungsstücke entfalten sich zu einer offenen Maskierung, werden zu einer eklektischen Verkleidung, zu einer performativen Inszenierung. Sie dienen als Tarnung, aber auch als Ort, an dem Widersprüche aufeinandertreffen und die Grenzen zwischen Innen und Außen aufgehoben oder verstärkt werden. Sie übersetzen visuell das Schweben in einem Raum, in dem zwei gegensätzliche Instanzen miteinander kollidieren: die tragische Dimension des Lebens mit ihren Fallen, Bedrohungen, Kompromissen und die Projektion des Traumes, die jenseitige Zeit des Märchens.

## Collagen, Montagen, Verflechtungen

Es scheint nun, dass wir uns in beiden Serien auf die Suche nach Spuren und Echos, oder besser gesagt nach Assonanzen, Signalen und Hinweisen begeben müssen, die bei unserem persönlichen Eintauchen in die Bildstrukturen einschmeichelnd oder hermetisch, verwirrend oder kristallklar erscheinen. Und vielleicht entdecken wir, dass eine verborgene Verbindung nicht nur zwischen TOP OF THE LAKE und TWIN PEAKS besteht, sondern auch zwischen zwei ähnlichen Visionen des Films als Kunst, was Seeßlen in Lynchs Werk als «die Fähigkeit, Techniken, Erfahrungen und Gesten der bildenden Kunst auf den Film anzuwenden, am eindrucksvollsten auf den «populären Film», also den Film, der in Genres erzählt», heraushebt (Seeßlen 2017).

So könnte unser intensives Schauen und Fühlen beider Serien auch bedeuten, auf die Suche nach ästhetischen Puzzleteilen zu gehen, die gesammelt, montiert und zusammengestellt werden, die faszinieren und zugleich verwirren, und die wir schließlich nach ihrem visuell doppelten Boden hinterfragen müssen. In TOP OF THE LAKE begegnen uns immer wieder ausgeschnittene oder zusammengestückelte Fragmente, wir können sie zusammensetzen, aber sie ergeben kein eindeutiges Ganzes, das eine klare Deutung erlaubt. Knochen baumeln an Wäscheleinen in Jamies Zimmer und bilden bizarre Mobile, die uns vielleicht Jamies verborgene Gefühlswelt näher bringen könnten; lange, schwarze Haarsträhnen dringen nach außen aus einem im Meer versunkenen Koffer und tanzen im Wasser wie Seegras, um uns womöglich an das Schicksal asiatischer, im Ozean verschwundenen Auswanderinnen zu erinnern (Abb. 64); in einer Nahaufnahme sehen wir Robins Fußsohlen – ihre Strumpfhose ist zerrissen und bildet gezackte Muster: Ist es etwa ein Blick in ihre vernarbte Seele?

Kunst, Traum, Trauma: In die grundsätzlich linear erzählte Handlung streut Jane Campion Modalitäten des Traumes ein, lässt uns aber zunächst darüber im Unklaren, ob es sich um Traum oder Realität handelt. Ein im Dunkel leuchtendes Kleinkind führt uns auf wackeligen Beinen zu Robins Schlafzimmer, wir sehen sie in ihrem Bett, hören ihr leises Murmeln und merken dann, wir sind inmitten ihres Albtraumes, der in einer Animationssequenz visualisiert wird, besser gesagt in einer Hybridform zwischen Realfilm und Silhouetten-Animation. Auf einmal erscheinen um Robins Bett ein Baby, ein Kleinkind und eine Teenage-

**64** Top of the Lake – China Girl

rin als neonumrandete Figuren, die ihre unbekannte Tochter in verschiedenen Altersstufen darstellen, vielleicht die Geister einer Kindheit und Jugend, die Robin nicht gestalten konnte. Sie bedrängen Robin wie gesichtslose Phantasmen, ihr unruhiger Rausch im Schlaf kulminiert in einem traumatischen Erwachen. Ob die Regisseurin hier einer zentralen Szene aus Hitchcocks Vertigo, in der der Protagonist Scottie uns im Traum das Hineinfallen in sein eigenes Grab geradezu physisch spüren lässt, ihre Ehrerweisung erteilt oder sie demontiert, sei dahingestellt. In der Traumsequenz mit Robin lässt uns Jane Campion genauso beklemmend an ihrem Albtraum teilhaben und es ist, als ob Hitchcock-Szenarien des Unbewussten und das aggressive Blinken der Neonfiguren von Bruce Naumann aufeinandertreffen würden.

# «China Girl»:
## Das Perverse des kapitalistischen Systems

Auch der Albtraum Felicitys mit dem sterbenden Monster-Baby ist äußerst verstörend inszeniert; die zwei Albträume bringen uns extreme Formen von mütterlichem Begehren sehr nahe, darin lässt sich vielleicht auch wieder eine Hommage an Lynchs Eraserhead lesen. Während Robin von den Geistern ihres gleich nach der Geburt weggegebenen Babys heimgesucht wird, hat Felicity eine Horror-Vision der Zukunft: Das Baby, das sie selbst nicht austragen konnte, ähnelt einem kleinen Monster, es ist Produkt eines perversen sozialen Systems.

Bei dem Potpourri von Zeichen greifen beide Filmuniversen ineinander oder divergieren voneinander, sie regen uns dennoch dazu an, ihre offenen und verborgenen Verbindungen zu entdecken, denn jede der beiden Serien verweist auf die eigene Verschmelzung von Kunst, Kommerz und Popkultur und zeigt sich außergewöhnlich selbstbewusst in der Art und Weise, wie sie mit unseren Erwartungen umgeht. Sie sind zwar Krimis mit einem originellen visuellen Stil, stellen aber auch eine übermäßige Erweiterung dieser Kategorie dar.

Was aber die Welt von TOP OF THE LAKE einzigartig macht, ist die Enthüllung der zerstörerischen Kraft des Patriarchats von innen heraus. Dies führt uns zurück zum Beginn der Geschichte, des toten «China Girl», die an Bondi Beach zunächst außerhalb unseres Sichtfeldes bleibt. Nach und nach holt sie Robin durch ihre hartnäckige Ermittlung aus ihrer Anonymisierung heraus: Erst werden wir im Leichenhaus mit ihrem verwesenden Körper konfrontiert, dann erfahren wir ihren wahren Namen, Padma, und lernen ihr Gesicht kennen, das in einem Foto unter denen der verschiedenen Leihmütter, die von Felicity und Mike engagiert wurden, zu sehen ist. Schließlich erscheint Padma aus Fleisch und Blut in einer Halluzination von Brett, dem Student, der sie im Bordell oft besucht hat und sie in dem verschandelten Körper im Leichenhaus zu erkennen glaubt. Die darauffolgende Szene in Bretts Zimmer verwirrt uns wieder, es gibt anfänglich keine klare Abgrenzung zwischen Bretts Einbildung und der «Wirklichkeit»: Er hält Padma in seinen Armen, ihre langen, offenen, schwarzen Haare bedecken ihren halbnackten Körper.

Es ist allerdings eine Fantasie, die sich aus der Realität speist: Cinnamon/Padma ist in einem an Bondi Beach angeschwemmten Koffer tot aufgetaucht, in seiner symbolischen Aufladung ist der türkisblaue Koffer ein Zeichen der Ortlosigkeit der Auswanderer:innen, steht aber auch für das leere Versprechen des neoliberalen Kapitalismus und der transnationalen Migration.

Wenn Lee und Campion uns mit der Todesgrimasse Padmas konfrontieren, greifen sie die Fetischisierung des weißen, schönen Mädchens und den sexualisierten Pathos an, die obsessiv in diesem Genre wiederkehren; mit der Figur von Cinnamon/Padma und ihrem transnationalen Hintergrund stellt sich die Serie CHINA GIRL einerseits diametral gegen die Rassialisierung, die grundsätzlich Serienkrimis prägt, von der auch TWIN PEAKS nicht immun bleibt. Andererseits sind sich Campion und Lee auch bewusst, dass das tote «China Girl», wenn auch als Anklagebild konzipiert, unvermeidlich auch (mediales) Beutebild ist. Auch Robin, als Detektivin und Repräsentantin eines weißen Feminismus, die Cinnamon aus ihrer Anonymität herausholt, kann die zerstörerische Kraft des Macho-Kapitalismus nicht anhalten. «Der Kapitalismus ist so eine Macho-Kraft», hat Campion 2018 im Interview mit *The Guardian* gesagt (Campion 2018).

Und vielleicht ruft diese Anklage gegen das toxische Männliche des Kapitalismus, jenseits der ästhetischen Gemeinsamkeiten und der geschlechtspolitischen Unterschiede zwischen Lynch und Campion, doch ein Echo im TWIN PEAKS-Universum hervor. In den ersten zwei Staffeln personifizierte Ben Horn (Richard Beymer) regelrecht jenen Macho-Kapitalismus, der ihn zum reichsten Mann der Stadt und zum Besitzer von «One Eyed Jacks» machte, dem Bordell nahe der kanadischen Grenze, wo Laura Palmer und andere minderjährige Mädchen als Prostituierte arbeiten. Zu jenem Zeitpunkt war «One Eyed Jacks» vor allem Schauplatz von anzüglichen Szenen im Stil von Altherrenwitzen, auffällig ist, dass das Bordell in THE RETURN fehlt. Aber wenn wir in der #metoo-Ära darauf zurückkommen, insbesondere auf den Selbstmord des Pädophilen und Top-Finanziers Jeffrey Epstein, können wir in «One Eyed Jacks» und Ben Horn sogar eine zeitgemäße politische Resonanz erkennen. In der Art und Weise, wie Horn selbstgefällig und lachend seine eigene moralische Verdorbenheit genießt, spiegelt sich die unvorstellbare Korruption von patriarchalischen Eliten-Figuren wie Epstein wider, die ihre sadistischen Taten lachend genießen.

Das Destruktive und Düstere des Patriarchats ist ein wiederkehrendes Motiv in Campions Werk und hat ihren eigenwilligen Feminismus von Anfang an geprägt, wie auch Jones beobachtet (ebd.), denken wir an die väterliche Kontrolle von heranwachsenden Mädchen IN A GIRL'S OWN STORY (1984), die allgegenwärtige männliche Dominanz über Ada in THE PIANO (1993), die grausame Manipulation Osmonds in THE PORTRAIT OF A LADY (1996) und den ritualisierten Frauenmord in IN THE CUT (2003). Mit THE POWER OF THE DOG hat sich Jane Campion zum ersten Mal mit dem Unheil, das Männern sich selbst zufügen, befasst.

# Männlichkeiten

M it Männlichkeiten greife ich den Begriff der Soziologin und Männerforscherin Raewyn Connell auf: Von Männlichkeiten zu sprechen, schreibt sie, bedeutet, von Geschlechterverhältnissen zu sprechen, sie sind nicht gleichbedeutend mit Männern, sie betreffen die Positionen von Männern in einer Geschlechterordnung. Sie können als Handlungsmuster bezeichnet werden, nach denen Menschen – Männer und Frauen, überwiegend Männer – eine Position einnehmen (Connell 2014). Es gibt also nicht *den* Mann, sondern Männlichkeiten, die durch soziale Regeln, ethnische und kulturelle Zugehörigkeit und Alltags- und Rollenpraxen bestimmt werden. Eine Leitkategorie der Men's Studies hat Connell mit seinem Konzept der hegemonialen Männlichkeit entworfen, «als jene Konfiguration geschlechtsbezogener Praxis [...], welche die momentan akzeptierte Antwort auf das Legitimationsproblem des Patriarchats verkörpert und die Dominanz der Männer sowie die Unterordnung der Frauen gewährleistet» (2000: 98). Inzwischen hat Connell selbst eine Neuformulierung der hegemonialen Männlichkeit vorgeschlagen, die das Zusammenspiel von Männlichkeiten zwischen lokaler, regionaler und globaler Ebene und ein komplexeres Modell der Geschlechterhierarchie, die die Handlungsfähigkeit der Frauen betont, berücksichtigt. Fest steht: Eine Männlichkeit, gelöst von biologischer Geschlechtlichkeit, wird in multiplen Kontexten *verkörpert.*

Es ist oft kritisch bemerkt worden, dass in Jane Campions Kino die männlichen Figuren eindimensional oder schablonenhaft sind. Dabei wird jedoch übersehen, dass die Regisseurin ihren Blick auf die geschlechtsspezifischen Machtstrukturen fokussiert und eine scharfe Kritik am Patriarchat formuliert. Auf den ersten Blick scheinen die männlichen Charaktere die unanfechtbaren Machtansprüche des Patriarchats zu verkörpern, die sie durch unterschiedliche Arten der Gewalt aufrechterhalten. Doch Campion lässt in dieser vermeintlich «männlichen» Stabilität Risse und Brüche ans Licht treten. Hinter ihrem Stolz lauern Unsicherheiten und Selbstzweifel, ihre scharfen Kanten werden mit unerwarteter Zärtlichkeit konterkariert, die Vorhersehbarkeit ihrer Stärke schlägt sich in unvorhersehbare Versehrtheit um. Was geschieht, wenn die Brutalität und Heimtücke männlicher Gewalt mit der Verletzlichkeit von Sehnsucht und Intimität in Konflikt gerät? Wie manifestiert sich Verlangen, wenn es mit der empfundenen Bedrohung der eigenen männlichen Integrität einhergeht?

# Verborgene Sehnsucht: THE POWER OF THE DOG

Campions männliche Protagonisten leben oft eine Form der sexuellen Verdrängung, weil sie keine andere Wahl haben – und so ist es auch bei dem männlichen Protagonisten in THE POWER OF THE DOG – basierend auf dem gleichnamigen Roman von Thomas Savage von 1967, der in den 1920er-Jahren in Montana spielt. Jane Campion hat die Handlung in die kargen Landschaften Neuseelands versetzt, in denen die raffinierte Kamera von Ari Wegner unwirtliche Szenarien in langen, episch wirkenden Totalen einfängt. Sie vermitteln in entsättigten Farben Beklemmtheit und Unausweichlichkeit und wechseln sich mit düsteren, klaustrophobischen Innenräumen ab.

Phil Burbank (Benedict Cumberbatch) stellt geradezu eine Charakterstudie über die explosive Unterdrückung homosexuellen Verlangens dar. Phil ist ein unnahbarer Farmbesitzer und selbst ernannter Cowboy, in seinem Weltbild gibt es nur Raubtiere und Beutetiere. Er badet selten und ist stolz darauf, Rinder mit bloßen Händen zu kastrieren. Sein sanfter Bruder George (Jesse Plemons) hat sich ihm untergeordnet. Phil lebt in einer Männerwelt, die er streng kontrolliert; Frauen, sagt er zu George mit Hass in der Stimme, sind immer nur hinter ihrem Geld her. Als sein Bruder jedoch heiratet und sich die Welt um ihn herum ändert, kann Phil es nicht ertragen: Er quält Georges Frau, die Witwe Rose (Kirsten Dunst), setzt sie unter seelischen Druck, verfolgt sie mit einer gruseligen Banjo-Melodie und schikaniert ihren halbwüchsigen Sohn Peter (Kodi Smit-McPhee), dessen «feminine» Anmut er offenbar zutiefst verachtet. Rose versucht, ihre Ängste vor Phil mit Alkohol zu betäuben, und verfällt immer mehr der Sucht und leidet unter Depression.

Doch wie oft in Campions Werk ist Phil in einer Selbstverleugnung gefangen und verdrängt sein Verlangen. Das Phantasma von Bronco Henry, einem längst verstorbenen Cowboy, der Phil aufzog, hat Besitz von ihm genommen, schwebt in seiner Erinnerung zwischen Mythos und Mensch, zwischen entfernter Vorstellung und erstickter sexueller Sehnsucht. Das verdrängte Begehren wuchert aber in Phil weiter, lässt seine Grausamkeit anschwellen, lädt sich mit ungemeiner Kraft auf. Es besteht kein Zweifel, dass auch Roses Sohn Peter, der seine Schulferien auf der Farm verbringt, dazu prädestiniert ist, Ziel von Phils Grausamkeit zu werden. Als aber Peter auf eine abgelegene Hütte im Wald stößt, in der Nähe von Phils Badestelle, wo er Bronco Henrys homoerotische Zeitschriften entdeckt, kehren sich die Machtverhältnisse um.

Die Blicke, die Berührungen zwischen Phil und Peter bilden eine unterschwellige Grammatik der Sehnsucht, die unter Phils maskulinem Draufgängertum begraben war: Von widerspenstigem Antagonismus wandelt sich ihre Beziehung zu etwas Zärtlichem, Ambivalentem, Bedrohlichem. In einer homosozialen

Welt, in der sich dominante, heteronormative Männlichkeit in ihrer symbolischen Ordnung durch unerschütterliche Rituale bestätigt, lädt Jane Campion das Transgressive auf Objekten auf, deren Berührungen sich als Ausdruck und zugleich als Ersticken von queerem Verlangen offenbaren.

Um einen Sattel, der früher Bronco Henry gehörte und am Ehrenplatz unter einer Grabtafel steht, und um ein steifes Seil, das aus Rindslederstreifen geflochten ist, entwickelt sich zwischen Phil und Peter ein stummer Dialog der Sinnlichkeit: Das Seil, mit verdrehten Strängen aus Rindsleder fest verknotet, wird das Objekt, worauf Phil seine verwirrte, brutale Sehnsucht projiziert. Und in einem Taschentuch, das Bronco Henry gehört hat, mit dem Phil badet und jedes Mal zitternd seinen nackten Körper berührt, verdichten sich das Verlangen und die Verleugnung, die in jeder Stofffalte versteckt sind.

Seine verdrängte Verletzlichkeit und die Grausamkeit, mit der Phil sie maskiert, werden schließlich miteinander kollidieren und ihm zum Verhängnis werden. Im Zentrum der letzten nahezu sprachlosen Interaktion zwischen Phil und Peter steht erneut ein Objekt. Es ist die Zigarette, die Phil und Peter spät in der Nacht in der Scheune zusammen rauchen. Phil arbeitet an dem Seil, das ihn zu Fall bringen wird, Peter dreht eine Zigarette, führt sie an Phils Lippen, die seine Finger flüchtig streifen. Es ist wie ein Kuss, der nach Tabak und Speichel schmeckt und von Ari Wegner in intimen Nahaufnahmen festgehalten wird. Sie sprechen über Bronco Henry, wie tief seine und Phils Bindung war, wie er Phil einmal das Leben gerettet hat, indem er in einem Schneesturm Körperwärme mit ihm geteilt hat. «Nackt?», fragt Peter mit unerschütterlichem Blick. Phil lächelt zitternd. In seinem Blick blitzt seine zaghafte Sehnsucht auf: Er ist Peter wehrlos ausgeliefert (Abb. 65).

Phil und Peter sind letztlich Doppelgänger, die sich durch die Umkehrung von Macht und Ohnmacht definieren: Phil hätte Peter als Gegenspieler und Spiegelbild seines Selbst auslöschen können, stattdessen legt Peter mit chirurgischer Präzision das Innere seiner verlogenen Männlichkeit frei und vernichtet sie, gnadenlos.

**65** THE POWER OF THE DOG

# Männlichkeitsbilder in THE PIANO

Begehren, das den Körper verbrennt, zerreißt und ihn verwundbar macht: George Baines in THE PIANO lässt zu, dass sein Verlangen nach Ada von ihm Besitz ergreift, unter seine Haut geht, ihn leiden lässt, krank macht. Während eines der Treffen, in denen Ada für Baines spielt und ihm als sexuelles Objekt dienen soll, sitzt Baines hinter ihr, die Augen geschlossen, einen Ellbogen auf seinem Knie, sein Gesicht auf seiner geballten Faust ruhend. Nur kurz öffnet er die Augen, um auf Adas fragenden Blick zu antworten: «Mach, was du willst, spiel was du willst!» Dann taucht er wieder in seine Gedanken ein. Ada, von dieser Haltung verunsichert, beginnt fragend zu klimpern und scheint auf George zu warten, dass er ihr – wie schon oft – nahekommt, um sie zu streicheln oder zu berühren. Er kommt aber nicht, sie hört allmählich auf zu spielen, steht auf. George ist verschwunden, und sie sucht nach ihm. Sie nähert sich dem geschlossenen Vorhang, der vor seinem Bett hängt, schaut dahinter, ohne ihn zu sehen, geht dann auf den anderen Vorhang zu, der das Zimmer in zwei Räume teilt, und öffnet ihn sanft, bevor sie plötzlich mit einem gedämpften Schrei zurücktritt. Baines beendet das Öffnen des Vorhangs mit einer selbstbewussten Geste, tritt dann einen Schritt zurück und zeigt sich ihr völlig nackt, der Kamera zugewandt. Er steht vor Ada und offenbart sich ihr und uns Zuschauenden als erotisches Objekt. Es ist ein Männerkörper, der weder halbnackt kämpft noch gefoltert wird, der nicht in seiner physischen Kraft und Handlungsfähigkeit gezeigt wird – es ist ein Körper, der in seiner straffen, muskulösen Nacktheit, Stärke und Verletzlichkeit zugleich ausstrahlt.

Es war für Harvey Keitel eine ganz neue Rolle. Aber Campion vertraute auf seine Professionalität, die Figur mit Zerbrechlichkeit und Zärtlichkeit auszustatten und auf seine erprobte Fähigkeit, komplexe Charaktere zu erschaffen: «Ich wollte anspruchsvolle und erfahrene Schauspieler, die mich in ein anderes Universum entführen und mich zwingen würden, über mich selbst hinauszuwachsen. Die Charaktere im Film verlangten, von Schauspieler:innen besetzt zu werden, die professionell genug sind, um sie zu übernehmen und zu kontrollieren» (Ricardo 1994: 100). Keitels Professionalität wird hier mit einer ungewöhnlichen Aufgabe für den Schauspieler konfrontiert, einer ganz anderen Version des «Big Hard», den er bis dahin verkörpert hatte. Er verlässt die vorherrschenden Normen männlicher Gewalt, deren Kälte und Härte, und findet in der Marginalität einen (Zwischen-)Raum, in dem neue Möglichkeiten von Freiheit verhandelt werden. Die bis dahin von ihm verkörperten Charaktere von Gangstern offenbaren Modelle suizidaler, gewalttätiger und melancholischer Männlichkeit, verbunden mit den daraus resultierenden Identitätsstörungen. In seiner «Kostümierung» fest gefangen, modellierte Keitel die Bewegungen dieser Figuren nach dem Gefühl der Angst: der Angst davor, nicht dem Bild zu entsprechen, das von ihm erwartet wird, eine Angst, die jeden Moment in explosive Gewalt umschlagen kann. Diese Universen, in denen nichts über eine harte und direkte Beziehung zur Realität hinausgeht, diktieren eine Existenz des Überlebens, in der alles eine Frage von Leben oder Tod ist, es gibt keine Hoffnung auf Erlösung. In THE PIANO ist Baines/Keitel bereit, sich der Verwundbarkeit des Begehrens hinzugeben, sein gewohntes Männlichkeitsmodell wird durch die Begegnung mit Ada alias Holly Hunter erschüttert: Er lässt sie buchstäblich zur Meisterin des Spiels werden, er wird zum Objekt der Begierde. Keitel bietet eine Aufführung, die von Sinnlichkeit und Reinheit geprägt ist, er eliminiert jede überflüssige Geste, verleiht jedem Gesichtsausdruck, jedem Blick oder jeder Liebkosung eine hohe Intensität und überlässt sich der Führung von Jane Campion, die er im Interview als Göttin beschreibt (Cantwell 1993: 40–51).

Wenn in THE PIANO, nach Laura Mulveys Theorie, der männliche Blick des patriarchalischen Kinos subvertiert wird, geht es allerdings nicht nur um eine Art Rollentausch, bei dem der Mann zum «feminisierten» Objekt des Blicks und die Frau die männliche Perspektive übernimmt und zum aktiven, schauenden Subjekt wird. Feona Atwood betont, «in einem solchen Szenario mögen sich die Rollen getauscht haben, aber die Polarisierung zwischen dominanter und passiver Struktur des Schauens würde bleiben» (1998: 85–101), in THE PIANO – argumentiert sie – entsteht zwischen den Geschlechtern eine komplexe nonverbale Kommunikation, bei der die im Hollywood-Kino herrschende «spiegelnde Logik» des männlichen Blicks radikal verschoben wird. Bei ihrer Vision der Aufhebung der Geschlechterhierarchie setzt Jane Campion eine «andere» Männlichkeit in Szene: Sie löst die Dichotomie zwischen dominanter und untergeordneter Männlichkeit auf, sodass sie ineinander übergehen oder sogar subvertiert werden.

## Stewart und Baines: Geschlossener und offener Körper

Es ist der erste Auftritt von Alistair Stewart, Adas Ehemann: Er ist mit einem dunklen, viktorianischen Herrenanzug gekleidet, stapft durch den tiefen Dschungelschlamm, um seine Braut am Strand abzuholen, sein Zylinder ist verschmutzt, seine Haare darunter klebrig, sein Gesicht verschwitzt. Begleitet wird Stewart von George Baines und einer Gruppe von Maoris, die ihm offenbar untergeordnet sind. Aber trotz seiner durch die Kleidung in Szene gesetzten Machtposition zeigen sich bereits Risse in Stewarts Fassade, die seinen überlegenen sozialen Status signalisieren soll und ihn doch unbeholfen und deplatziert erscheinen lässt.

Mit seinem «offenen Körper» fungiert George Baines als Gegenspieler von Stewart, der in seinem «geschlossenen Körper» eingesperrt ist (Bruzzi 1993: 7–10).

Im Interview erklärten Janet Patterson und Jane Campion, wie sie die Kostüme gemeinsam konzipiert haben. Stewart trägt eine Kleidung, die extra zu klein und zu eng für den kernigen Sam Neill realisiert wurde, um ihn steif und ungeschickt erscheinen zu lassen: ein unsicherer Junge, der in der Hülle eines viktorianischen Gentlemans eingesperrt ist. Campion wählte absichtlich einen normattraktiven Schauspieler wie Sam Neill für die Rolle, um die Bedeutung der Wahrnehmung von Aussehen, Auftreten und Handlung bei der Körperinszenierung Stewarts zu betonen: Seine physische Stärke sollte aufgrund seiner autoritären Attitüde schnell abstoßend wirken. Umgekehrt entschieden sich die Kostümbildnerin und die Regisseurin bei Baines für einen internationalen Stil: Der aus Schottland stammende Walfänger ist viel rumgekommen und trägt als Kleidung, alles, was er unterwegs gefunden hat. Er trägt Patchwork-Kleidungsstücke in kräftigen Farben, die ihn exzentrischer machen als Stewart, wie zum Beispiel ein Hemd in Indigoblau. Diese schwer zu etikettierenden Kostüme, die von viktorianischen Kleidungsnormen abweichen und sich den Maori-Codes und den Outfits eines ewig Reisenden annähern, machen die Figur wenig statisch und suggerieren eine Persönlichkeit in Bewegung. Auf Baines Gesicht ist ein unfertiges traditionelles Maori-Moko Tattoo: Dunkelblaue Linien verlaufen vertikal auf seiner Stirn und eine gleichfarbige Spitze auf jeder Seite der Nase endet in einer Spirale (Abb. 66).

66 THE PIANO

Mark Reid sieht in Baines Tattoo eine Aneignung der Maori-Kultur und kritisiert deren Verwandlung in ein erotisches Zeichen, da sein Tattoo als Symbol für seine Naturverbundenheit steht und vor allem seine sexuelle Attraktivität betont (Reid 2000: 107).

Aber das Tattoo kann auch als Zeichen der Hybridität Baines gelesen werden: Aaron Norgrove weist darauf hin, dass es nicht vollständig ist, was zeigt, dass Baines keine Maori-Identität einfach übernommen hat oder gar parodiert, es ist eher das Signal, dass er zu keiner spezifischen Kultur gehört. Vor allem suggeriert Baines damit, dass er nicht als Vertreter seines Herkunftslandes gelten will: «Er beteiligt sich nicht an der Unterdrückung der Maori wie Stewart und die anderen ‹echten› Europäer. Damit vertritt er einen Anspruch auf Indigenität, [...] den die anderen nicht haben: Er hat keine religiösen Überzeugungen, stammt weder aus dem Bürgertum noch aus der Arbeiterklasse und ist nicht an der Zerstörung der Umwelt in Neuseeland beteiligt» (Norgrove 1998: 51).

Norgrove betont daher die Hybridität des Charakters mit seinem Maori-Tattoo, das in seiner Unvollständigkeit zum integralen Bestandteil seines Gesichts wird: Der ehemalige Walfänger ist nun tief verwurzelt in dem dichten, dunklen, triefenden Wald, der ungezügelte Kräfte verströmt und erdige Fruchtbarkeit evoziert. Aus der Sicht der Anthropologin Campion sind Natur und Sexualität untrennbar miteinander verbunden, daher gilt für beide Männer, der eine ist das verkehrte Spiegelbild des anderen: Stewart reißt den Wald nieder und enthüllt die gewalttätige Frustration des Impotenten, Baines hat seine Hütte im tiefen Dschungel gebaut, erkennt, dass ohne Gegenseitigkeit keine Intimität mit Ada entstehen kann, und entfacht schließlich ihr leidenschaftliches Verlangen.

## Männlichkeit und Melodram

Das Konzept von Intimität, das THE PIANO zugrunde legt, lässt sich nach Agustin Zarzosa in seiner melodramatischen Erzählstruktur emblematisch deuten. Zarzosa erforscht in dem Melodram die Privatsphäre nicht als häuslichen Raum, sondern als ein System des marginalen Austauschs, das von der sozialen Ordnung nicht anerkannt wird (vgl. Zarzosa 2010: 396).

Er spricht von einer auf Austausch basierenden ökonomischen Dimension: «Das Melodram versucht zu bestimmen, welche Dinge, Personen und Ideen ein adäquater Gegenstand des Austauschs sind und welche davon auf keinen Fall ausgetauscht werden sollten. Aus dieser Perspektive wird das Klavier in THE PIANO zum symbolträchtigen Tauschobjekt. Der Tausch findet zwischen Ada, einer viktorianischen bürgerlichen Frau statt, die sich mit ihrem Schweigen gegen die patriarchalische Gesellschaft auflehnt, und Baines, einem Analphabeten, abenteuerlustigen Mann, der am Rande dieser Gesellschaft lebt. Aus dem (Aus-)Tausch um das Klavier entfalten sich vielfältige Möglichkeiten der Verführung» (ebd.).

Auf ähnliche Weise beobachtet Cindy Hendershot, dass Baines eine Alternative zum patriarchalischen Männlichkeitsmodell darstellt, sein geschmeidiger Körper kontrastiert mit dem in der viktorianischen Zwangsjacke eingezwängten Körper Stewarts. Hendershot spezifiziert, dass das Konzept einer alternativen Männlichkeit mit Marginalität einhergeht und bezieht sich dabei auf die Männerfiguren des Gothic-Romans, zu denen Baines in seiner exotischen Wildheit einen Gegenpol darstellt: «Als alternatives männliches Subjekt durchbricht die Figur von Baines den Kreislauf von Montoni, Rochester, Dracula und anderen, denn er ist wie sie zwar attraktiv, besetzt aber eine sozial marginale Position. Doch die heterosexuelle Leidenschaft, die Campion in Baines und Adas Beziehung imaginiert, ist nur am Rande der Gesellschaft möglich. Liebe und Erotik bewohnen in Campions Film keine Machtsphären. Stewart, der die dominanten Strukturen des britischen Kolonialismus und Imperialismus, der patriarchalischen Familie und ein vermeintlich stabiles männliches Subjekt verkörpert, wird als erbärmlicher und unattraktiver Mann enthüllt. In seiner rohen Körperlichkeit stellt Baines den Gegenpol zu Rochester, dem undurchdringlichen, raffinierten Aristokraten aus Brontës Welt» (Hendershot 1998: 100).

Während Stewart auf Ada einen kontrollierenden Blick ausübt, eröffnen die Blicke zwischen Ada und Baines vielfältige Möglichkeiten, verhandeln erst einmal Geschäfte, durchbrechen aber starre Hierarchien und lassen nach und nach Zärtlichkeit und Leidenschaft zu. Dagegen ist Stewart «blind», er sieht in Ada das Spiegelbild seines eigenen Blicks. Bei ihrer Umkehrung der gewohnten Blickverhältnisse und der Konstruktion einer alternativen Männlichkeit formt Campion ein Dreieck, in dem sich Stewart zwischen den beiden anderen befindet: Ihm wird schließlich sein herrschender Blick entzogen. In dieser Trinität der Begierde nimmt Stewart als Zuschauender teil: Seine voyeuristische Lust wird in zwei wichtigen Szenen thematisiert, als er durch die Kamera auf Ada als Braut «verkleidet» schaut und in seinem Blick in Baines' Hütte, als er, versteckt, die sich liebenden Ada und Baines beobachtet. Wir Zuschauenden werden in diese Konstruktion verstrickt: Zuerst nehmen wir Stewarts Perspektive ein und werden dann in das sich verschiebende Begehren involviert.

Als Stewart vor der ersten Begegnung mit Ada unsicher auf ihre Daguerreotypie schaut, spielt Jane Campion mit den Konventionen des Liebesfilms: Was könnte romantischer sein als ein Mann, der auf ein Foto seiner Braut blickt? Nach den klassischen Regeln des Hollywood-Kinos wird zunächst unsere Fantasie einer romantischen Entwicklung zwischen Ada und Stewart angeregt. Die Geschichte, die folgt, widerspricht vollkommen den üblichen Erwartungen. Wir

Zuschauenden werden desorientiert, die gewohnten Kategorien, die wir zur Verfügung haben, um THE PIANO als üblichen Liebesfilm zu lesen, scheinen nach und nach nicht mehr zu funktionieren. Allerdings, wenn auch eine bewusste Umkehrung der Konventionen des klassischen Erzählkinos stattfindet, werden dogmatische Bezeichnungen wie Frauenfilm problematisch und unbrauchbar. THE PIANO macht auf starre Dichotomien aufmerksam, insbesondere auf die Problematik der Subjekt-Objekt-Polarisierung der feministischen Filmtheorie und hinterfragt dabei die Blickstrategie des klassischen Genre-Kinos.

Nach Carol Jacobs besteht das Ziel von THE PIANO daher nicht darin, eine bestimmte (geschlechts-)politische oder ästhetische Botschaft zu unterstützen, sondern es geht hauptsächlich darum, bei uns Zuschauenden die übliche Dynamik von Machtverhältnissen aufzudecken, sie sogar vorübergehend außer Kraft zu setzen. Was allerdings den Film so umstritten macht, ist die Weigerung, eine eindeutige feministische Botschaft zu verkünden. Wie Ada entzieht sich Campions Film einer klaren moralischen Positionierung (vgl. Jacobs 1994: 775).

Gegen Stewarts Blick, der sie weder lieben noch erkennen kann, setzt Ada ein verbales und zugleich physisches Schweigen: Sie schaut auf ihn ausdruckslos, ihre stille Zurückweisung ist das meuternde Versteck ihres Selbst. Als Stewart sie einschließt, um sie von Baines fernzuhalten, schleicht sich Ada nachts in sein Zimmer ein, schnürt sein weißes Nachthemd auf, streichelt seine Brust, dann seinen Rücken und sein Gesäß: Ihre Berührung, während Stewart sich zunächst ihr passiv ergibt, entspricht einer weiteren Umkehrung der Männlichkeitsdarstellungen Hollywoods und der in der viktorianischen Epoche geltenden Regeln zwischen den Geschlechtern. Carol Jacobs zitiert dazu Campion: «Ada benutzt ihren Mann Stewart tatsächlich als Sexualobjekt – das ist die ungeheuerliche Moral des Films –, was sehr unschuldig erscheint, aber in Wirklichkeit eine sehr überraschende Wirkung hat [...] Es geht um ein Machtverhältnis, um die Macht derer, die sich kümmern, und derer, die sich nicht kümmern. Ich bin sehr an der brutalen Unschuld dieser Beziehung interessiert» (ebd. 757–785).

# Gegenspieler und Doppelgänger

An der Inszenierung von Männlichkeit und den Formen der Berührung zwischen Ada und Baines und Ada und Stewart thematisiert Jane Campion den Handelscharakter des Begehrens: Machtverhältnisse werden immer wieder neu verhandelt, um neue Wege zu gehen. Die Regisseurin ist während ihres gesamten Werks zu dieser Thematik immer wieder zurückgekehrt, wiederkehrende Tropen sind dabei Verdoppelungen und Polaritäten.

Auch in Holy Smoke stellen die zwei zentralen Männerfiguren eine Verdoppelung dar: Ruths öliger, auf Jugend gieriger Vater ist tatsächlich ein Spiegelbild von P.J., dem Mann, der als Spezialist für die Beseitigung der Einflüsse von Sekten auf unschuldige und leicht manipulierbare junge Frauen auftritt. Es ist die klischeehafte, patriarchalische Subjektposition des *dirty old man*, die sie beide verkörpern und die von Ruth radikal demontiert wird. So wie sie ihrem Vater in einer wütenden Geste sein Toupet abreißt und seine Eitelkeit bloßstellt, deckt Campion die Unsicherheiten auf, die hinter seiner Männlichkeitsinszenierung stecken. Hinter der Fassade spießiger Respektabilität von Ruths Vater steckt faulige Heuchelei, er ist nur eine grausame Karikatur seiner nach erstickendem Fernsehkitsch reproduzierten Welt, die uns Kameramann Dion Beeb als groteske, vorstädtische (A-)Normalität offenbart.

Auf der gespenstischen Bühne der australischen Wüste blicken wir nach und nach auch hinter das schwarze Black Rider-Outfit von P.J., das schließlich wie eine dünne Hülle zerreißt und ihn buchstäblich bloßstellt. Als Ruths Bisexualität und ihre Vorstellung von sexueller Freude ohne Männer in P.J. eine unkontrollierbare Wut provozieren, führt seine homophobe Reaktion dazu, dass Ruth ihn zu einem Geschlechterspiel zwingt und ihm seine hypermännliche «Maske» und zugleich seine Entscheidungsfreiheit entzieht. Schließlich gibt sie ihm Anweisungen, wie er sie, nun in der ‹Haut› einer Frau, sexuell beglücken kann.

Erniedrigt und psychologisch missbraucht übt er an Ruth seine Rache: P.J. schreibt die Worte «Be Kind» auf Ruths Stirn, und als sie in den Spiegel schaut, erlebt sie eine schreckliche Erleuchtung, denn sie erkennt, dass sie sich bei ihrer Umkehrung der Dynamik Opfer-Täter in eine grausame Täterin verwandelt hat. Aus dem darauffolgenden Zweikampf ergibt sich wieder ein sexuelles Handeln. Danach erlebt P.J. ein postkoitales, schockierendes Erwachen: Er hat sich in die Haut einer Frau eingefühlt und die «männliche» Kontrolle über die eigenen Emotionen verloren, eine brutale Selbstauflösung, die ihn vielleicht zu einem neuen Mann gemacht hat. Nach einer letzten Erniedrigung gibt P.J. endgültig seine inzestuös-narzisstischen Fantasien auf und verhandelt seine Männlichkeit aufs Neue, als Vater und Ehemann. Er bleibt aber mit Ruth durch ein unlösbares Band weiterhin verbunden: ein unverkennbar campioneskes offenes Ende.

## Männer mit Schnurrbart

Der Schnurrbart ist in Holy Smoke ein zentrales Zeichen bei der Inszenierung phantasmatischer Männlichkeit. Keine andere Form des männlichen Körperschmucks sendet markante und zugleich hochambivalente Signale.

«Nichts kann einfach ein Symbol der Männlichkeit sein, denn Männlichkeit ist vieles ...», erklärt der Kulturhistoriker Christopher Oldstone-Moore (2015: 213–218). Er argumentiert, dass die gegenwärtige Renaissance des Bartes Teil eines jahrhundertelangen Zyklus ist, in dem sich in der vielfältigen Gestaltung des männlichen Gesichts wandelnde Männlichkeitsideale spiegeln. Zu Beginn des 20. Jahrhunderts wurden aus hygienischen Gründen Schnurrbärte verboten, sie waren lediglich im Militär noch erlaubt, aber nur in bestimmten Rängen. «Männer, die an Schnurrbärten festhielten, waren entweder ältere Herren, die mit militärischem Aussehen dem alten Standard verhaftet blieben» betont Oldstone-Moore. «Oder waren willensstarke Individualisten, die sich nicht an die neuen Regeln uniformierter Männlichkeit halten mussten oder wollten» (ebd.).

Damit lassen sich die sexuellen Elemente deuten, die in Schnurrbärten seit ihrem «Verbot» mitschwingen: Sie wirkten sozial (ver)störend, weil unangepasste Männer sie trugen. Diese Entwicklung spiegelt sich in der Populärkultur der zweiten Hälfte des 20. Jahrhunderts wider, verschränkt mit der zunehmenden Sichtbarkeit von Randgruppen in der Gesellschaft. Nach den Stonewall-Unruhen im Jahr 1969 begannen schwule Männer, als provokative Antwort auf Homophobie Schnurrbärte zu tragen. «Das war eine Voraussetzung in der Schwulengemeinschaft», sagte Arnie Kantrowitz, ein pensionierter College-Professor in Manhattan, der 2005 in der Dokumentation GAY SEX IN THE 70S zu Wort kam. «Man brauchte ein Flanellhemd, einen Schnurrbart oder Bart, eine Bomberjacke, Jeans und Stiefel. Wir kleideten uns wie die Arbeiter, die uns anmachten» (Joseph F. Lovett 2005). Auch Gay-Popidole wie Freddie Mercury brachten dem Schnurrbart als «schwulem» Stil internationale Aufmerksamkeit, so stand die Dekade der 1970er-Jahre im modischen Zeichen des Schnurrbartes. Sie schmückten in jener Zeit das Gesicht der Männer, die ihre durch Testosteron geformten Körper der androgynen Ausstrahlung der Sixties entgegensetzten. Kein Zufall, dass sowohl Pornostars als auch Leinwandikonen heterosexueller Hypermaskulinität wie Tom Selleck und Burt Reynolds sie trugen: Mit ihren dichten, dunklen Schnurrbärten, aufgeknöpften Hemden über behaarten Brüsten und einer lässigen, entspannten Sexyness waren beide Schauspieler von einer gewissen sexuellen Ambiguität umgeben. Das Faszinosum von Burt Reynolds Persona lag tatsächlich in der Ambivalenz seiner (Hyper-)Maskulinität, die er mit einer gewissen (Selbst-)Ironie geradezu selbst parodierte. 1972 erschien in *Cosmopolitan* sein inzwischen ikonisches Foto nackt auf einem Bärenfellteppich liegend, mit Schnurrbart und üppig beharrter Brust. Mit einer Hand bedeckt er seine Genitalien, mit der anderen stützt er seinen Kopf und lächelt lasziv, in einer eindeutigen Anlehnung an eine Pin-up-Pose. Das männliche Pin-up-Bild prägte in jenen Dekaden immer offener die zeitgenössische Werbung und ebnete den Weg zu neuen (hetero)männlichen Körperinszenierungen in den Mainstream-Medien. In einem Essay von 1982 weitete Richard Dyer die Gender-Analyse Erwin Goffmans auf das florierende männliche Pin-up-Genre aus, zu dem Prominente, Schauspieler, Sportler, Schwule und Pornoikonen gehörten. Seine genaue Analyse von Pose, Haltung und Blick weist auf wichtige Merkmale der damaligen männlichen Repräsentation innerhalb eines wachsenden visuellen Repertoires von Männerkörpern hin. Dyer betont, dass Bilder von Männern, die speziell dafür entworfen wurden, um betrachtet und bewundert zu werden, wie z.B. Prominentenporträts, klassische Muster des heterosexuellen Blicks verunsichern und «eine gewisse Instabilität» in der vorherrschenden Geschlechterordnung erzeugen (Dyer 1982).

Nach seinem Foto in Pin-up-Pose wurde Reynolds in einer Zeit des Umbruchs zum männlichen Sexsymbol der Nation und zugleich zur Schwulenikone, als ob sich nach den Jahren der Gegenkultur und der zweiten Welle des Feminismus an Reynolds' Körper die Geschlechterkonflikte jener Epoche geradezu verdichteten: Ein männlicher, heterosexueller Filmstar wurde als «feminisiertes» Sexobjekt hüllenlos in Szene gesetzt, in einer Art erotischer Objektivierung, die zuvor nur Frauen und schwulen Männern zugeschrieben wurde. Es war eine Umkehrung in der Repräsentation männlicher Dominanz, die gewohnte Blickstrategien auf den Kopf stellte.

## IN THE CUT: Haarige Männerkörper

Es ist wohl kein Zufall, dass der Detektive Giovanni Molloy, von Mark Ruffalo verkörpert, in IN THE CUT einen Schnurrbart trägt und wie den 1970ern entsprungen erscheint, in einer verblüffenden Ähnlichkeit mit Burt Reynolds. Auch in diesem Film geht es um Doppelgänger, gegensätzliche Identitäten und deren Auflösung: Die Konturen zwischen Freund und Feind verschwimmen, Intimität und Gewalt treffen aufeinander, das Dunkle greift in das Helle hinein.

Der Detektive Molloy hat tatsächlich einen Gegenspieler und zugleich einen Doppelgänger, seinen Partner Rodriguez (Nick Damici), der im Gegensatz zu Molloy, keinen Schnurrbart trägt; beide aber haben schwarze Haare, den gleichen Körperbau, und sie tragen das gleiche Tattoo an einem Armgelenk, ein Pik Drei. Es sind auch drei Frauen, die im Laufe der Handlung ermordet und zerlegt werden

Das Pik-Drei-Tattoo fällt der Englischdozentin Frannie auf, als sie einen Mann in einer verwinkelten, dunklen Ecke einer Bar beim Oralsex mit einer rothaarigen Frau mit blauen Fingernägeln beobachtet. Sie sieht die Szene durch die halb offene Tür eines Kellerraums, als sie die Toilette sucht. Der Mann merkt sofort, dass er beobachtet wird und hält das üppige Haar der knienden Frau zurück, damit Frannie besser sehen kann. Frannies Blick fällt auf das Tattoo an seinem Handgelenk, während sie zuschaut, wie sein glänzender Penis im Mund der Frau verschwindet. Sie sieht, dass er die schwarze Hose und das weiße Hemd eines Detektives trägt, sein Gesicht aber bleibt im Schatten.

Als Detective Malloy Frannie in ihrer Wohnung zu der ermordeten Frau mit blauen Fingernägeln befragt, – ihre Körperteile wurden in ihrer Nachbarschaft gefunden –, fällt ihr sofort das Pik-Drei-Tattoo an seinem Handgelenk auf: Ist er der Killer, den sie in der dunklen Ecke der Bar beobachtet hat?

Fast jeder der Männer, die in Frannies Welt auftauchen, hat das Potenzial, der Mörder zu sein, angefangen von Frannies Student Cornelius Webb (Sharrief Pugh), der von dem Serial Killer John Wayne Gacy besessen ist. Aber auch ihr Ex-Freund John Graham (Kevin Bacon), ein Schauspieler, der eine Ausbildung zum Arzt absolviert hat und daher mit Anatomie vertraut ist, könnte durchaus fähig sein, Frauenkörper zu zerlegen. Und last but not least der schwer fassbare Detective Malloy, der Frannie eine verstörende Seite offenbart, als sein Partner Rodriguez in ihrer Gegenwart sagt, dass das, was Männer von einer Frau brauchen, ein «Loch, Titten und ein Herzschlag» sei. Malloy erhöht den frauenfeindlichen Einsatz und bemerkt: «Du brauchst nicht einmal die Titten.» Rodriguez geht noch einen Schritt weiter: «Oder den Herzschlag.»

In all den Szenen, in denen sie zusammen auftreten, führen Malloy und Rodriguez eine Art homosoziale Allianz vor (Abb. 67). Es ist aber Malloy, der seine Hypermaskulinität mit einer lasziven, sogar düsteren Note ergänzt: Der dunkle Schnurrbart betont seine sinnlichen Lippen, das mysteriöse Tattoo

67 In the Cut

schmückt sein schmales Handgelenk, sein Körper ist dezent muskulös, aber geschmeidig. Und seine Hände offenbart er Frannie selbst als «Tunten-Hände», zu klein, zu weich, zu anmutig. Hinter seiner fleischlichen Präsenz schimmert stets eine subtile Verwundbarkeit durch. Im Interview berichtet Mark Ruffalo, wie er von Campion für die Rolle ausgewählt wurde: Er hatte sich mit ihr zum Lunch verabredet nach einer langen Abwesenheit aus dem Filmgeschäft, da er in Folge einer Gehirnoperation fast ein Jahr lang nicht arbeiten konnte. Es war aus seiner Sicht gerade die Gebrochenheit, die ihn noch tief auszeichnete und die Campion unbedingt für die Rolle von Malloy wollte (Ruffalo 2003).

## Verzerrter Machismo, verzerrte Spiegelbilder

Malloys ambivalente Brüchigkeit, mit erotischer Anziehungskraft gepaart, wird durch den Blick Frannies eingefangen: Er ist häufig das Objekt ihres begehrenden und zugleich zweifelnden Blicks. Bei ihrem ersten Rendezvous in einer spärlich beleuchteten Bar verspricht er mit sanfter Stimme, dass er alles machen würde, was ihr gefällt, nur schlagen würde er sie nie, als wäre dieses Versprechen etwas ganz Besonderes, sogar edel. Dabei berührt er flüchtig ihr Bein und wir sind von dieser Geste genauso verwirrt und nahezu berauscht wie Frannie. Als sie zum ersten Mal Sex haben, überrascht er sie im Bett, zeigt einen dicht behaarten Oberkörper, legt seine Pistole auf den Nachtisch und beweist ein großes Talent beim Cunnilingus. Frannie sieht Malloy oft in einer kühlen Dunkelheit eingerahmt, die auf ihn gerichtete Lichtführung erzeugt Kontraste in seinem Gesicht, das Wesentliche bleibt sichtbar, dennoch wird er stets als undurchsichtig inszeniert. Die Kameraarbeit von Dion Beebe ist reich an gesättigten Farben und fast expressionistischer Beleuchtung; sie ist in ständiger Bewegung und zeichnet sich durch eine beklemmende Verwendung von Unschärfe aus. Malloy wird zu einer doppelbödigen Femme fatale aus einem klassischen Noir: Er könnte Frannies Herz stehlen, verletzen oder buchstäblich rausschneiden.

Ein Detective als mysteriöse Femme fatale: Durch seine Umkehrung von Geschlechterstereotypen und Genre-Hybridität dekonstruiert IN THE CUT frauenfeindliche und traditionalistische Elemente, die sich oft in anderen Genrefilmen wiederfinden und Motive wie Romantik, Erotik und Tod behandeln (vgl. Sue Gillett, ebd.). Die Destabilisierung des Genres geht mit der Destabilisierung traditioneller Männlichkeit einher: Es ist ein verzerrter Machismo, den Malloy und Rodriguez verkörpern, als ob eine subtile Bedrohung aus ihrer scheinbar stabilen Identität ständig verdrängt werden müsste. Als Malloy mit Frannie auf dem Bürgersteig steht und ihr ein Date vorschlägt, bespritzt ihn Rodriguez, der im Auto sitzt, mit einer Wasserpistole. Bei beiden Detektiven repräsentieren ihre Waffen eindeutig Symbole phallischer Kraft, die Wasserpistole Rodriguez ist offensichtlich ein Phallusersatz. Wir erfahren von Malloy, dass Rodriguez bei der Polizei zur «Hausmaus» gemacht wurde, nachdem er versucht hatte, seine Frau zu töten, weil sie seine Hispanic Society Trophy aus dem Fenster geworfen hatte. «Es ging um einen Award für den ‹San Juan Man of the Year›. Richie nimmt das Zeug ernst», sagt Malloy. «Hausmäuse», erklärt er Frannie weiter, seien «Typen, die ihre Eier in die Schublade stecken, weil sie nicht mehr auf der Straße sein wollen». Rodriguez wurden seine Dienstmarke und seine Waffe weggenommen; er wurde in den eingeschränkten Dienst versetzt. Mit einem Schlag hat er seine Trophäe, seine Waffen, seinen Schutzschild und seine Eier verloren. Er ist kein Mann mehr, nur noch eine Maus.

In der Szene, in der Frannie Malloy fesselt, um ihn beim Sex in eine passive Rolle zu drängen, sagt Malloy, dass er «anfängt, sich wie ein Küken zu fühlen»: Er spricht seine real empfundene Verwundbarkeit an. In dieser Szene hat sich Frannies vager Verdacht, dass Malloy der Serienmörder sein könnte, vorübergehend verflüchtigt: Er hat ihr nach dem Mord an Pauline eine empathische Zärtlichkeit gezeigt. Aber nach ihrem erotischen Spiel verdächtigt Frannie ihn wieder, als sie den Anhänger ihres Armbandes, den sie bei einem Überfall auf der Straße verloren hatte, zufällig in seiner Jackentasche findet. Entsetzt flieht sie aus ihrer Wohnung mit Malloys Jacke und steigt in Rodriguez' Auto. Er nimmt sie mit und bringt sie auf den Leuchtturm, der die Bühne seiner Morde darstellt. Nun scheint es für Frannie kein Entkommen vor dem wahren Killer zu geben. Doch Malloys Waffe, die sie ahnungslos die ganze Zeit in seiner Jacke mit sich getragen hat, wird zum Mittel ihrer Selbstrettung: Die Szene endet mit einer dramatischen Overhead-Aufnahme von Rodriguez in einer Blutlache auf Frannie liegend, bei der die Missionarsstellung evoziert wird. Ihre Rückkehr zu Malloy, der in ihrer Wohnung mit Handschellen gefesselt geblieben ist und mit dem Rücken in einer Wasserlache – vom kaputten Heizkörper – liegt, ist offenbar das dialogische Gegenstück zu der Szene mit dem toten Rodriguez. Frannie legt sich zu ihm: ein offenes Ende, das wieder auf das Sich-Ineinander-Spiegeln von Malloy und Rodriguez verweist.

## Gefangen im Mannsein

Alle Männer in IN THE CUT spiegeln sich als Gefangene ihres Mannseins ineinander, scheinen permanent am Rande des Wahnsinnes zu sein: Ihre Haut wirkt wie geschwollenes Gewebe, Unberechenbarkeit, Aggressivität, unkontrollierbares Verlangen spannen jede einzelne Faser, prägen jeden Muskel, bringen ihren Körper zum Klingen. Sie alle wollen Frannie beeindrucken, wollen Antworten von ihr, erwarten ihre sexuelle Aufmerksamkeit. Aber sie ringen um ihre gefährdete Mann-Identität, kämpfen gegen Unsicherheiten und Bedrohungen ihrer Maskulinität und gegen das Selbstzerstörerische ihres Begehrens. John Graham, Frannies Ex-Freund und Stalker, hat seinen Abschluss in Medizin gemacht, «um irgendwann möglicherweise einen Arzt in einer Soap zu spielen», als Abwehr gegen seine hartnäckige Angst vor Feminisierung, was er Frannie offen gesteht: «Habe ich dir erzählt, dass meine Mutter mir Mädchenblusen angezogen hat?»

Frannies Student Cornelius verlangt von ihr, dass sie sich seine Verteidigung des Serial Killers John Wayne Gacy anhört und wird wütend, als sie ihn auf die Schwächen in seiner Begründung hinweist. Seine Position zu männlicher Gewalt klingt unheimlich. Im multikulturellen urbanen Raum der Gegenwart wird männliche Bedrohung mit dem Beziehungsgeflecht von *Race* und ethno-kultureller Zugehörigkeit verschränkt: Die irisch-hispanischen Polizisten aus der Arbeiterklasse sind von krudem Machismo durchdrungen, der schwarze Student ist groß, muskulös und sexuell aufdringlich; dagegen ist Frannies Ex aus der WASP-Mittelklasse grotesk narzisstisch. Drei Varianten von Männlichkeit, die in Frannies widersprüchlichen und «unaussprechlichen» Fantasien das bedrohliche und anziehende Männliche zugleich verkörpern.

Es gibt noch einen wichtigen Mann in IN THE CUT, auch wenn er im Gegensatz zu der Konkretheit der anderen eine phantasmatische Erscheinung zwischen Traum und Erinnerung bleibt. Was wir zuerst von ihm sehen im Vorspann ist seine schwarz behandschuhte Hand, die sich bedrohlich zu einer Faust schließt: Ist sie die mörderische Hand des Killers? Es stellt sich gleich heraus, dass sie zu Frannies Vater gehört, in ihrem wiederkehrenden Tagtraum des Kennenlernens ihrer Eltern beim Schlittschuhlaufen: Es ist eine surreale Schwarz-Weiß-Vision im Stil eines Stummfilms, in der ihr Vater, der nicht zufällig die Ausstrahlung eines normattraktiven Serienhelden hat, versehentlich über die Beine ihrer Mutter fährt und sie in Stücke schneidet. Selbst in ihren privaten Träumereien über die glücklichen Anfänge ihrer Eltern kann Frannie die Hässlichkeit des Lebens, seine Gewalttätigkeit, seine grausigen Farben – rotes Blut, das in weißes Eis sickert –, nicht völlig ausblenden. Sie kann nie den Verdacht ganz unterdrücken, dass die Realität nicht so angenehm und schmerzlos ist und sein kann, wie uns so viele Liebesfilme glauben machen wollen. Dieser Verdacht scheint sich am Ende zu bestätigen, als Rodriguez Frannie dazu zwingt, an der todtraurigen Parodie einer romantischen Verführung teilzunehmen. Bei ihrer Ankunft am Leuchtturm bietet er ihr Wein an, dann spielt er «The Look of Love» auf seinem Gettoblaster und tanzt mit ihr; schließlich bietet er Frannie mit einem Messer einen Ehering an und bittet sie, ihn zu heiraten, indem er erklärt, dass «alle Frauen Liebe wollen, nicht wahr? Ich vermute, du willst sie so sehr, dass es wehtut.» In dieser Szene verkörpert Rodriguez eine «Albtraumversion des umwerbenden Mannes» (vgl. Hodgkins 2012: 61) und damit eine perverse Karikatur des klassischen Kinoverführers. Frannie wiederum befindet sich in einem Zustand zwischen Traum und Albtraum, zwischen der Verlockung, die Rolle der romantischen Leading Lady mitzuspielen – der Verweis auf die Kino-Vergangenheit von Meg Ryan ist sicher kein Zufall – und der «Realitätsebene» in ein Schauer-märchen einzutreten, das diese Mythologie radikal dekonstruiert. Frauen werden mit einem Messer oder auf andere Weise gezwungen, männlichen Erwartungen zu entsprechen und sich heteronormativen Regeln und Rollen zu unterwerfen: Der romantische Märchenprinz entpuppt sich als grausamer Blaubart.

# Men who love women

Auch in der ersten Staffel von TOP OF THE LAKE identifiziert Sue Thornam die beiden männlichen Hauptfiguren als zwei Blaubart-Verkörperungen, die sich wieder ineinander spiegeln: Matt Mitcham, der patriarchalische «Alpha-Mann», lebt in einem festungsähnlichen Haus als Ort männlicher Gewalt und sexueller Geheimnisse, mit einem versteckten Keller, in dem kriminelle Machenschaften verübt werden; und der Polizeichef Al Parker, der Robin seinen «Engel» nennt, ihr «ein gemeinsames Leben, ein schönes» verspricht und sie um seine Erlö-sung bittet. Oder, wenn sie nicht daran interessiert sei, soll sie ihn «vernichten» (2017: 102–17).

Die zwei Männer sind narrativ miteinander verbunden, materiell in ihrer gemeinsamen Kontrolle der kleinen Stadt Laketop und symbolisch durch die Hirschköpfe, die ihre Häuser schmücken und in allen von Männern besetzten Räumen der Serie vorkommen, Bar, Polizeistation und schließlich in der Ver-sammlung der Jäger, wo wir das buchstäbliche Zerstückeln und Verschlingen der Tiere sehen. Parkers Luxushaus ist weniger offensichtlich ein finsteres Haus, trotzdem verbirgt es auch einen «schrecklichen Ort» – den dunklen Innenraum, in dem immer wieder männliche Gewalt ausgeübt wird –, den Robin am Ende betreten muss, um die Kinder zu retten (ebd.).

Es ist allerdings Matt, der auf den ersten Blick die «Geschichte des männ-lichen Subjekts» schlechthin darstellt: Eine Freud'sche Erzählung von Patriar-chen und Söhnen, in denen die Töchter benutzt und kontrolliert werden (ebd.)

**68** TOP OF THE LAKE

(Abb. 68). Matt scheint tatsächlich das Land, die Handlung und den Blick zu kontrollieren, und wirkt wie von einem ungemeinen Sadismus gesteuert. Dennoch verbergen sich hinter seinem stählernen Leib Ohnmacht, Masochismus und ein Horror vor dem weiblichen Körper, die nach und nach ans Licht kommen (vgl. Neroni 2017: 115–125).

Auch hier lassen sich bei allen Männerfiguren eine Fülle von Verweisen, Spiegelungen, Motiven und Zeichen entdecken, dabei fungieren ihre Körper buchstäblich als Texte, die «gelesen» werden können: Turangi (Calvin Tuteao), der Maori-Partner von Robins Mutter, hat Stammeszeichen im Gesicht, die brutalen Söhne von Matt, Luke und Mark Mitcham, führen ihre tätowierten, muskelbepackten Körper vor.

Die Mitcham-Männer sind Raubvögel, wie das Tattoo seitlich an dem halbrasierten Kopf seines Sohnes Mark unmissverständlich vermittelt. Sie werden von ihrem homophoben Selbstbild so blockiert, dass sie lieber einem Mann beim Sterben zusehen würden, als gesehen zu werden, wie sie ihn Mund-zu-Mundbeatmen. In diesem reinen Männerbund ist die Mutter abwesend: Tuis Mutter lebt nicht bei ihnen, es gibt auch keine Spur von der Mutter von Luke und Mark, und die einzige andere Frau in ihrem Leben ist eine namenlose, stille junge Frau mit einem blauen Auge und einem Baby nicht bekannter Abstammung auf dem Arm.

Das in Campions Werk wiederkehrende Thema des Machtkampfs zwischen Mann und Frau bildet die Haupthandlung in der Serie. Die Männer schwören, dass sie die Frauen lieben – obwohl ihre «Liebe» durch uralte Zyklen des Missbrauchs und archaische Kulturen der Unterdrückung verzerrt ist. Über seine

12-jährige Tochter Tui sagt Matt vehement: «Niemand liebt sie mehr als ich. Niemand.» Er wird mit Händen und Füßen kämpfen, um sie wieder unter sein Dach zu bringen, unter seine Kontrolle. Jamie, Tuis Schulfreund, scheint sich der männlich geprägten Gewalt der Community zu entziehen und verkörpert eine marginalisierte Männlichkeit am Rande dieser Welt; wie Ada lehnt er deren Sprache ab und kommuniziert, indem er seine Hände hochhält, auf denen die Worte «Ja» und «Nein» stehen. Die auf der Haut signierte Schrift steht für seine Rebellion und erinnert auch an Adas kleine Zettel, die sie in einem silbernen Medaillon um den Hals trägt: Die Botschaften, die sie manchmal wütend aufschreibt wie «The Piano is mine, MINE!», sind Zeichen ihres schweigenden Protests. Sie entzieht sich den Ausdrucksformen der patriarchalischen Kommunikation. Während Tätowierungen in TOP OF THE LAKE meist eine bedrohliche Hypermännlichkeit kommunizieren, spiegelt sich in den Zeichen auf der Hand des Homosexuellen Jamie deren spiegelverkehrte Seite wider: Als Jamie stirbt, kommt ans Licht, dass er schwul war und gar keine Rolle im Kreislauf der Gewalt spielte, er litt selbst darunter.

Turangi, der Freund von Robins Mutter, verkörpert wie Jamie eine marginalisierte Männlichkeit: Er wird von dem Schauspieler Calvin Tuteao gespielt, der ein tā moko trägt. In einem weiteren Akt der Inszenierung seiner betrügerischen Doppelidentität behauptet Al, dass Turangi ein gewalttätiger Trinker sei, ein intertextueller Verweis auf Tuteaos international bekannteste Filmrolle als Bandenführer Taka in ONCE WERE WARRIORS (1994). Turangi ist jedoch einer der wenigen Männer, die in der Frauenkommune von Paradise willkommen sind. Dass sich in seiner Figur koloniale Enteignung und weiße Herrschaft verdichten, wird deutlich, als er Robin mitteilt, dass Matt ihn, nach dem Tod ihrer Mutter, aus ihrem Haus vertrieben hat. Turangi übergibt Robin einige Besitztümer und verabschiedet sich mit einem Hongi, der traditionellen Umarmung der Maori. Der Hongi zwischen Robin und Turangi könnte als Zeichen dafür verstanden werden, dass er, von Al und Matt seines Hauses und im weitesten Sinne seines Landes beraubt, ihr die Verantwortung auferlegt, als Mitglied seiner Community an seiner Stelle zu handeln. Als Robin also in der letzten Episode sowohl Matt als auch Al herausfordert und ihre Autorität über sie, Tui und das Land abstreitet, tut sie dies zum Teil als Vertreterin von Turangi (Tahana-Reese 2009 zitiert in Mayer 2017: 113).

Auch Johnno scheint die patriarchalische Herrschaft in Toplake abzulehnen, seine Position bleibt dennoch stets ambivalent: Wir erfahren, dass er gezwungen wurde bei Robins Gruppenvergewaltigung daneben zu stehen. Die Maori-Legende, die er erzählt, von einer «Jungfrau», die von einem «Krieger» vor einem «Dämon» gerettet wurde, verweist eindeutig auf die Last seines persönlichen Versagens und die Risse in seinem Männlichkeitsbild. Seine reale

Erfahrung, die er mit neuseeländischen Mythen und Legenden vermischt, überschattet die romantische Stimmung, die Robin und Johnno wieder verbindet. Und auch Johnnos erzwungener Cunnilingus an Robin in der Kneipentoilette ist sowohl erotisch – evoziert den ersten leidenschaftlichen Sex zwischen Ada und Baines –, ist aber auch verstörend, da Robin ein Vergewaltigungsopfer ist und Johnno es genau weiß. Verweist hier Campion auf die schmale Grenze zwischen romantischem Spiel und gewalttätigem Sex? Oder auf das Triebhafte, vor dem selbst Johnno nicht immun bleibt? Die Ablehnung Johnnos gegenüber der männlichen legitimierten Ordnung bleibt bis zuletzt widersprüchlich.

## Dandies und Blaubärte

In der zweiten Staffel TOP OF THE LAKE: CHINA GIRL scheitert die Beziehung zwischen Robin und Johnno, als ob die Regisseurin mit der Umkehrung des überwiegend positiven Charakters Johnnos aus der ersten Staffel auf die kulturellen Strukturen des Patriarchats verweisen wollte, denen sowohl Frauen als auch Männer nicht entkommen.

Und ebenfalls kehren in der zweiten Staffel bei den männlichen Figuren wieder Doppelgänger und verzerrte Spiegelbilder zurück: Puss/Alexander ist zwar eine gebildete, aber nicht weniger brutale Variation von Matt, der zwischen Anarcho-Kommunismus und Hochstapelei changiert. Mit seinen langen Haaren und einem kühnen Sinn für rhetorische Selbsttäuschung stilisiert sich Alexander als Guru der Sexarbeiterinnen und Frauenunterstützer, weil er verzweifelten asiatischen Mädchen gebrochenes Englisch beibringt, damit sie mit ihren Freiern besser kommunizieren können. Wenn in der ersten Staffel Matt als gewaltsamer Drogendealer das Übel des abscheulichen Alpha-Mannes verkörpert, ist Alexander in der zweiten Staffel seine verzerrte Parodie: Mit seinen pseudofeministischen Plattitüden versucht er seine Treue zum Patriarchat zu verschleiern, während seine Wut auf die Upper Class zwischen wild-animalischer Pulsion und grotesker Performance changiert. Als er Robin in die Nase beißt, verwandelt er sich für einen kurzen Moment in einen der wilden, hungrigen Hunde, die mit fleischversessenen Mäulern Matt umgeben und die er liebevoll füttert.

Mit bissiger Ironie lassen Campion und Gerhard Lee an Matts Figur die Grenze zwischen Menschlichem und Animalischem verschwimmen: Der Mann, der sich an der Spitze der Schöpfung sieht, hat das wilde Tier als Bedrohung gezähmt und es in eine Hierarchie gezwungen. In seiner Hippie-Lederjacke mit Schaffell hält Matt seine wilden Hunde in Schach, er ist der Anführer der Meute, der Wolf im Schafspelz schlummert ständig in ihm, verspannt seine Haut, erklingt in seiner Stimme. Sobald Matt erscheint, gefriert bei den Menschen um ihn herum das Blut in den Adern. Nur die blonde, tätowierte Anita aus dem Frauencamp lässt sich nicht von ihm einschüchtern, als Matt und seine Söhne in das Paradise bedrohlich eindringen: Sie habe eine harte Zeit hinter sich, erzählt sie dem verdutzten Matt unerschütterlich. Ihr inniges Verhältnis mit einem Schimpansen ist gescheitert. Sie hat mit ihm gebadet, das Bett geteilt. Aber leider musste sie ihn einschläfern lassen, weil er sie irgendwann gebissen und ihre beste Freundin attackiert hat. «Er war ein solcher Chauvi geworden», kommentiert sie noch. Auf Matts Frage, ob der Schimpanse ihr Liebhaber oder ihr Äffchen war, antwortet Anita: Er war ein Freund. Ist dies vielleicht ein ironischer Verweis auf Zoophilie? Auch hier lässt die Regisseurin aus der Erzählung Anitas Bilder eines möglichen Tabubruchs nur in unseren eigenen Fantasien entstehen. Und wieder überlässt sie uns das Nachdenken über die Zähmung des wilden Tieres und das Zerstörerische im Menschen, als wenig später Matt unter Robins Augen den Hund des ermordeten Bobby eiskalt erschießt: Vom Tier zum Menschen ist es nicht weit.

## Männliche Herrschaft

In der zweiten Staffel CHINA GIRL nehmen Campion und Lee auch Männer, die zu Freier werden, unter die Lupe: In der Gruppe der jungen Computer-Nerds, die Sexarbeiterinnen im Bordell regelmäßig besuchen und online bewerten, scheint Brett der einzige zu sein, der mit einem gewissen kritischen Blick auf seine misogynen Freunde schaut, er beteiligt sich auch nicht an ihrem Ranking. Mit der toten Cinnamon hatte er eine besondere Verbindung, er konnte bei ihr immer wieder die sogenannte «Girlfriend Experience» erleben. Er versucht der Polizei bei den Ermittlungen zu helfen und geht dann schließlich ins Bordell Silk 41, mit der Absicht, diejenigen zu erschießen, die möglicherweise an Cinnamons Tod beteiligt gewesen waren. Dadurch wird er selbst zum gesuchten Mann. Wenn uns anfänglich eine gewisse Empathie mit Brett verbindet, kommt nach und nach die Fragilität seiner gegen Bezahlung erlebten Romantik unerbittlich ans Licht: Auch Brett stellt den durchschnittlichen weißen, westlichen Mann dar, dessen sexuelle Sozialisation im Zwiespalt zwischen digitaler Welt und echtem Leben stattfindet.

Campion konfrontiert uns mit Stereotypen von Virilität und sexueller Potenz und lässt in den männlichen Figuren in verschiedenen Varianten eine Vorstellung von Sexualität ans Licht kommen, die auf der Polarisierung zwischen

Herrschaft und Unterwerfung basiert. So kulminiert auch das Wiedersehen zwischen Robin und dem inzwischen invaliden, auf den Rollstuhl angewiesenen Al in einem exzessiven, brutalen Nahkampf, voll sexueller Anspielungen, in dem es dem querschnittsgelähmten Al gelingt, Robin auf den Boden zu werfen und mit seinem Gürtel auszupeitschen: Die Szene gleicht einem Albtraum, auf dessen Bühne das Phantasma einer düsteren SM-Fantasie und das Urbild eines Vaters, der sich den Gürtel auszieht, um sein Kind zu peinigen, aufeinandertreffen. Durch den heftigen Widerstand Robins wandelt Al sich vom rücksichtslosen Täter zum fragilen Opfer, in einer Szenerie, die zweifellos auch Gothic Novel-Atmosphären evoziert: Robin setzt mit ihrem Feuerzeug die Vorhänge in Brand und verwandelt sich in eine übermächtige Brontë-Heroine, eine moderne Jane Eyre, die am Ende eine perverse Version von Rochester besiegt.

Es ist ein verkehrtes Spiegelbild der Begegnungsszene zwischen Isabel und Osmond in den Katakomben, als er aus dem Schatten plötzlich auftaucht und sie verführt. Osmonds raffinierte Bosheit ist die Kehrseite der kruden Übergriffigkeit Als, vielleicht kann Isabel deshalb seiner düsteren Faszination nicht entrinnen. Hinter den geschmackvollen und edlen Allüren Osmonds alias John Malkovich schimmert sein destruktiver Narzissmus und seine Raffgier durch: Er ist frei von emotionalen Gefühlen, moralischem Gewissen und geistiger Tiefe, Al ist sein moderner, brachialer Doppelgänger. Die Gothic-Charakterisierung von Al und Osmond als dunkle, sadistische Ästheten mit dandyesker Attitüde rücken sie in die Nähe von Matt Mitchum und Alexander: Sie alle werden als exzessive Egomanen inszeniert, von ihrer Selbststilisierung besessen. Die Kameramänner Adam Arkapow und Germain McMicking arbeiten eklektisch mit der unterschiedlichen Physis der vier Darsteller, sie thematisieren enthüllende Details ihrer Körper: Hände, Haare, Mund, die die Obsession ihrer Selbstverliebtheit auffangen. Mit einer bewussten Camp-Theatralik gelingt allerdings jeder der vier Figuren der Spagat zwischen realer Bedrohung und selbstparodierendem Bösewicht.

Der feuchte, schwülstige Mund Osmonds strahlt etwas Diabolisches aus und selbst der Kuss, der den faustischen Pakt zwischen der wehrlosen Jungfrau aus der «Neuen Welt» und dem europäischen Mephistopheles besiegelt, ist gewalttätig, zugleich aber auch grotesk. Seine Hände gleichen gierigen Krallen und stehen metonymisch für seine Kontrolle über Isabel, als sie in ihrem Traum über ihre Taille gleiten, aber auch für die inzestuöse Bindung zu seiner Tochter Pantsy, die er mit aufdringlichen Berührungen in seiner Tyrannei gefangen hält.

Die schulterlangen, grauen Haare Matts und die blonden, festgeklebten Strähnen Als, die im Kampf mit Robin auf seine Stirn fallen, strahlen etwas Schrilles, Abstoßendes aus, das wiederum an Alexander erinnert. Er trägt definitiv die

**69** Top of the Lake – China Girl

längsten Haare von allen, die grundsätzlich bei Männern durchaus widersprüchliche Signale senden: Sind sie ein Zeichen von Protest, Nicht-Konformität oder lediglich Verwahrlosung? Sie beschwören zwar den zerzausten, gegenkulturellen Geist der Hippiekultur, sie können dennoch ikonografisch Charles Manson mit Jesus kollidieren lassen. Deshalb ähnelt Alexander weniger einem Bösewicht aus einem Gothic-Universum und viel mehr einem Unruhestifter in der selbstverliebten Inszenierung der heterosexuellen westlichen, weißen Mittelstandsfamilie, in die er eindringt (Abb. 69).

In Puss verwandelt Campion die traditionelle Blaubartfigur der Gothic-Märchen zu «einer Art Theoretiker [...] ein politisierter «Sozialist», der «der Mittelschicht absichtlich vor die Nase treten will» (Vineyard 2017). Nach seinen gescheiterten Versuchen, sich in die bürgerliche Familie Marys einzuschleichen, platzt Puss in den Abiball Marys rein. Durch seinen theatralischen, provokativen Auftritt verweist Campion auf die inzestuöse Natur von Ritualen wie dem Vater-Tochter-Tanz auf der Abschlussfeier. Während die Kamera im gediegenen Ambiente über junge Frauen schwebt, die in tief dekolletierten Abendkleidern und hochgesteckten Haaren die Arme um die Hälse ihrer Väter legen und mit ihnen verschlungen tanzen, bricht Alexander die «Normalität» einer solchen ritualisierten Zeremonie und stört den Tanz zwischen Mary und ihrem Vater. Er versucht, Pyke zu verdrängen oder (in freudschen Worten) den Vater zu «töten», der seine Tochter ihm nicht überlassen will, und zieht schließlich Mary weg. Mit «Komm zu Daddy, Baby» besiegelt er seine soziale Rache: Er könnte durchaus Marys Vater sein und wird bald danach auch ihr Zuhälter (vgl. Schmertz 2023: 154).

# Inzesttabu

Aus anthropologischer Perspektive sorgt das Inzestverbot in seiner grundlegendsten Form dafür, dass Väter keinen Sex mit ihren Töchtern haben, nicht um deren «Reinheit» zu schützen, sondern stattdessen dieses Privileg an Männer zu vergeben, die nicht blutsverwandt sind, was zu exogamen Allianzen zwischen Stämmen führt. In westlichen Traditionen ist das Inzesttabu in Ritualen verschlüsselt, z. b. wenn der Vater die Tochter zum Traualtar führt, um sie an den Bräutigam zu «übergeben», oder bei den Abschlussbällen. Offiziell ist Inzest allgemein ein gesellschaftliches Tabu, dennoch wird er unter dem Mantel des Schweigens heimlich begangen.

Die Anthropologin Dorothée Dussy hat sich mit den komplexen Zusammenhängen des Inzests intensiv beschäftigt; sie verweist in ihren Interviews und Publikationen auf die konkurrierenden Diskurse im Kontext der Debatte über die Ursprünge des Inzestverbots in den verschiedenen Disziplinen, die auf der Theorie von Claude Lévi-Strauss über das Inzestverbot beruhen. Aus der Perspektive von Dorothee Dussy ist es zwar verboten, über Inzest zu sprechen, aber nicht, ihn zu begehen. Die These von Claude Lévi-Strauss ist aus ihrer Sicht eine aktive und ständige Verleugnung der Realität von inzestuösen Beziehungen und trägt zu einer Erneuerung dieser «verbotenen» Praktik bei (Dussy 2016). Die Forscherin erinnert daran, dass sich die Anthropologen in diesem Punkt nie einig waren, bekräftigt aber vor allem, dass «die tatsächliche Praxis des Inzests weder das reibungslose Funktionieren der Welt und der Wirtschaft noch das reibungslose Funktionieren der Familie verändert» (ebd. 37). Sie stellt fest, dass es sich bei Inzesttätern nicht um «außergewöhnliche» Personen oder «Psychopathen» handelt, sondern um Menschen, die «gut im Leben integriert» sind. Die meisten sind Männer (Vater, älterer Bruder, Cousin, Onkel), was erklärt, warum es viel mehr wissenschaftliche Literatur zu männlichen als zu weiblichen Tätern gibt.

Inzest kommt recht explizit in Campions Kurzfilm A GIRL'S OWN STORY vor, in späteren Werken allerdings ist der Inzest weniger offenkundig und wird in verschiedenen Formen von Verschiebungen und Verweisen thematisiert. Wie Sue Gillett betont, nutzt Campion das filmische Medium, um die Erfahrung des Traumas bei Opfern von Missbrauch fühlbar zu machen, dabei lässt sie Erinnerungen und Fantasien ineinandergreifen. Ihr geht es dabei um die Visualisierung weiblicher Interiorität, deshalb interessiert sich Campion für den Inzest als sexuelle Praktik patriarchalischer Gewalt, für die Dynamiken von Verschweigen und Verdrängen, in denen weibliche Figuren eingeschlossen bleiben, und für ihre unterschiedlichen Überlebensstrategien, wie bei Pam, Sweetie, Ada, Pansy und Tui.

# Vätervariationen

Die Vaterfiguren im Campion-Kosmos variieren stark, manchmal ist der Vater eine physisch aufdringliche, dominante Präsenz wie Osmond in PORTRAIT OF A LADY, manchmal nur eine nahezu gesichtslose, kurz auftretende und doch bedrohliche Figur, wie Adas Vater in THE PIANO, oder manchmal ein pathetischer Charakter, wie der todtraurige Gordon in SWEETIE: dennoch verhandeln alle ihre Macht über den Körper ihrer Töchter, die ihnen unterworfen sind.

Osmonds Macht scheint sich zu materialisieren, in der Szene, in der Madame Merle und Isabel durch einen Skulpturengarten in Rom wandern. Hinter ihnen ist eine übergroße Hand zu sehen, daneben ein übergroßer Fuß; einer der Finger zeigt nach oben. Sie scheinen das allgegenwärtige Gefühl von Osmonds Bedrohung, seine Kontrolle über Pansy, seine Unterdrückung ihrer kreativen, lebendigen Seite zu symbolisieren. Letztlich gibt es für Pansy keinen Ausweg sich davon zu lösen, sie bleibt dem narzisstisch-inzestuösen väterlichen Begehren ergeben.

Ada gelingt es, ihre eigene Stimme in der Musik zu artikulieren, Sweetie ist als Kind kreativ, aber irgendwo bleibt diese Kreativität auf der Strecke und verwandelt sich in Devianz. Eine bedeutende Szene thematisiert in SWEETIE eindringlich die Unterdrückung weiblichen schöpferischen Ausdrucks in der Familie: Die Mutter singt in der Wüste. Sie ist mittleren Alters und vom Leben gezeichnet , aber ihr Gesang ist wunderschön, selbst Kay wusste bis zu diesem Moment nicht, dass ihre Mutter singen konnte. Dass weibliche Kreativität in der patriarchalischen Gesellschaft kaum gewürdigt, gar verschwendet wird, bringt uns diese Szene intensiv nahe. In der traditionellen Kernfamilie wie in SWEETIE ist die Mutter prädestiniert, ihre Talente in der Küche auszudrücken und für exzessiv reichlich Nahrung zu sorgen. Der verlassene Vater äußert sein sadistisches Vergnügen darin, dass er alle Gerichte, die auf dem Küchentisch in abgedeckten Tellern liegen, eines nach dem anderen auf den Boden schmeißt.

In CHINA GIRL findet eine radikale Neuformulierung von Familienstrukturen statt, sodass neue Formen der «Verwandtschaftsbildung» möglich werden: Ray, wie wir gesehen haben, wird zur Verkörperung einer fluiden Mütterlichkeit und Pyke wird nicht nur mit Sanftheit und Geduld, sondern auch mit traditionell mütterlicher Fürsorge ausgestattet: Er ist nicht zufällig auch der (nicht) symbolische Ernährer der Familie – denkt man nur an das raffinierte, von ihm zubereitete Abendessen und an das Frühstück für Mary, das er ihr am Bett serviert. Aber es gibt eine weitere interessante Entwicklung zum Thema Neuformulierung von familialen Strukturen: Nachdem Pyke und Robin Sex miteinander haben, könnte sich eine neue Familienkonstellation abzeichnen, die biologische Mutter und der rechtliche Vater Marys sind nun in der Lage eine Verbindung durch ihre Tochter zu schaffen, der böse Vater – Alexander – ist endgültig weg. Aber dann teilt Julia Robin mit, dass Pyke und sie beschlossen haben, sich zu versöhnen: Wird nun doch die ursprüngliche familiäre Ordnung wiederhergestellt? Vielleicht ist sie doch bedroht: Das unsichtbare Klopfen an der Tür Robins, was die Serie beendet, könnte auch das Ende der legitimierten Familienkonstellation ankündigen und den Beginn einer neuen.

## BRIGHT STAR:
## Gegenspieler und Doppelgänger im Dreieck

In BRIGHT STAR steht im Zentrum ein Beziehungsgeflecht, das ein Dreieck konstituiert, wobei die männlichen Figuren Keats und Mr. Brown Verdoppelungen und zugleich Gegenspieler darstellen. Die erste Begegnung zwischen Fanny und Keats ist wie ein langsamer, überlegter Tanz, bei dem sie sich vorsichtig umkreisen, während Mr. Brown, Keats' Freund und Dichterkollege, sich dazwischen drängt. Die unterschwellige Spannung, die Fanny und Mr. Brown von Anfang an verbindet, wird niemals gelöst.

Denn auch Brown ist wie Fanny in Keats verliebt und verzweifelt darum bemüht, ihr gemeinsames Junggesellenidyll aus Müßiggang, Meditation und Schreiben zu erhalten. Während die heterosexuelle, romantische Bindung zwischen Keats und Fanny die explizite Thematik des Films darstellt, nimmt die homosoziale Freundschaft zwischen Keats und Brown eine weniger offensichtliche, aber höchst einschneidende Präsenz ein (2013: 110–111).

Warum schickt Mr. Brown Fanny eine Valentinskarte? Vielleicht ein verzweifelter Versuch, sie zu verführen, von Keats zu entfernen, in dessen Augen zu erniedrigen? Der böse Scherz endet aber mit seiner eigenen Erniedrigung, während Keats unmissverständlich zum Liebesobjekt zwischen Fanny und Brown wird (Abb. 70).

Brown bleibt ein unbegreiflicher, widersprüchlicher Charakter, der Gegenspieler, aber auch der Doppelgänger Keats, seine stämmige andere Hälfte, die Verkörperung von Keats' frauenfeindlichen Tendenzen. Als Brown Keats mitteilt, dass er es sich nicht mehr leisten kann, ihn aufzunehmen, weil das mit dem Dienstmädchen Abigail gezeugte Kind bald geboren wird, nimmt der Dichter die Nachricht mit einer resignierten Haltung, die ihn nach außen stets auszeichnet, entgegen. Er kann die Selbstbeherrschung eines Erwachsenen zeigen und zugleich in der Selbstbezogenheit eines Kindes eingeschlossen erscheinen. Und er bleibt stets emotional unnahbar: Im Vergleich zum willensstarken, impulsi-

**70** Bright Star

ven Brown scheint Keats sich seinem Schicksal als gescheiterter und unfähiger Dichter zu ergeben; er lässt sich auf die großzügige Hilfe seiner wohlhabenden Freunde ein und begibt sich auf die Reise nach Italien; er wirkt zunächst als jemand, der nicht für die Frau kämpft, die er liebt, im Gegenteil, er scheint frei von jenen Zweifeln und Qualen, die den stereotypischen romantischen Intellektuellen nähren könnten. Seine Innenwelt bleibt uns bis zum Schluss verschlossen, sein Begehren hinter seinem zarten Körper, der von der fortschreitenden Krankheit verzehrt wird, verborgen. Vielleicht lässt sich die Physis seines doch begehrenden Leibs nur in dem Kuss zwischen ihm und Fanny spüren, der zugleich seinen Körper seltsam transzendiert.

## Fannys und Keats Verschmelzung

Für Keats-Forscher wie Christopher Ricks ist der Film als Versuch, das Genie eines der größten britischen Dichter einzufangen, gescheitert. Ricks argumentiert, dass Campions Visualisierung von Keats' Poesie und die Umwandlung seiner Briefe in triviale Gesprächsthemen Keats' Größe und seine poetischen Errungenschaften schmälern. Auch Colin MacCabe stellt in seiner Rezension des Films fest, dass Campions Biopic über Keats «nichts mit [der] Ambivalenz oder Mehrdeutigkeit zu tun hat, die Keats' Poesie charakterisiert» (MacCabe, 2009).

Jane Campion hatte aber gar keine Intention, ein Biopic über Keats zu realisieren, es wäre ihr zu «nervig» gewesen. «Es wurde mir klar, dass ich es aus Fannys

Sicht schaffen könnte; lerne Keats durch sie kennen, wenn sie ihn zum ersten Mal trifft, und verliere ihn, wenn sie es tut. Es ist, als würde man sich wie sie in ihn verlieben und dabei auch etwas über Poesie lernen» (Bloom 2010). Und tatsächlich: Von Anfang an schauen wir auf ihn durch Fannys Augen. Man könnte vielleicht sagen, dass Campion die Hauptcharakteristika ihrer wiederkehrenden Heldin in die beiden Verkörperungen der Beobachterin (Fanny) und des Beobachteten (Keats) aufgeteilt hat, deren Vereinigung zu einem Akt organischer filmischer Symbiose wird.

Die brillante Performance Ben Wishaws entspricht durchaus diesem Konzept: Er versucht keineswegs, ein historisches Porträt des Künstlers zu zeichnen, sondern konzentriert sich vielmehr darauf, emotionale Zustände zu übersetzen und eine Figur zu verkörpern, die sowohl geistig mit der Welt um sie herum verbunden als auch auf verblüffende Weise zerbrechlich und weit von ihr entfernt ist. Und so setzt die Regisseurin mit ihrem Kameramann und ihrer Kostümbildnerin auch Whishaws Körper ein, in seiner Dünnheit, seiner Sparsamkeit, seiner scheinbaren Fragilität und Andeutung von Gebrechlichkeit, bei dem sich die Grenze zwischen Erwachsenem und Kind, Mann und Frau und ja, vielleicht sogar Mensch und Anderem zu verwischen scheint.

BRIGHT STAR reflektiert die Flüchtigkeit reiner Gefühlszustände: Selbst in den melancholischen Schlussszenen setzt sich die Kraft der romantischen Liebe gegen den Schmerz des Verlusts durch. Für eine Regisseurin, die ihr Publikum so oft mit eigensinnigen formalen Experimenten und komplexen Charakterstudien überwältigt oder verwirrt hat, ist diese Art von purer und bewusster emotionaler Intensität überraschend, bietet aber einen weiteren Schlüssel, um uns ihren Männlichkeiten anzunähern: An den scheinbar gegensätzlichen Figuren von John Keats und Brown zerbricht das konventionell stabile Männlichkeitsbild, das auf der dualistischen Unterscheidung zwischen männlich und weiblich gründet. Denn sowohl hinter der seidenweichen Zartheit Keats als auch der physischen Festigkeit von Mr. Brown lässt sich jene verdrängte «Weiblichkeit» spüren, die Fanny mit ihrer ungemein kreativen Stärke an die Oberfläche befördert. Jenseits biologischer Geschlechtlichkeit hinterfragt Jane Campion «Männlichkeit» und «Weiblichkeit» als Handlungsmuster, die historisch sowie kulturell allerlei Arten von Beziehungen prägen.

Der bekleidete Körper als Symbol für Geschlechterkonzepte ist in ihren Filmen stets präsent. Die durch die Sprache der Kleidung männlich gezeichneten Figuren demonstrieren Stärke und Potenz, folgen dem Bedürfnis nach Kontrolle und Beherrschung, sie sind aber selbst Opfer des Systems, das ihre Rolle als Täter autorisiert. Wenn auch im System der Zweigeschlechtigkeit und der patriarchalischen Herrschaft eingebettet, lassen sie sich facettenreich interpretieren. Sie sind brutal und triebgesteuert, raffiniert sadistisch und subtil grausam, aber auch überraschend zärtlich und verwundbar. Sie lassen hinter ihren «Rüstungen» manchmal ein subversives Potenzial durchscheinen, das ein Abweichen von der legitimierten Ordnung des Patriarchats zulässt.

Am Ende von THE POWER OF THE DOG muss Phil anerkennen, dass seine Macht delegitimiert wurde – doch bis zur letzten Einstellung bleibt er in seiner scheinbar unangreifbaren Männlichkeit gekleidet, wütend und gequält. Jane Campion lässt uns am Ende Sympathie für Peter empfinden, die Deutung seiner Männlichkeit wird aber schließlich uns überlassen.

# Filmografie

**TISSUES**
AUS 1980. Kurzfilm.

**PEEL – AN EXERCISE IN DISCIPLINE**
ORANGENSCHALEN – EINE ÜBUNG IN
DISZIPLIN
AUS 1982. 9 Min. Kurzfilm.

**PASSIONLESS MOMENTS**
LEIDENSCHAFTSLOSE AUGENBLICKE
AUS 1983. 13 Min. Kurzfilm.

**MISHAPS OF SEDUCTION AND CONQUEST**
AUS 1984. 15 Min. Kurzfilm

**AFTER HOURS**
NACH BÜROSCHLUSS
AUS 1984. 26 Min. Kurzfilm.

**A GIRL'S OWN STORY**
AUS 1984. 27 Min. Kurzfilm.

**DANCING DAZE**
AUS 1986. 6 x 50 Min. TV-Serie.

**TWO FRIENDS**
ZWEI GUTE FREUNDINNEN
AUS 1986. 76 Min. Spielfilm.

**SWEETIE**
SWEETIE
AUS 1989. 97 Min. Spielfilm.

**AN ANGEL AT MY TABLE**
EIN ENGEL AN MEINER TAFEL
NZ/AUS/GB1990. 158 Min. Spielfilm.

**THE PIANO**
DAS PIANO
AUS/NZ/F 1993. 117 Min. Spielfilm.

**THE PORTRAIT OF A LADY**
PORTRAIT OF A LADY
USA/GB 1996. 142 Min. Spielfilm.

**HOLY SMOKE**
HOLY SMOKE! - AUF DER SUCHE NACH
ERLEUCHTUNG
USA/AUS 1999. 115 Min. Spielfilm.

**IN THE CUT**
IN THE CUT
USA/GB/AUS 2003. 119 Min. Spielfilm.

**THE LADY BUG**
F 2007. 3 Min. Kurzfilm. Teil des Episoden-
films CHACUN SON CINÉMA.

**THE WATER DIARY**
AUS/F 2008. 17 Min. Kurzfilm.

**BRIGHT STAR**
BRIGHT STAR – MEINE LIEBE. EWIG
GB/AUS/F 2009. 119 Min. Spielfilm.

**TOP OF THE LAKE**
TOP OF THE LAKE
AUS/USA/GB 2013. 6 x 60 Min. TV-Serie.

**TOP OF THE LAKE: CHINA GIRL**
TOP OF THE LAKE: CHINA GIRL
AUS/USA/GB 2017. 6 x 60 Min. TV-Serie.

**THE POWER OF THE DOG**
THE POWER OF THE DOG
NZ/AUS 2021. 126 Min. Spielfilm.

# Literaturverzeichnis

Alle Zitate aus fremdsprachigen Texten wurden mithilfe des Programms DeepL ins Deutsche übersetzt.

Feona Atwood (1998), «Weird Lullaby: Jane Campion's THE PIANO». In: *Feminist Review, International Voices*, Nr. 58.

N. Te Awekotuku (1997), «Ta moko: Maori tattoo». In: Roger Blackley, *Goldie*. Auckland.

Barbara Basting (1996), «Sie betreten jetzt das menschliche Herz. Jane Campion, die Anthropologin hinter der Filmkamera». In: *Du*, Nr. 10.

Christin Bayles Kortsch (2009), *Dress Culture in Late Victorian Women's Fiction*. Farnham.

Angela K. Bayout (2013), «Audrey in Five Outfits», in: M. C. Hayes / F. Boulègue (Hrsg.), *Fan Phenomena: TWIN PEAKS*. Bristol.

Nancy Bentley (1997), «Conscious Observation of a Lovely Woman: Jane Campion's Portrait in Film». In: *The Henry James Review Johns Hopkins University Press*, Nr. 2.

Lauren Berlant (1988), «Intimacy: A Special Issue.» In: *Critical Inquiry*, Band 24, Nr. 2.

Lauren Berlant (2008) *The Female Complaint*. Durham/London.

Livia Bloom (2010), «Jane Campions BRIGHT STAR». In: *Filmmaker*, filmmakermagazine.com: https://is.gd/MKhka8 (23.09.2023).

Anais Bordages (2019),«Céline Sciamma: l y a eu un sacrifice de lesbiennes dans toute l'histoire du cinéma» tumblr.com: https://is.gd/irUDsz (18.09.2023).

Patricia Bosworth, (2011), *Jane Fonda: The Private Life of a Public Woman*. London.

Costa Botes (2013), «A general perspective», nzonscreen.com: https://is.gd/OOITXg (18.09.2023).

Karen Boyle (2019), *Weinstein and Feminism*. Basingstoke.

Alexia L. Bowler / Adele Jones (Hrsg.) (2023), *ReFocus: The Films of Jane Campion*. Edinburgh.

Veronique Le Bris (2018), Meeting with Jane Campion. In: European women's audiovisual network, ewawomen.com: https://is.gd/t5CfLz (18.09.2023).

Elisabeth Bronfen (1994), *Nur über ihre Leiche. Tod, Weiblichkeit und Ästhetik*. München.

Elisabeth Bronfen (2004), «Sex mit meinem Mörder. Jane Campion verfilmt Susanna Moores Thriller IN THE CUT als urbanes Schauermärchen.» In: *Die Zeit*, 30.09.2004, www.zeit.de: https://is.gd/R3OqWM (03.09.2023).

Elisabeth Bronfen (2007), «Reise ans Ende des Traumas oder das Aufwachen der Hollywood-Heldin The Others, Femme Fatale, In the Cut». In: *Freiburger FrauenStudien, Zeitschrift für interdisziplinäre Frauenforschung*, Jg. 13, Nr. 20, 69–82. DOI: https://doi.org/10.25595/1684.

Giuliana Bruno (1993), *Streetwalking on a Ruined Map. Cultural Theory and the City Films of Elvira Notari*. Princeton.

Giuliana Bruno (2002), *Atlas of Emotion: Journeys in Art, Architecture and Film*. New York.

Giuliana Bruno (2008), «Motion And Emotion: Film And The Urban Fabric.» In: Andrew Webber / Emma Wilson (Hrsg.), *Cities in Transition: The Moving Image and the Modern Metropolis*. London.

Giuliana Bruno (2014), *Surface: Matters*

of Aesthetics, Materiality, and Media. Chicago.

Giuliana Bruno (2016), *Superfici. A proposito di estetica, materialità, media*. Milano.

Giuliana Bruno (2017), «Dressing the surface.» In: *Necsus*, 6.12, necsus-ejms.org: https://is.gd/Dab6Ej (3.09.2023).

Giuliana Bruno (2018), *Atlas of Emotion: Journeys in Art, Architecture and Film*. New York.

Stella Bruzzi (1995), «Tempestuous petticoats: costume and desire in THE PIANO». In: *Screen* Band 36, Nr. 3.

Stella Bruzzi (2002), «Desire and the Costume Film: PICNIC AT HANGING ROCK, THE AGE OF INNOCENCE, THE PIANO». In: Graeme Turner (Hrsg.), *The film cultures reader*. London.

Stella Bruzzi / Mary Colbert (1993), «BODYSCAPE». In: *Sight and Sound*, Nr. 3.

Jane Campion, SWEETIE, The Criterion Collection (DVD Bonus 2015). Australien, Produzent John Maynard.

Jane Campion (1993), «Academy Awards Acceptance Speech Database», aaspeechesdb.oscars.org: https://is.gd/PJ3JUs (18.09.2023).

Jane Campion (1993), *THE PIANO*. London.

Jane Campion (2016), «Nachruf auf Janet Patterson». In: *Sydney Morning Herald*, 10.11.2016, smh.com.au: https://is.gd/XKMPaI (02.09.2023).

Vincent Canby (1993; «THE PIANO: Love Story With a Twist» In: *New York Times* 12 November 1993.

David Canfield (2022), «Jane Campion: A Candid Interview With a Master». In: *Vanity Fair*, 07.03.2022, vanityfair.com: https://is.gd/bCDsBD (8.09.2023).

Mary Cantwell (1993), «Jane Campion's Lunatic Women». In: *New York Time Magazine*, 19.09.1993.

Peter Caranicas (2009), «BRIGHT STAR costumes in focus». In: *Variety*, 15.12.2009, variety.com: https://is.gd/LNOtte (21.09.2023).

Charlotte Casiraghi / Rhiannon Harries (2007), «Sole Mates», zitiert in: Gloria Dawson, «High Heels with a point», thefword.org.uk: https://is.gd/LrZyZx (27.09.2023).

Michel Cimant (1996), «A Voyage to Discover Herself». In: Virginia Wright Wexman (Hrsg.) (1999), *Jane Campion: Interviews*. Jackson.

Hélène Cixous (1994), «Sonia Rykiel in Translation». In: Shari Benstock / Suzanne Ferriss (Hrsg.) *On Fashion*. New Brunswick.

Carol Clover (1987), «Her Body, Himself: Gender in the Slasher Film». In: *Representation*, Nr. 20, 2020, https://doi.org/10.2307/2928507 (20.09.2023).

Shelley Cobb (2015), *Adaptation, Authorship, and Contemporary Women Filmmakers*. London.

Ricardo Codina (1994), «Jane Campion la magicienne». In: *Québec français*, Nr. 94.

Annabel Cooper (2008), «I Am Isabel, You Know? The Antipodean Framing of Jane Campion's Portrait of a Lady». In: *M/C Journal*, Nr. 5.

Robert W. Connell (2000), *Der gemachte Mann*. Opladen.

Raewy Connell (2011), «Masculinities», raewynconnell.net: https://is.gd/tnmO82 (30.09.2023).

Annabel Cooper (2009), «On Viewing Jane Campion as an Antipoden». In: I. Bessière / A. Fox / H. Radner (Hrsg.), *Jane Campion. Cinema, Nation, Identity*. Detroit.

I. Därmann / S. Elm / T. Macho (Hrsg.) (2017), *Unter die Haut: Tätowierungen als Logo- und Piktogramme*. Paderborn.

Hilary Davison (2006), «Sex and Sin: The Magic of Red Shoes». In: G. Riello / P. McNeil (Hrsg.), *Shoes: A History From Sandals to Sneakers*, London.

Gilles Deleuze (1997), *Das Bewegungs-Bild. Kino 1; Das Zeit-Bild. Kino 2*. Frankfurt a.M.

Mary Ann Doane (1983*), The Desire to De-*

sire: *The Woman's Film of the 1940s*. Bloomington.

Mary Ann Doane (1989), «Veiling Over Desire: Close-ups of the Woman». In: R. Feldstein / J. Roof (Hrsg.) *Feminism and Psychoanalysis*. London.

Dorothée Dussy (2013), *Le Berceau des dominations. Anthropologie de l'inceste, livre 1*, Marseille.

Richard Dyer (1982), «Don't Look Now: Die Unstimmigkeiten des männlichen Pinup». In: R. Dyer / A. Brauerhoch / N. Brinckmann (Hrsg.), *Frauen und Film*, Nr. 40.

Richard Dyer (1990), *NowYou See It: Studies on Lesbian and Gay Film*. London.

Richard Dyer (1993), *The Matter of Images: Essays on Representations*. London.

Linda Dyson (1995), «The Return of the Repressed? Whiteness, Femininity and Colonialism in THE PIANO». In: *Screen*, Band 36, Nr. 3.

Roger Ebert (1993), «THE PIANO», rogerebert.com: https://is.gd/s4Zx1h (4.09.2023).

Hannah Ellis-Petersen (2017), «Jane Campion: My TOP OF THE LAKE research involved sneaking into brothels». In: *The Guardian*, 18.07.2017, theguardian.com: https://is.gd/WLgu5N (20.09.2023).

Thomas Elsaesser (2019), «Touch and Gesture: On the Borders of Intimacy». In: *The Journal of Cinema and Media*, Band 60, Nr. 1, jstor.org: https://is.gd/9cjFlZ (21.09.2023).

Howard Feinstein (1999), «The Jane mutiny». In: *The Guardian*, 02.04.1999, theguardian.com: https://is.gd/KWnNJ9 (21.09.2023).

Marli Feldvoss (1993), «Jane Campion Making friends bei directing film». In: Virginia Wright Waxmann (Hrsg.) (1999), *Jane Campion: Interviews*, Jackson.

Heike-Melba Fendel (1991) «How women live their lives». In: Virginia Wright Wexmann (Hrsg.) (1999), *Jane Campion: Interviews*, Jackson.

Michel Foucault (2021), «Der utopische Körper». In: *Die Heterotopien. Der utopische Körper: Zwei Radiovorträge*, 5. Auflage. Frankfurt a. M.

Lizzie Francke (2003), «Jane Campion: dangerous liaisons». In: *Sight and Sound*, Nr. 11.

Jane Gaines (1988), «White Privilege and Looking Relations: Race and Gender in Feminist Film Theory». In: *Screen*, Band 29, Nr. 4.

Jane M Gaines / Charlotte Herzog (1991), *Fabrications: Costume and the Female Body*. London.

Sue Gillett (1995), «Sue'Lips and fingers: Jane Campion's THE PIANO». In: *Screen*, Band 36, Nr. 3.

Sue Gillett (1998), «Carrying the Song: Jane Campion's THE PIANO». In: Heather Kerr and Amanda Nettelbeck (Hrsg.), *The Space Between: Australian Women Writing Fictocriticism*. Nedlands.

Sue Gillett (1999), «More than Meets the Eye: The Mediation of Affects in Jane Campion's SWEETIE». In: *Sense of Cinema*, sensesofcinema.com: https://is.gd/cRqgRQ (25.09.2023).

Sue Gillett (2000), «Angel from the Mirror City: Jane Campion's Janet Frame». In: *Sense of cinema*, sensesofcinema.com: https://is.gd/T8p36C (25.09.2023).

Sue Gillett (2004), «Views From Beyond the Mirror: The Films of Jane Campion». In: *The Moving Image*, Nr. 7, St Kilda.

Betty Goodwin, Dark, Stark and Simple. In: *Los Angeles Times*, 03.12.1993, latimes.com: https://is.gd/kO4nMn (01.10.2023).

Patrick Gower (2000), «Campion letter admits to inspiration». In: *NZHarald*, 30.06.2000, nzherald.co.nz: https://is.gd/yvvACJ (11.09.2023).

Molly Haskell (1987), *From Reverence to Rape: The Treatment of Women in the Movies*. London.

Cindy Hendershot (1998), «(Re)Visioning the Gothic: Jane Campion's THE PIANO». In: *Literature Film Quarterly*, Band 26, Nr. 2.

John Hodgkins (2012), «A dark adapting eye: Susanna Moore, Jane Campion and the fractured world of postmodern Noir». In: *College Literatur*, Band 3, Nr. 4.

Bell Hooks (1992), *Black Looks: Race and Representation*. London.

Bell Hooks (1994), «Sexism and Misogyny: Who Takes the Rap? Misogyny, gangsta rap, and THE PIANO». In: *The EndZ Magazin*, Februar 1994, challengingmalesupremacy.org: https://is.gd/PWUdC3 (12.09.2023).

Natalie Hughes (2023), «The History of the Hero: The Margiela Tabi». In: *Harper's Bazaar*, 11.04.2023, harpersbazaar.com: https://is.gd/6pgbXv (02.09.2023)

Carol Jacobs (1994), « Playing Jane Campion's *Piano*: Politically». In: *MLN, Comparative Literature*, Band 109, Nr. 5.

E. Ann Kaplan (1985), «E. Ann Kaplan Replies». In: *Cinema Journal*, Band 25, Nr. 1.

Barbara Klinger (2006), «The art film, affect and the female viewer: The Piano revisited». In: *Screen*, Heft 47, Nr. 1.

Jace Lacob (2013), «Inside Jane Campion's New Sundance Thriller TOP OF THE LAKE». In: *Newsweek*, 13.03.2013, newsweek.com: https://is.gd/97M9mu (21.09.2023).

James Laver (1968), *A Concise History of Costume*, 5. Aufl. mit neuem Titel *Costume and Fashion: A Concise History* (2012). London.

Marion Leonard (1997), «Rebel Girl, You are the Queen of My World». In: Sheila Whiteley (Hrsg.) *Feminism, Subculture, and Grrrl Power. Sexing the Groove: Popular Music and Gender*. New York.

Joseph Lovett (Produktion und Regie), 2005, *Gaysex in the 70s*, Lovett Productions. New York.

Alyce Mahon (2018), «Dorothea Tanning: Behind the Door, Another Invisible Door», in: Alyce Mahon (Hrsg.) *Dorothea Tanning*. London.

Maria Margaroni (2003), «Jane Campion's Selling of the Mother / Land: Restaging the Crisis of the Postcolonial Subject». In: *Camera Obscura*, Band 53, Nr. 2, academia.edu: https://is.gd/ozjSwr (21.09.2023).

Harriet Margolis (Hrsg.) (2002), *Jane Campions THE PIANO*. Cambridge.

Harriet Margolis (2009), «The Campions indulge in The Audition». In: H. Radner / A. Fox / I. Bessièr (Hrsg.), *Jane Campion: cinema, nation, identity*. Detroit.

Laura Marks (2000), *The Skin of the Film: Interkulturelles Cinema, Embodiment, and the Senses*. London.

Laura Marks (2002), *Touch: Sensuous Theory and Multisensory Media*. Minneapolis.

Sophie Mayer (2018), «Paradise, Built in Hell: Decolonising Feminist Utopias in TOP OF THE LAKE» (2013). In: *Feminist Review*, Band 116, *Dystopias and Utopias*.

Colin McCabe (2009), «A Very Good Year». In: *Literatur Film Quarterly*, Band 63, Nr. 1.

Meghan McElheny (2010), «Five minutes with BRIGHT STAR costume designer Janet Patterson». In: *W Magazine*, 19.01.2020, magazine.com: https://is.gd/k0VY02 (02.09.2023).

Todd McGowen (2007), *The impossible David Lynch*, New York.

Kathleen McHugh (2007) *Contemporary Film Directors: Jane Campion*. Chicago.

Kathleen McHugh (2007), *Jane Campion*. Champain/Illinois.

KATHLEEN A. MCHUGH (2015), «Giving Credit to Paratexts and Parafeminism in TOP OF THE LAKE and ORANGE IS THE NEW BLACK». In: *Film Quarterly*, Band 68, Nr. 3.

M. L. Meijer, J. M. van Sambeek (Produzenten), Menna Laura Meijer (Regie), WE MARGIELA (2017), Mint Film Office Rotterdam.

Sara Mower (2008), «Comme des Garçons Fall 2008 Ready-to-Wear». In *Vogue*,

25.02.2008, vogue.com: https://is.gd/YYaeVD (21.09.2023).

Kate Muir (2018), Interview mit Jane Campion. In: *The Guardian*, 20.05.2018, theguardian.com: https://is.gd/w9KflH (18.09.2023).

Melis Mulazimoglu Erkal (2017), «The Cultural History of the Corset and Gendered Body». In: *Social and Literary Landscapes. European Journal of Language and Literature*, Nr. 3. https://doi.org/10.26417/ejis.v9i1.p153–153.

Laura Mulvey (1975), «Visual Pleasure and Narrative Cinema». In: Philip Rosen (Hsg.), *Narrative, Apparatus, Ideology, New York 1986*, (dt. «Visuelle Lust und Narratives Kino». In: Gislind Nabakowski, *Frauen in der Kunst I*. Frankfurt a. M. 1976).

Hilary Neroni (2017), «Feminist Filmmaking on Television. Lacan, Phallic Enjoyment, and Jane Campion's TOP OF THE LAKE». In: *Intertexts*, Band 21, Nr. 1–2.

New Zealand Filmkommission: nzfilm.co.nz: https://is.gd/uBTRWh (18.09.2023).

Aaron Norgrove (1998), «But is it music? The crisis of identity in THE PIANO». *In: Race Class*, Band 40 Nr. 1.

Christopher Oldstone-Moore (2015), *Of Beards and Men: The Revealing History of Facial Hair*, Chicago.

Robin Pomeroy (2017), «Jane Campion, only female Cannes laureate, brings cop drama to Riviera». In: *Reuters*, 24.05.2017, reuters.com: https://is.gd/bU7oaJ (26.09.2023).

Mark A. Reid (2000), «A few black keys and Maori tattoos: Re-reading Jane Campion's THE PIANO in Post Negritude time». In: *Quarterly Review of Film and Video*, Nr. 17.

Tahana-Reese (2009) zitiert in Sophie Mayer, Paradise, Built in Hell: Decolonising Feminist Utopias in TOP OF THE LAKE (2013). In: *Feminist Review*, Nr. 116.

Christopher Ricks (2009), Undermining

Keats, in: The *New York Review of Books*, nybooks.com: https://is.gd/d6QRkM (23.09.2023).

Carmen Perez Riu (2000), «Two Gothic Feminist Texts: Emily Bronte's *Wuthering Heights* and the Film, THE PIANO, by Jane Campion». In: *Atlantic, revista de la asociacion Espanola de Estudios Anglo-Norteamericanos*, Band 22. Nr. 1, jstor.org: https://is.gd/By2uLa (29.09.2023).

H. G. Robley (2003), *Maori Tattooing*. Dover

Jonathan Rosenbaum (2022), *A Major Talent [on SWEETIE]*, jonathanrosenbaum.net: https://is.gd/MRieMt (18.09.2023).

Eva Rueschmann (2005), «Out of Place: Reading (Post) Colonial Landscapes as Gothic Space in Jane Campion's Films». In: *Post Script*, Nr. 24.

Marc Ruffalo Interview in: Behind the scene IN THE CUT 2003, DVDXtras (Video), youtube.com: https://is.gd/b8kjVN (29.9.2023).

Alexandre Samson (2018), *Martin Margiela: The Women's Collections 1989–2009*. New York.

Sigrid Schade (2010), «Die Medien / Spiele der Puppe – Vom Mannequin zum Cyborg». In: M. Rißler-Pipka / M. Lommel / J. Cempel (Hrsg.) *Der Surrealismus in der Mediengesellschaft – zwischen Kunst und Kommerz*. Bielefeld.

Johanna Schmertz (2023), «Jane Campion's Palimpsestuous Gothic: Kinship in TOP OF THE LAKE: CHINA GIRL». *In:* A.L. Bowler and A. Jones (Hrsg.), *ReFocus: The Films of Jane Campion*. Edinburgh.

J. W. Scott (2002), «Feminist Reverberations». In: *Differences. A Journal of Feminist Cultural Studies*, Band 13, Nr. 3.

George Seeßlen (2017), «David Lynch kehrt noch einmal nach TWIN PEAKS zurück». In: *Getidan*, 13.06.2017, getidan.de: https://is.gd/5qYoub (14.09.2023).

Robert Seidenberg (1990), «*Sweetie:* Jane Campion's Maverick Family». in: *American Film*, Nr. 4.

Waihoroi Shortland (1993), *Marae The Pia-*

no *Story*, nzonscreen.com: https://is.gd/dClp6K (7.09.2023).

Anna Smith (2018), Interview mit Jane Campion. In: *Time Out*, 15.06.2018, timeout.com: https://is.gd/GVyuZr (02.09.2023).

Vivian Sobchack (1991), «The Address of the Eye: A Phenomenology of Film Experience». In: *Sense of Cinema*, sensesofcinema.com: https://is.gd/JMgATg (02.09.2023).

Vivian Sobchack (2004), *Carnal Thoughts. Embodiment and Moving Image Culture*. Los Angeles.

Catherine Spooner (2016), «Wrapped in Plastic». In: C. Spooner / J. A. Weinstock (Hrsg.), *Return to TWIN PEAKS. New Approaches to Materiality, Theory, and Genre on Television*, London.

Valerie Steele (2003), *The Corset: A Cultural History*. London.

Marek Susdorf (2018), «Björk's *Biophilia*. A Musical Introduction to Feminist New Materialism». In: *Junctions: Graduate Journal of the Humanities*, Band 2, Nr. 113 DOI:10.33391/jgjh.39.

Sue Thornham (2019), «Beyond Bluebeard: feminist nostalgia and TOP OF THE LAKE (2013)». In: *Feminist Media Studies*, Band 19, Nr. 1.

Sue Thornham (2021), «Breathing spaces? The politics of embodiment, affect, and genre in MARE OF EASTTOWN and HAPPY VALLEY». In: *Feminist Media Studies*, tandfonline.com: https://is.gd/f4zg34 (27.09.2023).

Davinia Thornley (2000), «Duel or Duet? Gendered Nationalism in THE PIANO». In: *Film Criticism*, Band 24, Nr. 3.

Estella Tincknell (2011), «The Time and the Place: Music and Costume and the «Affect» of History in the New Zealand Films of Jane Campion». In: A. Fox / B. Keith Grant / Hi. Radner (Hrsg.) *New Zealand Cinema: Interpreting the Past*. Bristol.

Estella Tincknell (2013), *Jane Campion and*

*Adaptation: Angels, Demons and Unsettling Voices*. London.

Deb Verhoeven (2009), *Jane Campion*. London.

Jennifer Vineyard (2017), «TOP OF THE LAKE: CHINA GIRL: Jane Campion on her ‹ovarian› series›». In: *New York Times*, 12.09.2017, nytimes.com: https://is.gd/L1NMGG (21.03.2023).

Barbara Vinken (1993), *Mode nach der Mode. Kleid und Geist am Ende des 20. Jahrhunderts*. Frankfurt a. M.

Barbara Vinken (2012), «Gezeugt, nicht geschaffen: Zum Verhältnis von Mode und Körper am Beispiel des Hauses Martin Margiela». In: L. Bieger /A. Reich// S. Rohr (Hrsg.), *Mode. Ein kulturwissenschaftlicher Grundriss*. München.

Shelton Waldrep (2015,) «The ‹China Girl› Problem: Reconsidering David Bowie in the 1980s». In: E. Devereux, A. Dillane, M. Power (Hrsg.), *David Bowie: Critical Perspectives*, London.

Linda Williams (1991), «Film Bodies: Gender, Genre, and Excess». In: *Film Quarterly*, Band 44, Nr. 4.

Linda Ruth Williams (2000), *The Erotic Thriller in Contemporary Cinema*. Edinburgh.

Blythe Worthy (2017), «TOP OF THE LAKE: CHINA GIRL is defiant, adventurous TV». In: *The Conversation*, 07.08.2017, theconversation.com: https://is.gd/2eBFfq (20.09.2023).

Agustin Zarzosa (2010), «Jane Campion's THE PIANO: melodrama as mode of exchange». In: *New Review of Film and Television Studies*, Nr. 8.

Anke Zechner (2016), «Fingerübungen – Von der Struktur des kinematographischen Körpers zur haptischen Wahrnehmung. Vivian Sobchacks phänomenologische Filmtheorie und die Debatte um Jane Campions THE PIANO». In: *Montage AV*, montage-av.de: https://is.gd/7vTlOY (7.09.2023).

# Abbildungsnachweise

1: PORTRAIT DE LA JEUNE FILLE EN FEU (POR-
TRÄT EINER JUNGEN FRAU IN FLAMMEN),
F 2019, Alamode Filmverleih

2–12, 31–33, 35, 52, 66: THE PIANO (DAS PIA-
NO), F/AUS 1993, Arthaus

13: Dorothea Tanning, *Birthday*, 1942, store.
philamuseum.org: https://is.gd/CW5yrA

14, 15, 17–22: SWEETIE, AUS 1989, Universal

16: WORKING GIRL (DIE WAFFEN DER FRAU-
EN), USA 1988, 20th Century Fox

23–26: AN ANGEL AT MY TABLE (EIN ENGEL
AN MEINER TAFEL), NZ/AUS/GB 1990,
Umbrella Entertainment

27: LE MÉPRIS (DIE VERACHTUNG), F/I 1963,
Arthaus

28–30, 67: IN THE CUT (IN THE CUT), AUS
2003, Senator

34: Elsa Schiaparellis *The Tears Dress*, collec-
tions.vam.ac.uk: https://is.gd/Fuexkf

36–40: THE PORTRAIT OF A LADY (PORTRAIT
OF A LADY), USA 1996, PolyGram Film
Distribution

41–45: HOLY SMOKE (HOLY SMOKE), AUS
1999, Film Four

46–51, 53, 70: BRIGHT STAR (BRIGHT STAR –
MEINE LIEBE. EWIG), AUS 2009, Tobis

54–58, 68: TOP OF THE LAKE (TOP OF THE
LAKE), GB/AUS/NZ/USA 2013, PolyBand

59–64, 69: TOP OF THE LAKE: CHINA GIRL
(TOP OF THE LAKE: CHINA GIRL), GB/AUS/
NZ/USA 2017, PolyBand

65: THE POWER OF THE DOG (THE POWER OF
THE DOG), AUS/GB/CDN 2021, Netflix

# Danksagung

Danken möchte ich allen, die zur Realisierung des vorliegenden Buches beigetragen haben, an erster Stelle dem Schüren Verlag, Frau Schüren, die die Veröffentlichung ermöglicht hat, Erik Schüßler für seine kreative Buchgestaltung und die umfassenden Korrekturen sowie Irene Ewinkel für ihr hoch kompetentes Lektorat. Ein großes Dankeschön geht an die Stiftung Kulturwerk der VG Bild-Kunst für die großzügige Förderung der Buchdruckkosten und last but not least ein liebes Dankeschön an meine Familie, meinen Sohn Oskar, der mir als Germanist wertvolle Tipps gegeben hat, und besonders an meinen Mann Oliver Ullrich für die anregenden Gespräche und die kreative Unterstützung bei der Auswahl der Fotos.

Filmjahr 2023|2024
Lexikon des
internationalen Films
528 S. | Pb. | zahlr. Abb.
€ 28,00
Redaktion: Jörg Gerle,
Felicitas Kleiner, Josef
Lederle, Marius Nobach
ISBN 978-3-7410-0455-1

**Filmjahr 2023 | 2024** informiert über die einschneidenden Ereignisse des vergangenen Filmjahres und bietet Kritiken zu 1400 Neuerscheinungen, die im Kino, im Fernsehen, auf DVD/Blu-ray und über Streaming-Plattformen veröffentlicht wurden.

Als Special: 200 Seiten Best of: Dokumentation des aktuellen Filmgeschehens durch ausgewählte Beiträge aus dem *Filmdienst*, die von Filmbranche & Filmkultur, Themen und Motive, Filmschaffende im Porträt, Deutsches Kino – Interviews, Internationales Kino – Interviews bis In Memoriam – Nachrufe ein breites Themenspektrum abdecken.

Das einzige Filmlexikon in Printform bietet einen umfassenden Überblick über das vergangene Filmjahr und hilft mit durchdachter Auswahl und klaren Bewertungen, den Überblick zu behalten.